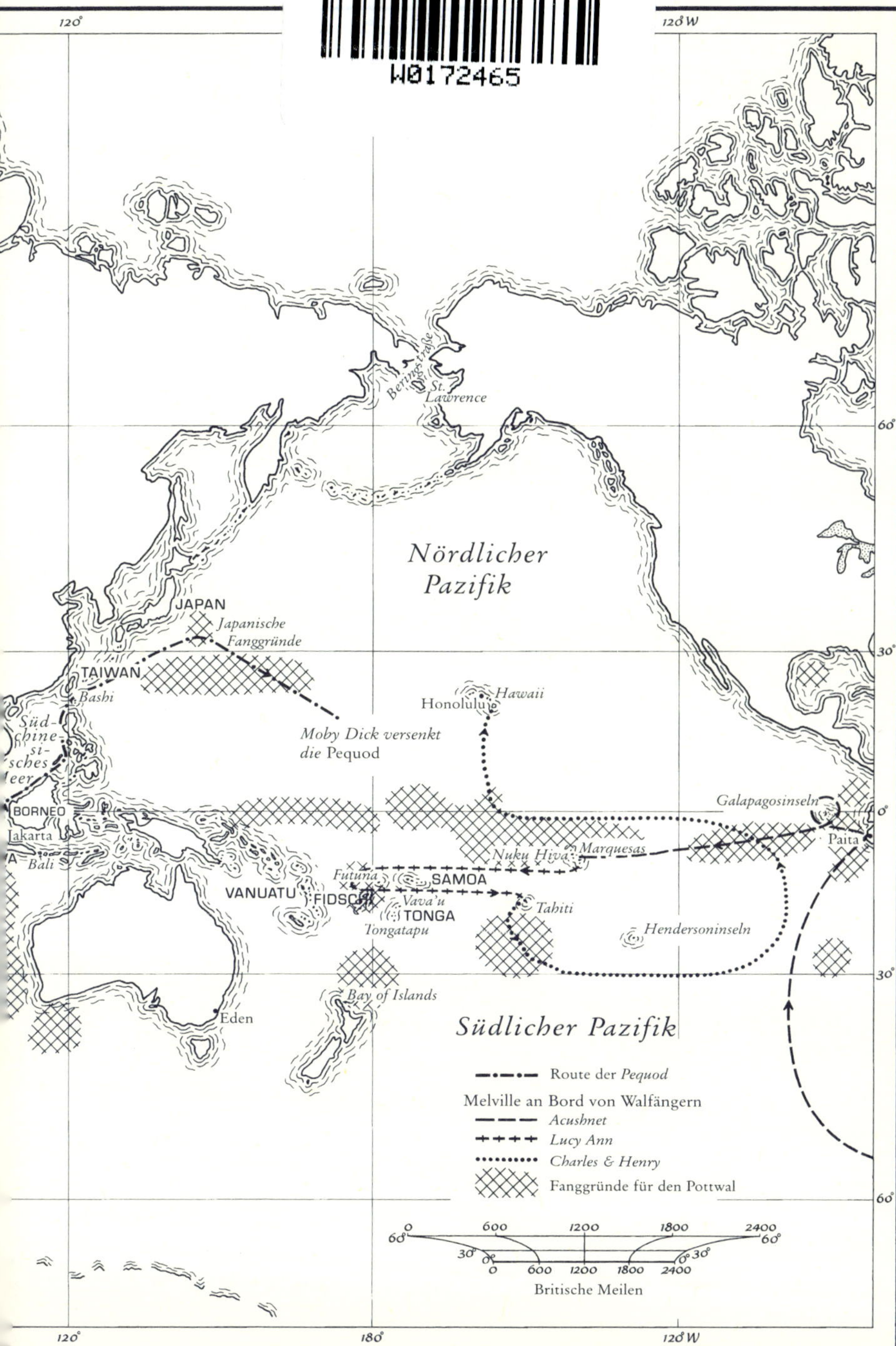
120°
120° W
Beringstraße
St. Lawrence
60°
Nördlicher Pazifik
JAPAN
Japanische Fanggründe
30°
TAIWAN
Bashi
Hawaii
Honolulu
Süd-chine-si-sches Meer
Moby Dick versenkt die Pequod
Galapagosinseln
0°
BORNEO
Jakarta
Paita
Bali
Nuku Hiva
Marquesas
Futuna
SAMOA
VANUATU
FIDSCHI
Vava'u
TONGA
Tahiti
Tongatapu
Hendersoninseln
30°
Bay of Islands
Eden
Südlicher Pazifik
Route der Pequod
Melville an Bord von Walfängern
Acushnet
Lucy Ann
Charles & Henry
Fanggründe für den Pottwal
60°
0
600
1200
1800
2400
60°
30°
0°
Britische Meilen
120°
180°
120° W

Tim Severin

Der weiße Gott der Meere

Auf der Suche nach dem legendären Moby Dick

Aus dem Englischen
von F. Florian Marzin

Rütten & Loening
Berlin

Die Originalausgabe unter dem Titel
»In Search of Moby Dick. Quest for the White Whale«
erschien 1999 bei Little, Brown and Company, London.

Mit 34 Abbildungen

ISBN 3-352-00630-X

1. Auflage 2000

Einbandgestaltung Henkel/Lemme
Druck und Binden Clausen & Bosse, Leck
Printed in Germany

www.ruetten-und-loening.de

Inhalt

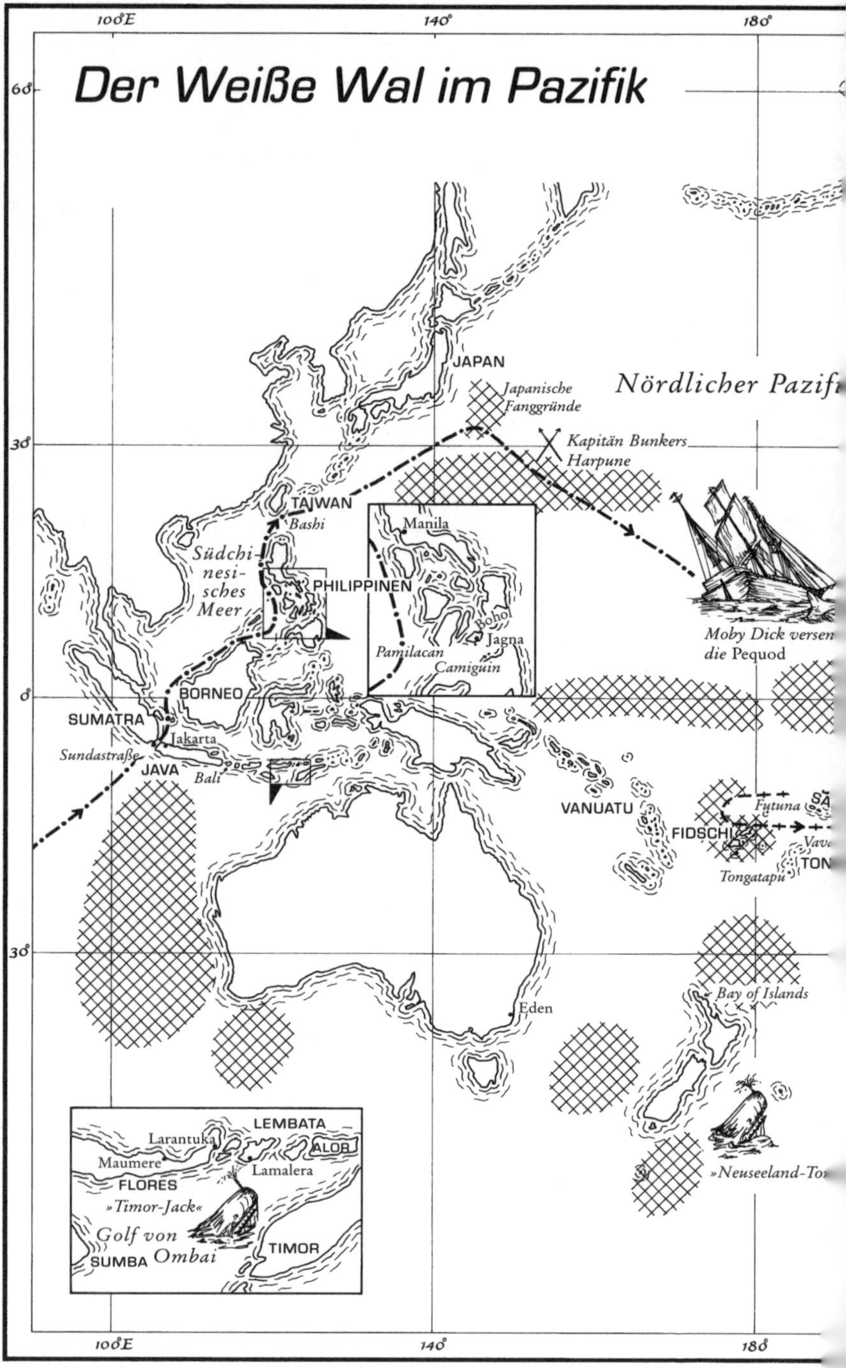
Der Weiße Wal im Pazifik
100°E
140°
180°
60°
30°
0°
30°
JAPAN
Japanische Fanggründe
Nördlicher Pazifi
Kapitän Bunkers Harpune
TAIWAN
Bashi
Südchinesisches Meer
PHILIPPINEN
Manila
Bohol
Jagna
Pamilacan
Camiguin
Moby Dick versen
die Pequod
BORNEO
SUMATRA
Jakarta
Sundastraße
JAVA
Bali
VANUATU
FIDSCHI
Futuna
Vava
TON
Tongatapu
Eden
Bay of Islands
»Neuseeland-To
LEMBATA
Larantuka
ALOR
Maumere
Lamalera
FLORES
»Timor-Jack«
Golf von Ombai
TIMOR
SUMBA

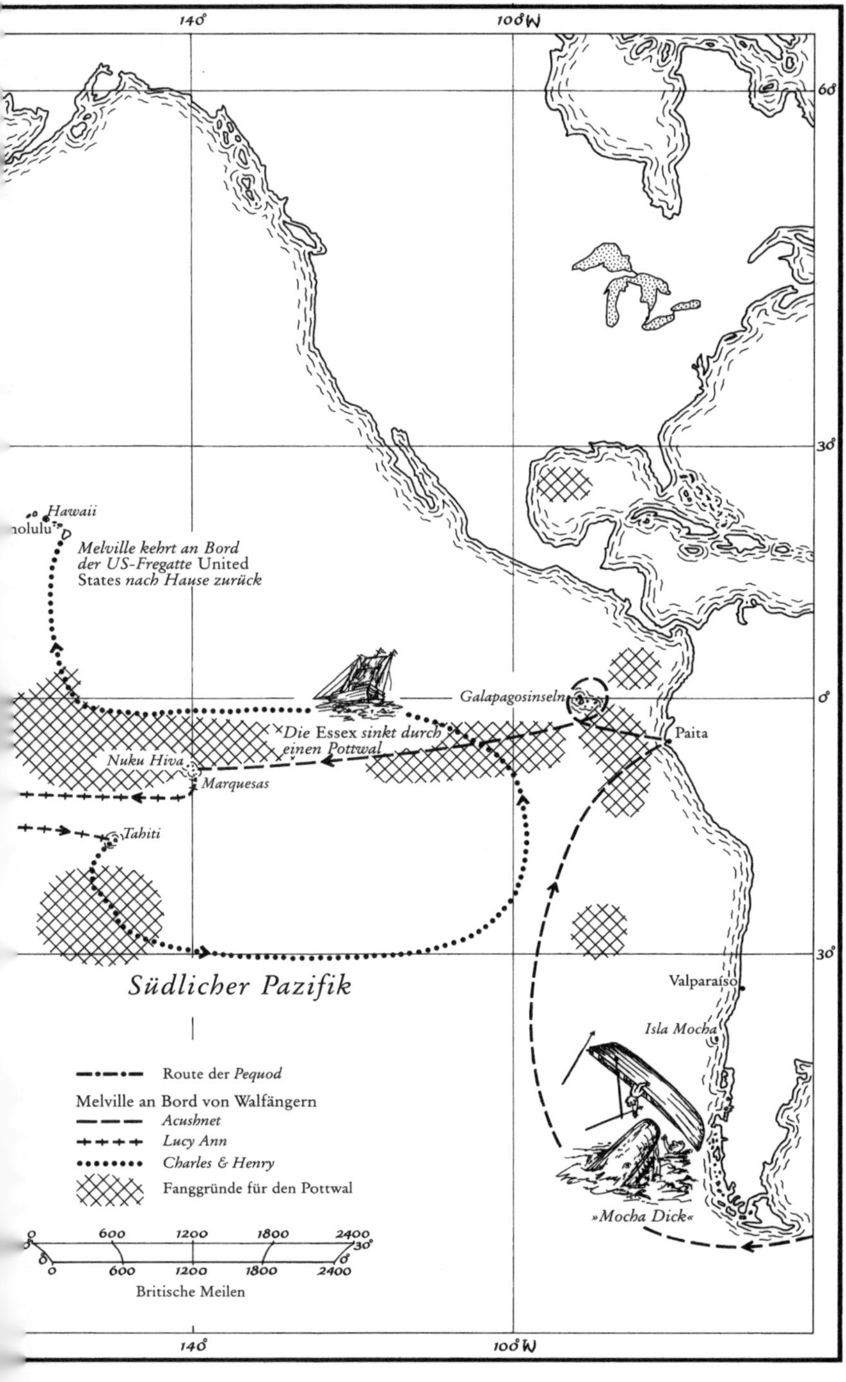
140°
100°W
60°
30°
0°
30°
Hawaii
Honolulu
Melville kehrt an Bord der US-Fregatte United States nach Hause zurück
Galapagosinseln
Die Essex sinkt durch einen Pottwal
Paita
Nuku Hiva
Marquesas
Tahiti
Südlicher Pazifik
Valparaíso
Isla Mocha
»Mocha Dick«
Route der Pequod
Melville an Bord von Walfängern
Acushnet
Lucy Ann
Charles & Henry
Fanggründe für den Pottwal
0
600
1200
1800
2400
Britische Meilen

Bugwelle

»Ich selbst habe Owen Chase aufgesucht, der zur Zeit der Tragödie Erster Steuermann auf der ›Essex‹ war; ich habe seinen schlichten und wahrheitsgetreuen Bericht gelesen; ich habe mich mit seinem Sohn unterhalten – und all das nur wenige Meilen vom Schauplatz der Katastrophe entfernt.«

Herman Melville, *Moby Dick*

Owen Chase nagelte hastig ein Stück Leinwand als Flicken über das Loch im Boden seines Fangbootes. Das Loch war ganz frisch. Die Schwanzflosse des Wals, den er gerade harpuniert hatte, hatte es fast ohne Widerstand in die dünnen Zedernplanken geschlagen. Chases große Erfahrung zeigte sich darin, daß er in dem Moment, als das Unglück passierte, ein Beil nahm und die Leine kappte, um das untergehende Boot von dem Wal loszubringen. Während seine Mannschaft Wasser schöpfte, stopfte Chase drei oder vier Jacken in das Leck und dichtete es so gut wie möglich ab. Dann befahl er seinen Männern, zurück zum Mutterschiff, der *Essex,* zu rudern. Das beschädigte Boot war so schnell wie möglich an Deck gehievt worden und lag jetzt kieloben auf dem Achterdeck der *Essex.* Der Erste Steuermann Owen Chase hatte es eilig. Er wollte zu den beiden anderen Fangbooten der *Essex*, zu denen auch das von Kapitän Pollard gehörte und die sich ein Stück leeseits immer noch auf dem Meer befanden. Sie verfolgten eine kleine Gruppe von Walen, und es hatte den Anschein, als ob die Mannschaft des Kapitäns einen davon erfolgreich harpuniert hatte. Owen Chase hatte entschieden, daß es schneller ginge, einen behelfsmäßigen Flicken an seinem Boot anzubringen, als eines der Reserveboote, die noch sicher vertäut waren, loszumachen und zu Wasser zu lassen. Chase stammte wie sein Walfangschiff aus Nantucket und sah den Zwischenfall als einen ganz normalen Betriebsunfall des Walfangs an. Was aber als nächstes geschah, war alles andere als gewöhnlich.

Während Chase die Nägel einschlug, blickte er hoch und sah einen Pottwal, ein wirklich mächtiges Tier, das ungefähr einhundert Meter luvseits vom Bug an der Wasseroberfläche auftauchte. Die See war glatt, und das Tier lag ruhig auf dem Wasser, blies zwei- oder dreimal und verschwand dann. Chase fiel auf, daß es ein besonders großes Exemplar seiner Gattung war, ungefähr vierundzwanzig Meter lang. Dann wandte sich Chase wieder seiner Arbeit zu. Zwei oder drei Sekunden später sah er das Tier erneut. Jetzt war es weniger als eine Schiffslänge entfernt, und es schien direkt auf die *Essex* zuzuschwimmen. Der Wal bewegte sich nicht schneller als drei Knoten, und einen Moment lang zeigte Chase keine Reaktion. Dann schaute er wieder hin und berechnete den Weg, den der Wal nehmen würde. In diesem Moment wurde ihm klar, daß sich der Wal und das Schiff auf Kollisionskurs befanden. Instinktiv rief der Erste Steuermann dem Mann am Ruder zu, den Kurs zu ändern. Aber das Manöver war schwierig. Der Walfänger fuhr nur mit Schrittgeschwindigkeit. Das Großsegel war gerefft, und sie hatten wenig Spielraum, um auszuweichen. Das war die übliche Praxis, die es dem Schiff erlaubte, in der Nähe seiner auf dem Meer verteilten Fangboote zu bleiben. Der Walfänger hatte noch nicht einmal mit dem Wendemanöver begonnen, als der Wal plötzlich beschleunigte und die *Essex* mit dem Kopf voran rammte. Der stumpfe Kopf des Tieres traf das Schiff unterhalb der Ankerketten. Der Aufprall war so heftig, daß man das Gefühl hatte, auf ein Riff gelaufen zu sein, und das Schiff schwankte wie ein Blatt im Wind. Die Mannschaft wurde fast zu Boden geworfen.

Es herrschte eine betroffene Stille. Die Männer tauschten erstaunte Blicke aus. Dabei spürten sie, wie der Koloß unter dem Schiff hindurchtauchte und am Kiel entlangschrammte. Dann tauchte der Angreifer auf der Leeseite wieder auf. Deutlich von dem Zusammenprall benommen, schwamm das Tier an der Wasseroberfläche. Dann schien der Wal sich zu erholen und glitt davon. Als Chase wieder einen klaren Gedanken fassen konnte, war er sicher, daß die *Essex* beschädigt sein mußte, und befahl, die Pumpen klarzumachen. Innerhalb von Minuten begriff er, daß tatsächlich Wasser in den Rumpf eindrang und das Schiff zum Bug hin in Schräglage geriet. Er ordnete an, Signal zu geben, um die beiden Fangboote zurückzurufen.

Kaum war das geschehen, erblickte Chase den Wal erneut. Jetzt befand er sich ungefähr vierhundert Meter leeseits und verhielt sich sehr merkwürdig. Das riesige Tier wand sich in Zuckungen. Einige Minuten lang verharrte es am selben Platz, schlug mit der Schwanzflosse auf und ab, wühlte das Wasser auf und klappte die Kiefer auf und zu. Der Erste Steuermann richtete seine Aufmerksamkeit wieder auf das Schiffsdeck. Er trieb die Männer an den Pumpen an, ihre Anstrengungen noch einmal zu verdoppeln, und aus Angst, die *Essex* könnte irreparabel beschädigt sein, überlegte er, wie man die Reserveboote mit Proviant versorgen und als Rettungsboote zu Wasser lassen könnte. Während er damit beschäftigt war, hörte er einen aus der Mannschaft rufen: »Da ist er wieder! Er kommt wieder auf uns zu!«

Chase drehte sich um und erschrak. Der Wal kam direkt auf sein Schiff zu. Diesmal gab es keinen Zweifel an der Absicht des Tiers. Es schwamm genau auf das Schiff zu, und sein halb aus dem Wasser ragender Kopf schob eine mächtige Bugwelle vor sich her. Die Schwanzflosse ließ die Gischt aufspritzen. »Der angreifende Wal bot ein Bild äußerster Wut und Rachegelüste«, beschrieb Chase später seinen Eindruck. Er schrie den Steuermann an, das Ruder herumzudrehen, um die *Essex* aus der Bahn des Wals zu bringen. Doch wieder kam das Manöver zu langsam. Der Pottwal traf das Schiff diesmal direkt unterhalb des Bugs. Die *Essex* war ein 328-Tonnen-Walfänger, solide gebaut und ein robustes Schiff. Doch der Zusammenstoß mit diesem Pottwalbullen war zuviel für sie. Der Zusammenprall zerstörte den Bug der *Essex* völlig, und das Schiff war zum Untergang verurteilt. Der Wal schwamm davon und ward nicht wieder gesehen.

Owen Chase blieb ruhig. Er wußte, daß das Schiff verloren war, und befahl den Männern, das Pumpen einzustellen. Das Wichtigste war jetzt, ein Rettungsboot zu Wasser zu bringen. Er schnitt die Vertäuung des Reservefangboots auf dem Achterdeck durch, und seine Männer trugen es auf den Schultern mittschiffs, wo die Bordwand am niedrigsten war. In der Zwischenzeit stürmte der Proviantmeister unter Deck und holte die wichtigsten Geräte zur Navigation: zwei Sextanten und zwei Sätze nautischer Tabellen. Diese Sachen kamen ins Fangboot, zusammen mit den Seekisten des Kapitäns und des Ersten Steuermanns. Chase fügte noch zwei Kompasse hinzu, die er aus dem Kompaßhaus geholt hatte. Das Schiff hatte jetzt schon beträchtliche Schlagseite. Der Proviantmeister war noch zweimal unter Deck gewesen, doch als er es ein drittes Mal versuchte, stand das Wasser schon so hoch, daß er gezwungen war, sich auf das abschüssige Deck zurückzuziehen. Die Mannschaft hatte gerade das Rettungsboot zu Wasser gebracht und war selbst hinterhergesprungen, als die *Essex* im wahrsten Sinne des Wortes umfiel und kippte. Sie lag mit Schlagseite halb unter Wasser.

Owen Chases Mannschaft war geschockt. Sie ruderte weg und starrte auf das Wrack, das einmal ihr Schiff gewesen war. Keiner konnte glauben, was passiert war. Auch die Mannschaften der anderen beiden Boote, die ihre Waljagd abgebrochen hatten und zu ihnen hinüberruderten, waren fassungslos. Der Harpunierer in Kapitän Pollards Fangboot stammelte nur: »Mein Gott, wo ist das Schiff?« Die Neuankömmlinge ruhten sich an ihren Riemen aus, und während sie auf das Wrack blickten, herrschte lange Zeit Stille. Die *Essex* lag seitlich im Meer, ihre drei Masten sahen aus wie Landungsbrücken und die Rahen ragten aus dem Wasser. Die Männer waren sprachlos. Schließlich brachte Kapitän Pollard eine Frage heraus. »Mein

Gott, Mister Chase, was ist hier passiert?« Und Chase gab eine Antwort, die zu einem geflügelten Wort des Walfangs werden sollte. »Wir sind von einem Wal überrannt worden.«

Owen Chases Beschreibung von der Zerstörung der *Essex* ist ein Jahr später, 1821, veröffentlicht worden. Sie erschien unter dem langen Titel *Bericht von dem überaus ungewöhnlichen und leidvollen Untergang des Walfangschiffes Essex aus Nantucket, das angegriffen und schließlich durch einen großen Pottwal im Pazifischen Ozean zerstört wurde.* Einer von Owen Chases Söhnen nahm ein Exemplar des Buches mit, als er im Alter von etwa sechzehn Jahren selbst auf Walfang in den Pazifik ging. Wie das Schicksal es wollte, zeigte er das Buch während eines Treffens einem jungen Besucher an Bord. Diese Treffen waren ein Ritual, wenn sich zwei Walfänger durch Zufall auf hoher See begegneten. Dann segelten sie ein Stück zusammen, so daß die Kapitäne und die Mannschaften sich gegenseitig besuchen und Neuigkeiten austauschen konnten. In diesem Fall war es der amerikanische Walfänger *Acushnet* aus New Bedford, und das Treffen fand auf demselben Breitengrad statt, wo die *Essex* rund zwanzig Jahre zuvor untergegangen war. Der junge Besucher, der bei dieser Gelegenheit auf Owen Chases kleines Buch stieß, war der zukünftige Autor von Moby Dick. »Das Lesen dieser wundersamen Geschichte über die unendliche See & so nahe an dem tatsächlichen Breitengrad des Schiffsuntergangs zu sein, übte einen merkwürdigen Einfluß auf mich aus«, schrieb Melville, und wirklich ließ er seine erfundene *Pequod* dann durch ein ähnliches Ereignis auf Grund gehen. Für den dramatischen Effekt nahm er einige Änderungen vor – besonders, daß die *Pequod* sehr schnell und Kiel voran untergeht, so daß ihre Flaggen immer noch an den Mastspitzen flattern, während sie in den Wellen versinkt. Doch die wesentlichen Elemente, das langsam sich bewegende Schiff, die ausgeschwärmten Fangboote, der machtvolle Angriff des Wals und das schockierende Ende des Schiffs gehen auf die reale Begebenheit zurück, als am

20. November 1820 die angeschlagene *Essex* über tausend Meilen vom nächstgelegenen Land entfernt Schlagseite bekam.

Herman Melville war noch keine zweiundzwanzig Jahre alt, als er Owen Chases Sohn traf. Später erzählte er seinem Londoner Verleger, Richard Bentley, daß er mehr als zwei Jahre als Harpunierer auf Walfängern verbracht hätte und deshalb eine Menge über den Walfang wüßte. Das war eine ziemliche Übertreibung. Melville hatte Schulden und versuchte einen großen Vorschuß von seinem Verleger für ein Buch über den Walfang herauszuschinden, deshalb verdrehte er zu seinen Gunsten die Wahrheit. In Wirklichkeit ist der Autor von *Moby Dick* nur in untergeordneter Funktion als einfacher Matrose auf Walfängern gefahren. Er hatte nie die seemännische Erfahrung oder die Fähigkeiten im Walfang, um einer der handverlesenen Harpunierer zu werden, die an Bord die Stellung eines Maats hatten. Die *Acushnet* verließ er vorzeitig auf wenig ehrenvolle Weise als Deserteur. Bei seiner zweiten Heuer, an Bord des Dreimasters *Lucy Ann* aus Sydney, hat er noch weniger vom Walfang mitbekommen. Die *Lucy Ann* hatte wenig Glück, denn man fand keine Wale. Melville war auf dem Schiff so ziemlich der letzte im Glied, denn man hatte ihn nur an Bord genommen, um die Mannschaft zu vervollständigen. Seine kurze Reise endete in Tahiti, als man ihn und die meisten seiner Kameraden als Unruhestifter und Meuterer an Land setzte. Seine letzte Walfahrt, sieben Monate zwischen Tahiti und Hawaii, machte er an Bord der *Charles and Henry* aus Nantucket, wobei auch diesmal kein Wal erlegt wurde. Danach begab sich Melville nie mehr auf Walfang.

Woher also hatte Melville seine beeindruckenden Kenntnisse über Wale und Walfang, die er uns in *Moby Dick* vermittelt? Sein Roman ist gespickt mit Informationen über die unterschiedlichen Walarten und ihre Wanderwege, wie sie sich fortpflanzen, wie sie reagieren, wenn sie gejagt werden, und wie sie sich einzeln und in Gruppen verhalten. Hat er diese Informationen ausschließlich aus Büchern wie dem von Owen Chase? Wenn die Einzelheiten stimmen, wer hat sie ihm erzählt, und woher haben seine Informanten ihre Kenntnisse? Oder hat Melville die realen Vorbilder – wenn es sie gegeben haben sollte – für Kapitän Ahab und den tätowierten Harpunierer Quiqueg auf seinen Reisen getroffen? Vielleicht hat er einen Kampf mit einem weißen Pottwal gesehen oder Gerüchte davon gehört, als er den Pazifik befuhr.

Es waren diese Fragen, die mich angesichts meiner eigenen Begegnungen mit großen Walen beschäftigten. Meine Erfahrungen machte ich in einer Reihe von Booten, gegen die Melvilles *Acushnet* ein wirklich komfortables Schiff war. Fünfundzwanzig Jahre lang habe ich meinen Lebensunterhalt damit verdient, nach den Wahrheiten zu suchen, die in den großen Mythen unserer Kultur verborgen sind, und meine Ergebnisse in Büchern zu publizieren. Viele dieser Mythen sind mit dem Meer verbunden. Ich habe ein Boot aus Häuten gebaut und damit den Nordatlantik überquert, um herauszufinden, ob die irischen Mönche in der Lage gewesen sein konnten, tausend Jahre vor Kolumbus Nordamerika zu erreichen, und ob die Legenden um den Heiligen Brendan, den Seefahrer, eine wahre Grundlage haben. Mit einem Nachbau eines arabischen Bootes aus dem neunten Jahrhundert bin ich von Maskat am Golf von Oman nach China gesegelt, um die Geschichten von Sindbad dem Seefahrer zu überprüfen. Mit dem Nachbau eines Langboots der Bronzezeit ruderten und segelten meine Mannschaft und ich durchs Schwarze Meer und das Mittelmeer, um die geographischen Gegebenheiten der Fahrten von Jason und den Argonauten in Augenschein zu nehmen und die Orte der Abenteuer, die Odysseus während seiner Irrfahrten erlebte, zu besuchen. Unlängst erst ließ ich mich zusammen mit vier Kameraden auf einem Bambusfloß fast die gesamte Strecke von China nach Nordamerika treiben, um zu überprüfen, ob chinesische Seeleute imstande gewesen sein konnten, den

Nordpazifik zu überqueren. Bei jeder einzelnen Expedition haben wir es mit großen Walen zu tun bekommen. Manchmal gab es sie nur in unserer Vorstellung, viel häufiger aber in natura und in unmittelbarer Nähe. Die Legende des Heiligen Brendan besagt zum Beispiel, daß der irische Heilige mit seinem mit Rinderhäuten bespannten Boot auf dem Rücken eines großen Fisches, dem er den Namen Jasconius gibt, landet, da er ihn irrtümlich für eine Insel hält. Die Reisenden entzünden ein Feuer, die Hitze läßt den Wal aufwachen, und er beginnt sich zu bewegen. Die Mönche geraten in Panik, aber der Heilige Brendan beruhigt sie mit dem Hinweis, daß Gott Jasconius als ihren Freund und Verbündeten gesandt habe. Und so ist es auch. Während ihrer Überfahrt legt das kleine, lederbespannte Boot mit dem Dutzend Mönchen an Bord immer wieder an dem friedlichen Wal an. Ein passender Ort, um die Messe zu lesen. Vierzehn Jahrhunderte später wurde uns klar, wie diese Legende entstanden ist. Meine drei Gefährten, darunter Trondur Patursson, ein Fischer und Maler von den Färöer-Inseln, und ich stellten fest, daß unser knapp elf Meter langes, mit Häuten bespanntes Boot, das ohne Motor dahinglitt, die neugierigen Wale wie ein Magnet anzog. Sie tauchten aus den Tiefen des Ozeans auf, stießen eine Fontäne aus und ließen sich neben uns treiben. Manchmal nur einen Meter entfernt, versuchten sie, uns genauer zu sehen. Vielleicht dachten sie, daß unsere *Brendan* auch ein Wal sei, eine naheliegende Vermutung, da unser Boot ungefähr die Länge und Form eines mittelgroßen Wals hatte und das Bootsgerüst, das in etwa dem Brustkorb eines Wals entsprach, zudem noch mit einer dicken Lederhaut überzogen war. Ein solches Boot mag vielleicht ein ähnliches Lautecho abgeben wie ein Wal und damit ihre Aufmerksamkeit auf sich ziehen, denn diese Meeressäuger benutzen die Echolotung dazu, ihre Umgebung zu erkunden und ihre Gefährten aufzuspüren.

Als wir etwa zweihundertvierzig Kilometer südlich von Island ruhig vor uns hintrieben, brachte uns jene Ähnlichkeit von

Boot und Wal in eine gefährliche Situation. Eine Herde von Killerwalen oder Orcas bemerkte die Anwesenheit unserer *Brendan*. Wir sahen, wie sich das Leittier von der Gruppe löste und auf uns zukam. Seine große Rückenflosse schnitt majestätisch durch das Wasser, als er in unsere Richtung schwamm. Drei von uns an Bord der *Brendan* beobachteten, von der Größe des Tiers fasziniert, dessen stolzes und entschiedenes Näherkommen, während das vierte Mitglied unserer Mannschaft, Trondur, der erfahrene Seemann, ganz anders reagierte. Er griff sich ein Ruder und befestigte an dem einen Ende ein scharfes Messer, so daß er eine behelfsmäßige Harpune hatte. Der große Orca glitt unter das Boot, schwamm darunter hindurch, und nur eine dünne Lage geölter Rinderhaut trennte unsere Füße von seiner schwarzweiß gefleckten Haut. Dann kam er auf der anderen Seite des Bootes hoch, blies entspannt die Luft aus, drehte um und schloß sich wieder seinen Gefährten an. Ich hatte Trondurs wütenden Gesichtsausdruck bemerkt und fragte ihn, warum er drauf und dran gewesen sei, gegen unseren Besucher zu kämpfen. Trondur, der uns für absolute Landratten gehalten haben muß, erzählte, daß die Fischer der Färöer-Inseln Orcas beobachtet hatten, die andere Wale, besonders wenn diese alt oder krank waren, buchstäblich in Stücke rissen. Trondur hatte befürchtet, daß uns genau dieses Schicksal bevorstünde.

Ich respektierte Trondurs Einschätzung und glaubte ihm. Doch war mir auch bekannt, daß viele Meeresbiologen den Geschichten von Orcas, die andere Wale angriffen, keinen Glauben schenkten und sie als Seemannsgarn abtaten. Die Meeresbiologen fordern Beweise für solche Vorfälle und bezweifeln, daß die Killerwale prinzipiell aggressiv und kräftig genug seien, einen voll ausgewachsenen Großwal anzugreifen. Nicht zu Unrecht weisen die Wissenschaftler darauf hin, daß solche Berichte seit den letzten hundertfünfzig Jahren ihre Runde machten und von einem leichtgläubigen Seemann an den nächsten weitergegeben wurden. Eine Geschichte, die immer wieder von

Fischern erzählt wird, ist, daß Orcas mit vereinten Kräften das Maul eines Wals öffnen und ihm dann bei lebendigem Leib die Zunge wegfressen. Einige Jahre nach der Fahrt mit der *Brendan* fiel mir eine Serie von erst kürzlich entstandenen Fotos in die Hände, die eine Herde Orcas zeigte, die vor der Küste von Kalifornien einen Grauwal zu Tode hetzten. Sie rissen dabei Fleischfetzen aus ihrer noch lebenden Beute. Die Bildunterschrift wies darauf hin, daß die Orcas sich an der Zunge ihres Opfers gütlich taten. Es hat also zuweilen den Anschein, als ob die Seeleute in Bezug auf ihr Wissen über Wale den Wissenschaftlern voraus sind.

Während der fünf Monate, die wir in unserem kleinen, lederbespannten Boot auf See verbrachten, trafen wir ständig auf Wale. Zwischen den Färöer-Inseln und Island kamen sie in so großer Zahl vor, daß wir dadurch unsere ungefähre Position bestimmen konnten, denn seit den Wikingern haben Seeleute die Walgründe als Bezugspunkte für die Navigation benutzt. Vor Grönland filmten wir an einem Morgen zwei große Pottwale. Alles war grau in grau, der Himmel bedeckt, das Meer trüb, während die beiden tiefschwarzen Tiere langsam an der Oberfläche schwimmend an uns vorbeizogen. Ihre breiten, rechteckigen Köpfe durchpflügten das Wasser. Wohl über achtzehn Meter lang, gehörten sie zu den größten Pottwalen, die man seit längerer Zeit gesichtet hatte. Es müssen zwei alte Bullen gewesen sein, die am äußersten nördlichen Rand ihres Verbreitungsgebietes jagten, bevor sie sich wieder der Herde Walkühe in den wärmeren Gewässern anschlossen. Vor Neufundland, kurz bevor die *Brendan* endgültig Land erreichte, wurden wir Zeuge eines unvergeßlichen Schauspiels. Hunderte von Buckelwalen kamen im letzten Tageslicht an die Oberfläche, bliesen ihre Fontänen, tauchten wieder und tollten um uns herum, als ob sie uns eine Abschiedsvorstellung geben wollten. Begeistert stellten wir uns auf die Ruderbänke unseres kleinen Bootes und verfolgten die Darbietung. Während unserer Überfahrt hatten wir wohl zehnmal soviel Wale wie Schiffe gesehen, und wir schätzten ihre Anwesenheit, anders als die anderer Schiffe, als willkommene Abwechslung. Als wir vor Grönland auf Höhe von Cape Farewell einen riesigen, an die vierundzwanzig Meter langen Blauwal erblickten, fragte ich mich, ob wir einfach nur Glück hatten oder ob es einen anderen Grund dafür gab, daß wir eine Vielzahl unterschiedlichster Wale beobachten konnten. Man sagt, daß Blauwale sehr selten seien. Meeresbiologen gehen davon aus, daß weltweit weniger als zehntausend Exemplare überlebt haben und diese so verstreut in den Weltmeeren leben, daß man sie niemals wirklich zählen könne. Der Blauwal oder Schwefelbauch, wie die alten Walfänger ihn nannten, gehört ausgewachsen zu den größten Tieren, die jemals auf unserem Planeten gelebt haben. Schwerer noch als der größte Saurier, sind diese Giganten fast so groß wie ein Jumbo-Jet.

Aber das war nicht der einzige Blauwal, den ich auf meinen Expeditionen zu Gesicht bekam. Auch andere große Walarten zeigten sich meist an Orten, wo man sie am wenigsten erwartet hätte. Der erste Pottwal, zum Beispiel, den ich gesehen oder besser gehört habe, begegnete mir im Mittelmeer, in einem verunreinigten, abgeschlossenen Seegebiet, das fast völlig leergefischt ist. Das Tier tauchte in der Nacht keine zehn Meter hinter dem Heck der kleinen Yacht auf, an deren Steuer ich stand. Ich befand mich mitten in der Straße von Bonifacio. Die riesige Fontäne, die er ausblies, schoß so nah bei mir hoch, daß ich erschrocken von der Ruderbank aufsprang. Ich starrte in die rabenschwarze Nacht und fragte mich, was um Himmels willen hier gerade geschah. Am nächsten Morgen schaute ich in einem alten Segelbuch nach und fand heraus, daß Pottwale manchmal in den tiefen Meeresgräben rund um Korsika auf Nahrungssuche gingen. Und zwanzig Jahre später, bei unserer Jason-Expedition, stieß ich im Mittelmeer wieder auf Pottwale. Diesmal an einer noch ungewöhnlicheren Stelle, nämlich in der Ägäis. Dort ist, wenn man den Meeresbiologen glauben darf, das Meer für diese tief tauchenden Tiere viel zu flach, als daß sie sich heimisch fühlen könnten. Und trotzdem waren sie da. Drei Pottwale, die sich im Meer wälzten, ihre Fontänen bliesen und sich offensichtlich sehr wohl fühlten.

Als ich meine Sindbad-Expedition unternahm, bekam ich eine Ahnung, worin der Grund für die Kluft zwischen wissenschaftlicher Erkenntnis und traditionellem Wissen der Seeleute liegen konnte. Auch auf dieser Fahrt hatten wir es von Anfang an mit Walen zu tun. Sindbad der Seefahrer strandet auf der ersten seiner sieben – manche sagen sechs – Fahrten auf dem Rücken eines Wals. Und wie der Heilige Brendan glaubt auch er, sich auf einer Insel zu befinden. Das Ufer war sandig und mit Büschen bewachsen, und er und seine Gefährten suchten nach einer Quelle, um ihre Kleider zu waschen. Als sich die Insel bewegte, floh Sindbad in einem Rettungsboot, das er aus einem großen, hölzernen Waschzuber gemacht hatte. Im Arabischen Meer trifft man auf verschiedene Walarten, und ihr Vorkommen ist über die Jahrhunderte hinweg dokumentiert worden. Nearchos, der die Flotte von Alexander dem Großen befehligte, stieß mit seinen Männern vor der Küste von Belutschistan auf riesige Meeresungeheuer. Er ordnete an, die Trompeten zu blasen und die Trommeln zu schlagen, aber seine Ruderer waren so in Furcht, daß sie kaum noch in der Lage waren, ihre Aufgabe zu erfüllen. Die frühen arabischen Seefahrer, auf deren tatsächliche Fahrten die Geschichte von Sindbad zurückgeht, berichten von Begegnungen mit Walen, deren Fontänen sich wie Minarette erhoben hätten. Von weitem konnte man sogar den Eindruck gewinnen, es handele sich um ein Segel. In heutiger Zeit berichten Kampfflieger, daß sie von ihrem Cockpit aus im Golf von Oman die Umrisse von großen Walen ausmachen könnten, die durch das klare Wasser zögen und deren Schatten auf dem hellen Sand unter ihnen zu sehen seien.

Auch wir rechneten damit, auf unserer Sindbad-Expedition

im Jahre 1980 Walen zu begegnen, und aus diesem Grund bat ein Meeresbiologe darum, für den ersten Monat mit an Bord kommen zu dürfen. Er ging davon aus, daß eine langsam dahingleitende arabische Dhau das ideale Gefährt wäre, um Wale in einer Gegend zu beobachten, wo sie noch kaum studiert worden waren. Mit bewundernswerter Disziplin ließ er sich jeden Morgen und Abend, wenn die Sonne nicht mehr so stark herabbrannte, auf einem Sitzbrett den Mast hinaufhieven. Von diesem erhöhten Punkt aus, achtzehn Meter über dem Deck, den Kopf mit einem Tuch verhüllt, suchte er die Meeresoberfläche mit seinem Fernglas ab und machte sich Notizen. Er entdeckte Wale, allerdings längst nicht so viele wie zwei Männer aus meiner Mannschaft, die nur vom Deck Ausschau hielten. Einer davon war Trondur, zu dem sich diesmal Mohammed Ismail gesellte, ein Seemann von der Insel Minicoy, die vor der indischen Küste liegt. Immer wieder rief einer der beiden zur Mastspitze hinauf und machte unseren Ausguck auf einen Wal aufmerksam, den er bis dahin nicht bemerkt hatte. Diese Rufe wurden in der gesamten Mannschaft zu einem dauernden Grund der Erheiterung, was der Meeresbiologe mit Fassung ertrug. Als es Zeit für ihn war, das Boot zu verlassen und heimzukehren, räumte er mit einem bitteren Lächeln ein, daß es nicht so wichtig war, wieviel Walarten er im Arabischen Meer gesehen hätte, sondern daß er in Zukunft den Beobachtungen der Meeresbiologen wesentlich skeptischer gegenüberstehen würde.

Natürlich neigten die alten Seeleute und Walfänger zu Übertreibungen, und ihre Berichte waren oft ebenso unterhaltsam wie falsch. Ein mittelalterlicher norwegischer Autor behauptet, daß ein bösartiger Wal Wasserfontänen in Boote bläst, um diese kentern zu lassen, und bis weit ins zwanzigste Jahrhundert hinein glaubte man, der Atem des Wals sei giftig. Die vom Wal ausgestoßene Luft würde zu Verwirrung, Bewußtlosigkeit und sogar zum Tod führen. Und der feine Sprühnebel, der aus dem Blasloch des Wal kommt, würde, wenn er mit der menschlichen

Haut in Berührung käme, einen Ausschlag hervorrufen. Tatsächlich kann der Atem eines Wal wirklich übel riechen, ein Fall von gigantischem Mundgeruch, der über die Nahrung des Tiers Aufschluß gibt. Aber ansonsten ist er harmlos. Die Walfänger des frühen neunzehnten Jahrhunderts waren die erfahrenste Gruppe von Walbeobachtern, die jemals existiert hat, und trotzdem hielten sie an der irrigen Meinung fest, das rechte Auge eines Pottwals sei größer als das linke. Wenn sie die Möglichkeit hatten, näherten sie sich dem Wal von der Seite, die sie für die schwächere hielten. Sie behaupteten auch, geheimnisvolle knackende Geräusche aus der Tiefe zu hören, wenn ein großer Pottwal harpuniert war und abtauchte und bei gespannter Leine bewegungslos dort unten verharrte. Sie konnten sich diese Geräusche nicht erklären. Sie hatten auch keine Erklärung dafür, daß, wenn sie einen Wal einer Gruppe harpuniert hatten, die anderen Tiere dies zu wissen schienen, selbst wenn sie Meilen entfernt waren. Diese Beobachtungen waren natürlich zutreffend. Die Walfänger wußten einfach nicht, daß Pottwale mit ihren Artgenossen mit Hilfe von klickenden und knackenden Lauten kommunizieren.

In dieser verwirrenden Mixtur von gesichertem Wissen über Wale und Gerüchten tauchte das Wesen auf, das mich eigentlich faszinierte: Moby Dick, der große weiße Wal. Es gibt kaum eine wissenschaftliche Abhandlung über Pottwale, die nicht früher oder später Moby Dick erwähnt. Er ist der Wal, der für das verbreitete Bild seiner Art, wenn nicht aller Wale, verantwortlich ist. Als Klassiker der amerikanischen Literatur hat er sich im Bewußtsein von Millionen Lesern des englischsprachigen Raums festgesetzt, und in Schulen und Universitäten in Westeuropa und Japan wird er in Übersetzung gelesen. Und was genauso wichtig für die Mythenbildung ist: Er hat immer wieder seinen Weg auf die Leinwand gefunden. Er begann stumm in *The Sea Beast* im Jahre 1926 mit John Barrymore in der Rolle des Kapitän Ahab und gelangte zu Weltruhm, als Regisseur

John Huston ihn 1954 gegen Gregory Peck in den Kampf schickte. Vierundvierzig Jahre später spielte Patrick Stewart diese Rolle in einer vierteiligen Fernsehverfilmung, und Moby Dick, der sein Leben in Hollywood als Pappmachémodell begann, war jetzt vorwiegend eine Computeranimation oder, wenn die Einstellung es erforderte, ein auf halbe Lebensgröße reduziertes Modell der Schwanzflosse. In Häfen und an Strandpromenaden auf der ganzen Welt haben Kneipen und Restaurants sich des Namens Moby Dick bedient. Andenkenläden verkaufen ihn als Holz- oder Plastikmodell, er wird auf hölzerne Schilder gemalt oder hineingeschnitzt, und die Hersteller von Segelbekleidung benutzen seine Silhouette für ihre Logos. Selbst auf Seifen gestanzt kann man ihn finden. Kurz, wann immer man das Bild eines längst vergangenen, romantischen, maritimen Zeitalters heraufbeschwören will, greift man auf Moby Dick zurück. Sein Name hat einen so hohen Wiedererkennungswert, daß 1997, als ein einsamer, verirrter Pottwal versehentlich in den Firth of Forth in Schottland schwamm und dort eingeschlossen wurde, die Medien, die alle (schließlich ergebnislosen) Versuche, ihn zu retten, verfolgten, ihm sofort den Namen Moby gaben. Ein Name, den er mit unzähligen Goldfischen in häuslichen Aquarien teilte.

Doch als Moby Dick zum erstenmal die Bühne betrat, trug Melvilles Geschichte noch nicht einmal seinen Namen. Der Roman hatte eigentlich den Titel *Der Wal* und ist im wesentlichen ein großartiges Abenteuer auf See. Der Erzähler, Ismael, ist ein junger Mann aus New York, der beschlossen hat, auf einem Walfänger anzuheuern. Er reist nach New Bedford, dem wichtigsten amerikanischen Walfanghafen. Dort schließt er Freundschaft mit dem erfahrenen Harpunierer Quiqueg, einem über und über tätowierten Südseeinsulaner. Beide heuern auf dem Walfangschiff *Pequod* aus Nantucket an, das am ersten Weihnachtsfeiertag ausläuft. An Bord befindet sich eine bunt zusammengewürfelte, heruntergekommene Mannschaft, zu der zwei weitere erstklassige Harpunierer gehören: Daggoo, ein großer Schwarzer, und Tashtego, ein Indianer. Einige Tage nach dem Auslaufen erscheint der Kapitän der *Pequod* an Deck, und Ismael stellt fest, daß das Schiff unter dem Kommando eines mürrischen, einbeinigen Kapitäns segelt. Der ist weniger am Walfang interessiert als vielmehr an der Suche und Vernichtung von Moby Dick, jenem niederträchtigen Wal und Schrecken der gesamten Walfangflotte, der ihm bei einer früheren Fahrt sein Bein abgerissen hat. Die *Pequod* durchquert den Atlantik und segelt um das Kap der Guten Hoffnung, während Kapitän Ahab den Ozean nach seiner Beute absucht. Nebenbei werden ein paar Wale erlegt, und es stellt sich heraus, daß Ahab seine eigene Fangbootmannschaft heimlich an Bord der *Pequod* gebracht hat. Es sind Asiaten, Leute aus Manila, die von dem finsteren Bootsmann Fedallah angeführt werden. Ihre Aufgabe besteht darin, sobald man Moby Dick gesichtet hat, Ahab so nahe an ihn heranzubringen, daß er dem weißen Ungeheuer den tödlichen Harpunenstoß versetzen kann. Die *Pequod* fährt weiter über den Indischen Ozean und zwischen den Inseln Indonesiens hindurch, wo Ahab Hinweise auf das Versteck des weißen Wals erhält. Dann begeben sie sich in die unendlichen Weiten des Pazifik. In einem nur ungenau festgelegten Gebiet südlich von Japan trifft die *Pequod* dann endlich auf Moby Dick. Der Kampf dauert drei Tage. Der unglaubliche Mut der Jäger steigert sich unter dem Einfluß des wahnsinnigen Ahab, der die Männer immer wieder zu neuen Angriffen antreibt, ins Unermeßliche. Fangboote werden zerschmettert und sinken. Zuerst erwischt es Fedallah, dann Ahab, der von einem Tau, das sich um seinen Hals schlingt, aus dem Fangboot gerissen wird. Im großen Finale wendet sich Moby Dick sogar gegen die *Pequod*, rammt das Schiff und schickt es auf den Meeresgrund. Lediglich Ismael überlebt. Er klammert sich an den Sarg seines Freundes Quiqueg, den dieser, in Vorahnung seines Todes, hatte anfertigen lassen.

Als das Buch 1851 veröffentlicht wurde, war es kommerziell gesehen ein Mißerfolg. Sowohl in London als auch in New York wurde es unterschiedlich rezensiert. »Eine schlecht gemachte Mischung aus Erfindung und Tatsachen«, schrieb die Zeitschrift *The Athenaeum* in London. »Ein trauriges Zeug, dumm und langweilig oder sogar lächerlich«, meinte die *Southern Quarterly Review* auf der anderen Seite des Atlantiks. »Der verrückte Kapitän ... ist ein ungeheuerlicher Langweiler.« Andere Rezensenten waren eher angetan. »Ganz bestimmt eines der beachtenswertesten Bücher, die seit vielen Jahren erschienen sind«, stellte der *Bentley's Miscellany* fest, und *John Bull* bemerkte, »Blitze der Wahrheit leuchten auf der schäumenden See der Gedanken«. Die Rezensenten verbissen sich in fast jeden Aspekt – den Stil, die Handlung, die Wortwahl, die Charakterisierung der Figuren, die Intentionen und den Anspruch des Buches. Die Abschnitte des Romans, die anscheinend allgemeine Anerkennung fanden, waren die Passagen über die Wale. Alle stimmten darin überein, daß das Buch, der Titel wurde schon bald in *Moby Dick* geändert, sehr gut über Wale und Walfang informierte. Die Londoner Zeitschrift *Atlas* brachte dies auf den Punkt. Das Buch beinhalte »ein umfangreiches Wissen über Wale — ihre Geschichte und Gewohnheiten, die kleinsten Details über ihre Ernährung und Jagdgewohnheiten, ihre Fortbewegung –, das auf ungewöhnliche Art mit genialen und kühnen Spekulationen über die geheimen Gewohnheiten und Besonderheiten dieser mächtigen Wesen verbunden ist. Das alles ist in einem begeisternden und mitfühlenden Stil geschrieben, der auf den Leser eine eigenwillige Faszination ausübt und die Wale als beängstigendes und unlösbares Geheimnis erscheinen läßt. Als das schrecklichste und ungewöhnlichste Wunder der Tiefe.«

Es war dieses »Wunder der Tiefe«, Moby Dick, das ich erforschen wollte. Ich wollte herausfinden, wieviel Wahrheit in dieser Geschichte lag. Ich stellte fest, daß ich diesem Wal sowohl historisch als auch geographisch nachspüren mußte, denn nachdem er bei der Publikation des Romans kurz aufgetaucht war, verhielt sich der legendäre Moby Dick genauso wie ein normaler Wal. Es hatte den Anschein, als ob er tief Luft geholt hätte und abgetaucht wäre und damit aus dem allgemeinen Bewußtsein für lange, lange Zeit verschwunden war. Fast siebzig Jahre las niemand die Geschichte von Moby Dick. Dazu kam noch, daß eine große Anzahl von unverkauften Exemplaren bei einem Brand im Lagerhaus des amerikanischen Verlegers Harper Brothers zerstört wurde. Zur Jahrhundertwende war das Buch so in Vergessenheit geraten, daß selbst Rudyard Kipling, sonst überaus beschlagen in der Abenteuerliteratur, den Roman nicht gelesen hatte. Erst das literarische Aufleben bei den Feierlichkeiten zum einhundertsten Geburtstag des Mannes, der das Buch geschrieben hatte, Herman Melville, brachte Moby Dick wieder ins Bewußtsein der Öffentlichkeit. Damit bestimmte Moby Dick auf fast einmalige Art mein Interesse. Moby Dick war keine Erzählung, die aus der fernen Vergangenheit stammte, den dunklen Zeitaltern, es war ein echter *moderner* Mythos des Meeres. Und damit hatte ich einen Punkt, bei dem ich mit meiner Suche ansetzen konnte. Ich wollte bei dem Mann beginnen, dessen Phantasie Moby Dick Leben eingehaucht hatte. Ich würde versuchen, den Wal mit seinen Augen zu betrachten und das, was ich herausfinden sollte, bei den Männern zu überprüfen, die noch immer die Kolosse des Meeres jagten. Wenn ich Glück hätte und die Spur weit genug verfolgen könnte, würde ich vielleicht herausfinden, ob es jemals einen großen weißen Pottwal gegeben hat, der Schiffe angegriffen hatte. Jenseits aller Vernunft hoffte ich sogar, daß ein solches »Wunder der Tiefe« vielleicht noch existierte. Ich hatte kaum eine Vorstellung davon, wohin mich meine Suche führen würde – nicht nur über die Ozeane, sondern auch hinab in das Bewußtsein von Melville. Meine Suche würde mich mit dem wenig verbreiteten Wissen konfrontieren, über das die tapfersten und bewundernswertesten Seeleute verfügten, die mir je begegnet waren.

Ich beschloß, auf der Insel zu beginnen, wo Melvilles Abenteuer im Pazifik ihren Ausgang genommen hatten, und nach Hinweisen zu suchen, anhand deren ich seine Erlebnisse überprüfen konnte. Und das führte mich auf seltsame Art auch zurück zu der unglücklichen Mannschaft der untergegangenen *Essex*.

Nuku Hiva

»Die Marquesas! Welch seltsame Vorstellungen exotischer Dinge ruft dieser Name in uns hervor!«

Herman Melville, *Taipi*

Die *Essex* würde nicht sofort sinken. Das wurde den Männern in den drei Fangbooten schnell klar. Sie hatten Zeit, weitere Vorräte zu bergen. Sie ruderten zum Schiffsrumpf hinüber und zerhackten mit ihren Äxten die Takelage. Vom Gewicht der Masten befreit, richtete sich die *Essex* wieder zu zwei Dritteln auf. Das Schiff war nur noch ein Wrack, doch jetzt konnten die Männer auf sie hinaufklettern, ein Loch in die Planken hacken und an die Vorräte kommen. Am späten Nachmittag hatten sie erfolgreich sechshundert Pfund unverdorbenen Schiffszwieback und soviel Trinkwasser, wie sie in ihre leichten Fangboote aufnehmen konnten, gerettet. Das waren etwa fünfundsechzig Gallonen pro Boot. Dazu kamen noch eine Muskete, ein kleines Faß Schießpulver, ein paar Schiffsnägel und einige Feilen sowie zwei Raspeln für den Fall, daß Notreparaturen nötig würden. Außerdem hatten sie noch die Notverpflegung der Seeleute gerettet – mehrere lebende Schildkröten, die man auf der *Essex* zur Versorgung mit Frischfleisch gehalten hatte. Als gegen Abend Wind aufkam, dümpelten die drei Boote auf der Leeseite des Wracks, eines hinter dem anderen, mit einem langen Seil verbunden wie Perlen auf einer Schnur.

Während dieser traurigen Nacht hatte Owen Chase Gelegenheit, über die Umstände der Kollision mit dem Pottwal nachzudenken, und er kam zu dem Schluß, daß der Zusammenprall durch und durch beabsichtigt war. Der angreifende Pottwal hatte zu der Gruppe gehört, die sie gejagt hatten. Das Tier hatte einen wütenden und bösen Eindruck gemacht. Owen Chase nahm sogar an, daß der Angriff so berechnet war, daß das Aufeinandertreffen von Wal und Schiff in einem Winkel erfolgte, der zur größtmöglichen Beschädigung führte. Chase hatte nie zuvor davon gehört, daß ein Wal Kopf voran in ein Schiff stieß, aber als er das Brechen der Planken hörte, war ihm klar, daß das Ergebnis des Aufpralls katastrophal sein würde. »Die Form und Stärke eines Walkopfes ist nahezu perfekt konstruiert für einen solchen Angriff«, stellte er fest, »der entscheidende Teil des Kopfes ist so hart und widerstandsfähig wie Eisen. Man kann ihn am besten mit dem Huf eines Pferdes vergleichen.«

Bei Tagesanbruch mußte Kapitän Pollard eine außerordentlich schwere Entscheidung fällen. Es war klar, daß die drei Fangboote nicht bei der *Essex* bleiben konnten. Früher oder später würde sie sinken. Die überladenen Fangboote mußten Land finden, aber wo? Die *Essex* hatte es in einem der verlassensten Meeresgebiete der Erde erwischt. Das nächste bekannte Land lag 1400 Meilen südwestlich, die abgelegenen Marquesasinseln. In der anderen Richtung lag die südamerikanische Küste 2000 Meilen entfernt. Kapitän Pollard entschied sich für den weiteren Weg. Er hatte seine Gründe. Die beste Lösung für die Schiffbrüchigen, auch wenn sie ziemlich unwahrscheinlich war, bestand darin, von einem anderen Schiff, möglicherweise sogar einem Walfänger, entdeckt zu werden. Die hatten aus verständlichen Gründen immer einen guten Mann im Ausguck. Es bestand auch die Möglichkeit, auf eine unbekannte Insel zu stoßen. Der Pazifik war immer noch kaum kartographiert, und von Zeit zu Zeit erschien eine neue Insel auf den Karten. Dazu kam, daß die herrschenden Winde die Reise nach Südamerika begünstigten. Aber es gab auch noch einen anderen Grund, der gegen die Marquesas sprach, denn die Inseln hatten einen Ruf, der einem das Blut gefrieren ließ. Unter den Seeleuten ging das Gerücht um, dort lebten Kannibalen. Die Mannschaft der *Essex* befürchtete, bei der Landung auf den Marquesas gefangengenommen und gefressen zu werden. In

Anbetracht dessen, was dann wirklich passierte, war dies eine der größten Ironien in der Geschichte der Seefahrt.

Die Reise der drei Fangboote war ein Alptraum. Es waren insgesamt zwanzig Männer, die sich so gleichmäßig wie möglich auf die Boote verteilt hatten. In zwei Booten jeweils sieben und sechs in dem, das Owen Chase befehligte. Es war zugleich das älteste Boot. Daß die Boote einunddreißig Tage lang zusammenblieben, nicht untergingen und einen schweren Sturm überstanden, der sie durch die hohen Brecher vor sich her trieb, sagt viel über die seemännischen Fähigkeiten der Walfänger und über die Seetauglichkeit der Fangboote. Was ihnen aber durchgehend Sorge bereitete, waren die schwindenden Vorräte an Nahrung und Wasser. Die Berechnungen der Offiziere gingen davon aus, daß man sechzig Tage benötigen würde, die Küste zu erreichen, damit betrug die Ration pro Mann und Tag einen Schiffszwieback und ein Viertelliter Wasser. Um diese Rationen zu strecken, kratzten die Männer die Muscheln vom Bootsrumpf ab, die sich dort festgesetzt hatten. Sie schlachteten die Schildkröten, aßen das Fleisch und tranken das Blut der Tiere. Mehrere Männer tranken ihren eigenen Urin. Am einunddreißigsten Tag sahen sie ein winziges Stück Land am Horizont, eine kleine Insel, von der sie glaubten, es wäre die Insel Ducie. Sie war es nicht. Es war ein unbewohntes, auf keiner Karte verzeichnetes Eiland, das später den Namen Henderson-Insel erhielt. Der Flecken war zu kahl, um mehr als minimales Leben darauf zuzulassen. Sie landeten und blieben eine Woche, bis sie alle Schalentiere, Möweneier und jeden Vogel, den sie kriegen konnten, gegessen hatten. Das einzige Frischwasser kam aus einer Quelle am Strand, die nur bei Ebbe zugänglich war. An diesem schrecklichen Ort verbrachten sie ein jämmerliches Weihnachten, und zwei Tage später stachen die drei Boote wieder in See, diesmal in Richtung der abgelegenen Osterinseln. Drei Männer ließen sie zurück, denn mehr konnten sich auf der Insel nicht ernähren.

Erstaunlicherweise schafften es die drei beschädigten Boote, bis zum fünfunddreißigsten Tag ihres Martyriums zusammenzubleiben. Dann wurden sie von einem Sturm auseinandergetrieben. Zu diesem Zeitpunkt war ein Mann in Owen Chases Boot gestorben und auf See bestattet worden. Wenig später starb ein weiterer Mann an Auszehrung, und auch sein Körper wurde der See übergeben. Doch als der Matrose Isaak Cole mit dem Tode kämpfte und am 81. Tag um 4 Uhr nachmittags starb, beschlossen die drei Überlebenden, das wenige Fleisch, das noch an seinem Körper war, zu essen. Zu diesem Zeitpunkt hatten sie gerade noch für drei Tage Schiffszwieback übrig. Auf brutale Weise hackten sie die Arme und Beine ab, um das Fleisch einfacher davon lösen zu können. Sie öffneten den abgemagerten Körper und nahmen das Herz heraus. Dann nähten sie den Leib wieder zu und warfen ihn zusammen mit den Knochen der Extremitäten ins Wasser. An diesem Tag aßen sie das Herz und ein wenig von dem Fleisch. Was von Isaac Cole übrig war, schnitten sie in Streifen und hängten es in die Takelage zum Trocknen. Doch das Fleisch wurde schnell grün, deshalb brieten sie es. Zehn Tage später wurden Owen Chase und seine beiden Gefährten mehr tot als lebendig von der Londoner Brigg *Indian* aufgenommen.

Das Schicksal der anderen beiden Boote der *Essex* war noch schlimmer. Ein Boot und die gesamte Mannschaft wurde nie mehr gesehen. Die sechs Männer unter dem Kommando von Kapitän Pollard befanden sich in der gleichen verzweifelten Lage wie Owen Chases Mannschaft. Mit einem Unterschied, sie behalfen sich gegen Hunger und Durst mit Mord und Kannibalismus. Zwei der Männer starben an Auszehrung und Unterernährung und wurden gleich gegessen. Später dann zogen die übrigen vier Lose, wessen Fleisch die anderen am Leben erhalten sollte. Owen Coffin, der Kombüsenjunge, zog den kurzen Halm. Er war Kapitän Pollards Neffe. Einer der anderen wollte freiwillig an seine Stelle treten, doch Coffin bestand darauf, sein Schicksal auf sich zu nehmen. Er wurde mit der Muskete erschossen, und sein Fleisch hielt die anderen weitere zehn Tage am Leben. Später starb einer von ihnen und wurde gegessen, ohne daß ein weiterer Mord geschehen mußte. Am 96. Tag nach dem Untergang der *Essex* wurden die beiden Überlebenden, Kapitän Pollard und Charles Ramsdell, er war es, der Coffin erschossen hatte, von dem Walfänger *Dauphin* aus Nantucket aufgenommen. Der Kapitän dieses Schiffes war Zimri Coffin, dessen Verwandten, den Kombüsenjungen, Pollard und Ramsdell gegessen hatten. So klein war die Welt der Walfänger in Nantucket.

Es war kein Wunder, daß Owen Chases Buch, das Melville so beeindruckte, eine Sensation war. Abgesehen von dem Kannibalismus war es eine Geschichte von epischem Ausmaß. Sowohl Kapitän Pollard als auch Owen Chase hatten ihre Fangboote mehr als 4500 Meilen über Wasser gehalten und ein Vierteljahr überlebt. Doch was eigentlich die Aufmerksamkeit der Leser erweckte, war der grauenhafte Kannibalismus. Das bemitleidenswerte Schicksal der Männer, die eines natürlichen Todes gestorben und gegessen worden waren, ließ die Menschen erschaudern. Die Ermordung und Vertilgung des armen Kombüsenjungen erweckte dagegen Abscheu.*

Die Ironie der Sache war: Wenn Kapitän Pollard sich dafür entschieden hätte, zu den »Kannibalen der Marquesas« zu segeln anstatt Richtung Südamerika, wäre es wahrscheinlich nicht zum Kannibalismus gekommen. Anthropologen, die ein Jahrhundert später die Marquesas erforschten, konnten keine stichhaltigen Beweise dafür finden, daß die gefürchteten Marquesaner jene Menschenfresser waren, wie es ihr Ruf früher einmal nahegelegt hatte. Die Körper der in ihren ständigen Stammes-

* Seltsamerweise hat dieser Abscheu aber nicht den weiteren Lebensweg der Überlebenden beeinträchtigt. Die drei Männer, die man auf der Insel Henderson zurückgelassen hatte, wurden von einem eigens entsandten Schiff abgeholt, und - man beachte - alle acht Geretteten gingen nicht nur wieder auf Walfang, sondern alle wurden auch Kapitäne auf Walfängern.

kriegen getöteten Kämpfer wurden manchmal verspeist, damit sich ihr *mana* oder Geist auf die Sieger übertrug. Doch zufällig Gestrandete wurden nicht als Quelle für das *mana* angesehen, und selbst wenn es dort Kannibalismus gab, dann war er nicht weit verbreitet. Grundsätzlich war die Vorstellung von den heißhungrigen Kannibalen der Marquesas ein Ammenmärchen. Es war ein Mythos, der noch lange, nachdem sich die unglücklichen Seeleute der *Essex* hatten davon beeinflussen lassen, Bestand hatte. Und der Mann, der an erster Stelle für den Fortbestand dieses Menschenfresser-Mythos verantwortlich war, war Herman Melville. Auf dem Höhepunkt seiner Popularität war er nicht bekannt als Autor des *Moby Dick*, sondern als »der Mann, der unter Menschenfressern gelebt hat.«

Es waren also zwei Mythen Melvilles – der weiße Wal und die Kannibalen –, die mich nach Nuku Hiva, der Hauptinsel der Marquesas, führten. Es war Ende September, und der Flug von Tahiti, die einzige Flugverbindung, hatte mir die Abgelegenheit des Archipels deutlich vor Augen geführt. Dreieinhalb Stunden lang dröhnte die Maschine Richtung Nordosten über ein Meer, auf dem es keinen Schiffsverkehr gab. Es war eine ausgedehnte, strahlend blaue Fläche, lediglich unterbrochen von ein paar hellen Kreisen und Sicheln: den Korallenatollen von Tuamoto, fragilen Gebilden wie die Kalkspuren von Würmern auf Pfählen und Bootsrümpfen. Aus der Luft konnte man den dunklen Schatten sehen, wo ein schiffbarer Kanal durch das kreisrunde Riff führt und Zugang in den Schutz einer dunkelblauen Lagune gewährt. Entlang des Sandstrandes standen unter einer Reihe von Palmen vielleicht ein Dutzend Hütten. Es waren zerbrechliche Heimstätten, nie höher als dreieinhalb Meter über dem Meeresspiegel gelegen und Hurrikanen und Flutwellen ausgeliefert.

Die Marquesas waren ganz anders. Sie erheben sich kühn über dem Meeresspiegel, mächtige Vulkankegel ohne ein umgebendes Riff. Die Bergspitzen sind häufig von Wolken verhüllt, dunkle, steile Abhänge mit Schluchten und überzogen von üppiger Vegetation. Es sind fünfzehn Inseln, von denen allerdings nur sechs bewohnt sind, und im endlosen pazifischen Horizont stellen sie auf tausend Meilen Entfernung einen Punkt dar, der von überall zu sehen ist. Diese Isolation hat dazu geführt, daß die Eingeborenen ihr Archipel das »Land der Menschen« nennen und kaum zur Kenntnis nehmen, daß anderswo auch noch Menschen leben. Vor einigen Jahrhunderten kamen sie auf dem Seeweg über die Stationen Melanesien, Tonga und Samoa hierher. Von den abgelegenen Marquesas ging auch die große Wiederbesiedlung Polynesiens aus. Sie waren der Ausgangspunkt für die großen Auslegerkanus, die das polynesische Volk bis zum »Land der großen, weißen Wolken«, Neuseeland, brachten. Doch zu dem Zeitpunkt, als Melville und andere Walfänger die Inseln betraten, war diese Tatsache in der Erinnerung der Menschen auf den Marquesas verlorengegangen. Zu diesem Zeitpunkt waren die Inseln von der Welt abgeschnitten, auf sich selbst gestellt und – aus der Sicht von Besuchern – schrecklich barbarisch.

Als ich ankam, war neben der Landebahn die Trikolore gehißt. Man hatte am nordwestlichen Rand von Nuku Hiva so etwas wie ein Flugfeld in den vulkanischen Boden planiert. Es lag nahe an den Klippen und war den Passatwinden ausgesetzt, so daß die französische Flagge in der heftigen Brise flatterte. Nach der ersten Entdeckung durch polynesische Seefahrer bekamen die Marquesas von den Spaniern ihren Namen und gerieten dann in Vergessenheit, wurden von Kapitän Cook besucht und waren begehrlichen Blicken der Amerikaner und Engländer ausgesetzt. Ein französisches Expeditionskorps hatte die Inbesitznahme des Archipels für Paris noch nicht abgeschlossen, als Melville auf den Inseln eintraf. Und noch immer sind die Marquesas, wie deutlich sichtbar, ein französisches Überseeterritorium. Die vier gebräunten jungen französischen Gendarmen sahen aus, als ob sie Dienst an der Côte d'Azur täten.

Sie hatten kurzgeschnittene Haare und trugen kurzärmlige Hemden und Käppis. Sie begutachteten flüchtig die Pässe des Dutzends heimkehrender Insulaner und des halben Dutzends Touristen. Alle sprachen Französisch. Ich vernahm nicht ein Wort der Landessprache. Die wenigen Fahrzeuge, die vor dem kleinen Flughafengebäude geparkt waren, kamen aus französischer Produktion, bis auf den Polizeiwagen, was ziemlich verwunderlich war. Wenn alle Passagiere das Flugzeug verlassen hatten, die Abreisenden eingestiegen und die Maschine abgeflogen war, dann würden alle ihre Fahrzeuge besteigen und wegfahren. Der Flughafen wäre verlassen, bis in drei Tagen der nächste Flug ankäme. Ich nahm das einzig verfügbare Taxi, einen rostigen Pick-up mit Reifen, die kaum noch Profil hatten. Die französischen Touristen wurden von einem Fahrer des Hotels abgeholt, also war ich der einzige Fahrgast.

Die Straße über die Insel war in einem schrecklichen Zustand. Sie war völlig ausgefahren und wand sich die ausgewaschenen Hänge der Terre desert, des Leeren Landes, hinauf, das für jegliche menschliche Besiedlung ungeeignet ist. Auf den Bergrücken verstreut standen kleine Anpflanzungen von Pinien, die die blanke Erde davor bewahren sollten, in die tiefen Senken und Schluchten gespült zu werden. Der Pick-up holperte mit 25 Stundenkilometern dahin, zum Teil, weil die Straße so schlecht war, doch auch, weil anscheinend niemand, der in der letzten Zeit auf Nuku Hiva angekommen war, Grund zur Eile gehabt hatte. Und ehrlich gesagt, es gab für Besucher hier nicht viel zu tun oder zu erleben. Nuku Hiva war zwar die Hauptstadt der Marquesas, aber es lag noch immer hinter dem Mond. Also war es das beste, es ruhig angehen zu lassen und die Aussicht zu genießen.

Das Taxi brachte mich zum zentralen Hochplateau der Insel. Ein weiterer verlassener Landstrich, der von seinem Aussehen her überraschenderweise den Alpen ähnelte. Weitläufige Drahtzäune mit hölzernen Zaunpfosten, dunkelbraune Rinder und vereinzelte Baumgruppen. Wieder waren keine Häuser zu sehen, und rundum war der Horizont von abweisenden Berghängen verstellt. Es war deutlich zu erkennen, daß wir uns im Krater eines erloschenen Vulkans befanden. Plötzlich gelangten wir an den Rand und blickten einen jäh abstürzenden Berghang auf eine atemberaubende Bucht hinunter. Dort hatte das Meer einen zweiten Krater geformt, eineinhalb Kilometer breit, so als ob es ein ordentliches Stück aus dem Land herausgebissen hätte. Die beiden Landzungen endeten jeweils mit einem Felsblock, der wie ein Wächter aussah. Der Horizont wurde durch die Silhouette der benachbarten, kleineren Insel Ua Pou begrenzt. Aus dieser Höhe war klar zu erkennen, daß die Bucht von Taiohae einen hervorragenden natürlichen Hafen abgab, und tatsächlich lag ein halbes Dutzend kleiner Yachten dort vor Anker. Dreiviertel der Bewohner von Nuku Hiva leben in dieser Bucht, und die Stadt Taiohae zieht sich als gutes Beispiel für koloniale Stadtplanung halbkreisförmig an der Bucht entlang. Von links ausgehend waren da der Landungssteg und das Treibstofflager, daneben das Krankenhaus und die Polizeistation. Im Zentrum, vor dem Verwaltungsgebäude und der Bank, stand ein weiterer Flaggenmast mit der Trikolore. Daran schloß sich eine buntgewürfelte Reihe von Geschäften und Pensionen mit Meerblick an, bis sich der Ort langsam in verstreute Villen und die sorgfältig angelegten Bungalows einer kleinen Touristenanlage auflöste.

Im Jahre 1842 hat Melville den Ort beschrieben. Damals befand sich dort ein Eingeborenendorf mit palmwedelgedeckten Hütten, und es war schon zu dieser Zeit die größte Ansiedlung der Insel. Sein Bestseller *Taipi* ist der romantische Bericht darüber, wie er als erstaunter und ruheloser Matrose eines amerikanischen Walfängers in der Bucht von Taiohae ankommt. Einige dunkelhäutige Südseemädchen schwimmen dem ankommenden Schiff entgegen und bieten den Seeleuten Kokosnüsse und sich selbst an. Melville beschließt, das Schiff Schiff sein zu lassen und sich abzusetzen, um die Freuden des Insellebens zu erforschen. Ein junger Matrose, Toby, schließt sich ihm an. Während einer Feier an Land ergreifen die beiden die Gelegenheit und fliehen in die Wälder, die sich hinter dem Strand erstrecken. Ihr Vorsprung vor einer Verfolgung muß, ungeachtet des mühevollen Unterfangens der beiden Flüchtenden, sich in die Berge abzusetzen, so groß wie möglich sein. Sie klettern Abhänge hoch, rutschen Klippen hinunter, schlagen sich durchs Gebüsch, steigen Schluchten hinab und überleben diese Quälerei gerade eben. Sie wollen in das Tal der Happas, eines freundlich gesonnenen Eingeborenenstammes, fürchten aber immer, daß sie auf das Gebiet der Taipi kämen, eines blutrünstigen Stammes, der sie töten und verspeisen würde. Das Buch nimmt in Anspruch, die wahren Ereignisse wiederzugeben, die Melville auf Nuku Hiva widerfahren sind, und er behauptet, daß diese schreckliche Flucht fast eine Woche gedauert hätte, bis die beiden hungrigen und fußlahmen Flüchtlinge auf eine menschliche Ansiedlung gestoßen wären.

Zu ihrem Entsetzen müssen sie feststellen, daß sie auf das Gebiet der schrecklichen Taipi geraten sind. Doch statt verspeist zu werden, nimmt man sie mit großer Gastfreundschaft auf. Der Häuptling des Stammes begrüßt sie mit ausgesuchter Höflichkeit, man gibt ihnen Nahrung und Unterkunft und zeigt ihnen das Dorf. Melville, der aufgrund eines verletzten Beines humpelt, wird von einem treuen Diener Huckepack getragen. Nach ein paar Wochen verläßt Toby das Dorf, um zur Küste zu gehen. Er verspricht, Hilfe zu suchen und jemanden zu schicken, der Melville abholt. Jetzt auf sich alleine gestellt, findet Melville an dem idyllischen Leben noch mehr Gefallen. Er gewinnt die Zuneigung eines schönen Taipimädchens, sie baden zusammen in einem kleinen See; der Stamm verehrt ihn. Kapitel um Kapitel beschreibt Melville in seinem Buch die Bräuche der Eingeborenen, ihren schönen Körperbau, ihre Kleidung, ihre Tabus, Rituale und Feste, wie sie ihre Hütten bauen und die Kunst der Tätowierung. Kurz gesagt, er erweckt den Eindruck, eine Autorität auf dem Gebiet der Taipi-Kultur zu sein, die er mit eigenen Augen studiert hat. Dann bemerkt Melville verdächtige Anzeichen. Er wird nicht zu den Stammesversammlungen zugelassen, er findet menschliche Knochen und erkennt, daß seine freundlichen Gastgeber in Wirklichkeit doch Kannibalen sind. Entsetzt und entschlossen zur Flucht, schafft er es, die Küste zu erreichen. Er springt in das Beiboot eines Schiffes, das günstigerweise gerade auf der Suche nach entflohenen Seeleuten geankert hat. Doch die Krieger der Taipi sind ihm auf den Fersen. Sie schwimmen hinter ihm her und versuchen, ihn aus dem Boot zu ziehen. Melville dreht sich um und schlägt dem vordersten Krieger einen Bootshaken in den Hals. Der Mann versinkt, und als er wieder auftaucht, bemerkt Melville, daß »er niemals den Ausdruck nackter Raserei in seinem Gesicht vergessen werde«.

Ich weiß, es wäre sinnlos, Melvilles persönliche Eindrücke von den Taipis dem heutigen Leben auf Nuku Hiva gegenüberzustellen. Zu dem Zeitpunkt, als Melville die Insel besuchte, litten die Bewohner des Archipels schon unter dem kulturellen Schock, den der australische Autor Alan Moorehead den »tödlichen Einfluß« nennt. In den vierziger Jahren des neunzehnten Jahrhunderts lebten ungefähr 20000 Eingeborene auf den Marquesas. Achtzig Jahre später waren es nur noch knapp über 2000. Schuld daran waren die üblichen Krankheiten, die von Fremden eingeschleppt wurden, sowie Hunger, Auswanderung, Mut- und Hoffnungslosigkeit. Seit 1930 ist die Bevölkerung langsam wieder gewachsen, zum Teil durch bessere medizinische Versorgung, zum Teil auch durch eine Handvoll europäischer Siedler. Doch die Kultur der Marquesas, ihre Musik, Tänze, Malerei und Gebräuche, war vollständig untergegangen. Heute setzt sich eine ambitionierte Bewegung dafür ein, die Kultur der Marquesas wiederaufleben zu lassen, doch die meisten der alten Gebräuche existieren nur noch als verschwommene Erinnerung. Es ist schwer zu entscheiden, was bewahrenswert ist. Paradoxerweise sind die einzigen Quellen, die den Leuten, die etwas über die untergegangene Kultur herausfinden wollen, zur Verfügung stehen, die Reisetagebücher und Beschreibungen der frühen Besucher, ebenjener, die für die Zerstörung dieser Kultur verantwortlich waren.

Ich erwartete lediglich, die unveränderte Landschaft von Nuku Hiva als Zeugnis der von Melville beschriebenen Welt vorzufinden. Bei den Abenteuern, die Melville hier erlebt haben will, hat die zerklüftete Landschaft der Insel eine wichtige Rolle gespielt. Er hat die Täler und Klippen, die Bergschluchten und Wasserfälle sowie den natürlichen Hafen und die Landestelle ausführlich beschrieben. Wenn ich diese Beschreibungen mit den tatsächlichen Gegebenheiten vergleichen könnte, dann würde ich vielleicht verstehen, wie Melville Fakten in Fiktion umsetzte und auf welche Art er sich Moby Dick erschaffen oder sogar gesehen hat. Natürlich bestand auch eine kleine Chance, daß ich irgendwo auf Nuku Hiva die Spur des weißen Wals aufnehmen konnte.

Das Taxi begann seine kurvenreiche Fahrt hinunter zu dem Ort. Immerhin konnte man die Straße jetzt zumindest als Schotterpiste bezeichnen. Auf halbem Weg mußten wir einen Reifen wechseln, ein Tribut an die schlechte Wegstrecke vorher. Neben uns grasten drei freilaufende Pferde zwischen den Büschen. Als wir den abgefahrenen Reifen gegen einen austauschten, der noch weniger Profil hatte, quälte sich ein Radfahrer den Berg zu uns hinauf. Es war das erste menschliche Wesen, das wir seit zwei Stunden sahen. Ein durchtrainierter Mann mittleren Alters auf einem Mountainbike, der uns, während er in die Pedalen trat, freundlich zuwinkte, einen Gruß rief, um die nächste Kurve bog und verschwunden war. »Das war der Bürgermeister«, knurrte der Taxifahrer, »seine Pferde«. Auf Nuku Hiva kannte jeder jeden.

Als die *Acushnet* in der Bucht von Taiohae vor Anker ging, bemerkte auch Melville als erstes die französische Trikolore. »Sie flatterte am Heck von sechs Schiffen, deren dunkle Rümpfe und geschützbestückte Breitseiten sie als Kriegsschiffe auswiesen.« Das waren die Schiffe der französischen Flottille, die im Juli 1842 dort ankerten, um die einheimischen Häuptlinge von dem Ansehen und der Macht von Louis Philippe, dem »Bürgerkönig«, zu überzeugen, dessen Regierung diese Inseln ihrem Kolonialreich einverleiben wollte.

Und schon bringt Melville einiges durcheinander. Er behauptet, fünfzehn Monate nach der Abfahrt in New Bredford die Insel erreicht und die nächsten vier Monate auf Nuku Hiva unter den Kannibalen gelebt zu haben. Diese Angaben widersprechen der tatsächlichen Fahrt des Schiffes und der eidesstattlichen Erklärung des Kapitäns über das Datum, an dem Herman Melville desertierte. Die Aufzeichnungen zeigen, daß die *Acushnet* New Bedford am dritten Januar 1841 verließ. Sie nahm Kurs Richtung Süden durch den Atlantik und um Kap Horn, und nachdem sie einen Stopp an der Küste von Peru eingelegt hatte, segelte sie über die Galapagosinseln (wahrscheinlich, um ein paar von den berühmten Landschildkröten, die wie Wasserschildkröten als gute Nahrungsquelle angesehen wurden, an Bord zu nehmen) in den Pazifik, um dort nach Walen Ausschau zu halten. Als an Bord die Vorräte knapp wurden, änderte Kapitän Valentine Pease den Kurs auf die Marquesas. Wenn die französische Flotte in der Bucht lag, als er dort ankam, dann waren siebzehn und nicht fünfzehn Monate vergangen, seit die *Acushnet* New Bedford verlassen hatte. Dieser Unterschied von zwei Monaten ist wichtig, denn wir kennen auch das ungefähre Datum, wann Melville Nuku Hiva verlassen hat. Die *Lucy Ann*, jenes Schiff, das ihn aufgenommen hat, verließ Nuku Hiva ungefähr Ende der ersten Augustwoche. Mit anderen Worten, Melville konnte keinesfalls, wie er behauptet, vier Monate auf der Insel gewesen sein. Im besten Fall war er acht Wochen auf Nuku Hiva, doch sehr wahrscheinlich hat sein Aufenthalt nicht länger als ziemlich genau vier Wochen gedauert.

Wie seine Prahlerei gegenüber seinen Verlegern, daß er »mehr als zwei Jahre« als Harpunierer auf Walfängern gefahren wäre, so war auch Melvilles Auffassung von Zeit sehr dehnbar, wenn es ihm in den Kram paßte. Der Titel der Londoner Ausgabe seines Buches *Bericht eines viermonatigen Aufenthaltes unter den Eingeborenen in einem Tal auf den Marquesanischen Inseln* war schlichtweg eine Lüge.

Genauso war es mit seiner Einschätzung von Entfernungen. Für die nächsten paar Tage mietete ich mich in einer Pension in Taiohae ein und erforschte die Gegend, die Melville so plastisch als seine Fluchtroute in die Berge beschreibt. Den ersten Teil seiner Flucht schildert er sehr genau. Toby und Melville schleichen sich an der Rückseite eines Unterstands, unter dem die Feiernden der *Acushnet* vor einem Regenguß Zuflucht gesucht hatten, hinaus und eilen zwischen den Eingeborenenhütten hindurch in den Wald hinter dem Dorf. Sie wollen den Gebirgskamm erreichen, der über der Ansiedlung thront. Auf halber Höhe wird ihre Flucht von dichtem Gestrüpp aufgehalten. Mit Hilfe ihrer Seemannsmesser bahnen sie sich einen Weg hindurch und erreichen den Kamm, wo ihre Silhouetten allerdings von den Eingeborenen unten im Dorf erblickt werden, die daraufhin ein Geschrei anstimmen. Toby und Melville kämpfen sich, so schnell es geht, weiter. Sie wollen den höchsten Punkt der Insel, den Kraterrand, von dem man die Bucht überschauen kann, erreichen. Drei Stunden später haben sie es geschafft. Sie stehen auf einer riesigen überhängenden Felskante aus Basaltblöcken, die mit Pflanzen überwachsen sind. »Der Ausblick war überwältigend«, schreibt Melville. »Die einsame Bucht von Nukuheva, in der die vereinzelten Punkte der schwarzen Schiffsrümpfe der französischen Flottille verteilt waren, lag ruhig da, umschlossen von einer kreisförmigen Hügelkette, deren grüne Abhänge von tiefen Schluchten und schimmernden Tälern durchzogen waren. Das alles zusammen ergab das schönste Bild, das ich jemals gesehen hatte.«

Seine Beschreibung paßt genau auf den Blick, den man vom Kraterrand hat. Es existiert sogar der schroffe Abhang, der an Melvilles Aussichtspunkt erinnert. Er ist so steil, daß der Drachenfliegerklub von Taiohae ihn als Startplatz benutzt.

Die Unstimmigkeiten beginnen, wenn Melville seine weitere Flucht über die Berge beschreibt. Er behauptet, sie hätten eine fünftägige Odyssee hinter sich gebracht, bevor sie das entfernte Tal der kannibalischen Taipi erreicht hätten, wo sie völlig erschöpft angekommen wären. Die tatsächlichen geographischen Gegebenheiten auf Nuku Hiva machen es schwer, seiner Ortsbeschreibung und der damit verbundenen qualvollen Flucht Glauben zu schenken. Das Tal der Taipi hat jetzt den Namen Taipivai, und es existiert ein gut begehbarer Weg über den Bergsattel, der Taiohae von Taipivai trennt. Der Weg folgt dem natürlichen Gelände und ist sogar für einen Fremden deutlich zu erkennen. Selbst wenn man vom Pfad abkommt, findet man schnell wieder zurück. Wenn man aber wirklich im Unterholz bleiben will, was Toby und Melville vielleicht aus Angst, entdeckt zu werden, getan haben, ist es immer noch nicht allzu schwer, seinen Weg nach Taipivai zu finden, indem man einfach querfeldein geht. Noch suspekter ist Melvilles Behauptung, er hätte fünf Tage gebraucht, um von Taiohae nach Taipivai zu gelangen. Die sprichwörtlich schreckliche Heimstatt der Kannibalen ist in Wirklichkeit nur acht Kilometer Luftlinie entfernt und vielleicht dreimal so weit, wenn man sich durch das Unterholz kämpft. Doch Melville erweckt überzeugend den Eindruck, daß er bei den Taipi an einem abgelegenen Ort gelebt hätte, wo keine Chance auf Rettung bestand. In Wirklichkeit befand er sich nicht weiter als sechs Wegstunden vom Strand entfernt, wo die Franzosen ein behelfsmäßiges Fort errichtet hatten und Kapitän Pease von der *Acushnet* friedlich über den Ankauf von Früchten und Gemüse verhandelte.*

Ich begab mich nach Taipivai, um Melvilles Beschreibung des Tals an den tatsächlichen Gegebenheiten zu überprüfen. Es war ein zauberhafter Ort, eng mit steilen Bergflanken, und am Talgrund floß ein kleiner, klarer Fluß. An der Stelle, wo die Straße aus Taiohae auf einer kleinen modernen Brücke den Fluß überquerte, befand sich eine kleine Ansiedlung. Flußabwärts konnten bei Flut kleine Versorgungsboote bis achthundert Meter an die Häuser herangelangen. Es gab kleine Villen, und die Vanillesträucher in ihren Gärten erfüllten die Luft mit ihrem Geruch. Flußaufwärts wurde das Tal von altem Baumbestand eingeschlossen, und der kleine Fluß strömte so schnell über die flachen Felsen, daß unmöglich ein See existieren konnte, wo Melville mit der lieblichen Fayaway hätte schwimmen und mit dem Boot fahren können. Dort standen weitere Farmhäuser, einige Kokospalmenhaine und ein kleines Sägewerk. Das ganze Tal war überschaubar, und nur die beeindruckende, steinerne Ruine eines *pae pae*, einer vorzeitlichen Wohnstatt, hatte die Zeit von Melvilles Bericht bis heute überdauert. Die beiden rechteckigen Steinplatten oder *meaes* waren auf einem Absatz auf halber Höhe des Berghangs errichtet. Sie wurden von *tikis* bewacht, Statuen alter Götter, die aus dunkelrotem Vulkangestein gehauen waren. Die *tikis* hatten dicke Leiber, kurze Arme und Beine und große, runde Glatzköpfe. Einige waren Frauen, doch die Mehrzahl waren Männer, ein oder zwei hatten Schlangenköpfe. Ihr Gesichtsausdruck war leer und abweisend. Man sagte, daß jeden, der einen *tiki* von seinem Platz entferne, ein Fluch treffen würde und daß der Fluch

* Der Häuptling in Taiohae war besonders von einem Pferd begeistert, das die Franzosen bei sich hatten und auf dem ein Offizier am Strand ausritt. Der Häuptling hatte noch nie ein Pferd gesehen und fragte, ob er einmal reiten dürfe. Er machte dies mit einer solchen Bravour, daß die Franzosen überaus beeindruckt waren. Dies war der Beginn einer neuen Leidenschaft. Die heutigen Bewohner der Marquesas sind exzellente Reiter, oft auch ohne Sattel.

erst dann aufgehoben sei, wenn der *tiki* wieder an seinem Platz stünde. In der höhergelegenen der beiden *meaes* befand sich eine quadratische Öffnung, die, so wurde es als schauerliche Geschichte erzählt, für die Knochen der Opfer eines kannibalischen Festmahls gedacht war.

Lucien Kemitite, der Bürgermeister auf dem Mountainbike, war diesen kannibalischen Riten gegenüber skeptisch. Bürgermeister Kemitite war eine treibende Kraft in der Bewegung, die der marquesanischen Sprache und Kultur auf den Inseln zu neuem Leben verhelfen wollte, und er wußte eine Menge über die mündlich tradierte Geschichte der Marquesas. Als ich ihn zu der quadratischen Öffnung befragte, meinte er, es wäre wohl eher eine einfache Vorratskammer gewesen. Doch für den Fluch der *tikis* konnte er mir ein Beispiel geben. Ein französischer Tourist hatte eine der kleineren Statuen gestohlen und mit nach Paris genommen. Sobald der Dieb zu Hause war, erkrankte er schwer, und die Ärzte konnten keine Ursache dafür finden. Schließlich ging er zu einem Hellseher, der ihm erklärte, daß der Grund seiner Erkrankung eine Sache wäre, die er aus einem fremden Land mitgebracht habe. Also packte er die Steinstatue ein und schickte sie dem Bürgermeister, der sie wieder an ihren Platz auf dem *pae pae* stellte. Der Kranke in Paris wurde daraufhin wieder gesund.

Ich fragte den Bürgermeister, welche Rolle große Wale, besonders Pottwale, in der Kultur der Marquesas spielten. Er antwortete, daß die Marquesaner keinen Unterschied zwischen Delphinen und Walen machten, und erzählte mir die Sage von einem Geschwisterpaar, das einst über die Leute in Hatiheu an der Nordküste von Nuku Hiva herrschte. Eines Tages stritten sich die beiden so heftig, daß die Schwester beschloß, die Insel für immer zu verlassen. Sie versammelte ihre Anhänger um sich und stach mit einer kleinen Flotte von Kanus in See, doch ihr Bruder fuhr ihr nach und bat sie zurückzukommen. Sie lehnte ab, denn sie wollte nichts mehr mit ihm zu tun haben, und setzte ihre Fahrt fort. Der Bruder verfolgte sie mit seinen Kanus. Während dieser Verfolgungsjagd kenterten alle Kanus der Schwester, und alle Menschen darin verwandelten sich in Wale oder Delphine.

Das Unglück mag eine verschwommene Erinnerung an eine Auswanderung sein, die einem Stammeskrieg folgte, doch es bedeutete nicht, daß Delphine danach tabu waren. Wenn eine Delphinschule nicht weit vor der Küste der Insel Ua Pou entdeckt wird, dann paddeln die Menschen in ihren kleinen Kanus hinaus und treiben die Tiere auf die Küste zu, indem sie unter Wasser Steine gegeneinanderschlagen, was die Delphine in Furcht versetzt. Wenn sie die Delphine erst einmal in einer Bucht haben, dann machen sie noch mehr Krach, bis die verschreckten Tiere im flachen Wasser gestrandet sind. Dort ist es dann leicht, die Delphine zu töten. Nicht alle Delphine einer Schule werden dabei gefangen, die Inselbewohner töten nur so viele Tiere, wie sie für ihre eigene Ernährung brauchen. Die übrigen lassen sie frei. Doch der Bürgermeister versicherte mir, daß diese Delphinjagd der Vergangenheit angehört. Sie wurde vor zwanzig oder dreißig Jahren aufgegeben, als Ua Pou Elektrizität bekam und somit auch Kühlschränke und Gefriertruhen. Seit dieser Zeit liefern Versorgungsboote regelmäßig tiefgefrorene Lebensmittel, und man brauchte nicht länger auf Delphinfleisch zurückzugreifen.

Nach einem weißen Wal gefragt, war der Bürgermeister überzeugt, daß ein solches Tier weder in der Kultur der Marquesas noch in der Realität existiere. Überhaupt waren Pottwale in der Nähe der Inseln sehr selten. Das erklärte, daß ein großer Pottwalzahn als eines der wertvollsten Güter auf den Marquesas angesehen wurde. Ein Zahn von ansehnlicher Größe war so wertvoll, daß ein Sandelholzhändler, der in jenen weit zurückliegenden Tagen die Insel besucht hatte, eines der profitabelsten Geschäfte machte, die jemals in Polynesien abgeschlossen wurden. Für zehn große Walzähne ließ der einheimische

Häuptling seine Leute das Schiff komplett mit Sandelholz beladen. Sie fällten die Bäume, brachten sie die Berge hinunter bis zum Schiff und verluden sie sogar noch. Der glückliche Geschäftsmann segelte direkt nach China und verkaufte dort die gesamte Ladung für umgerechnet eine Million Dollar. Selbst noch zu Melvilles Zeiten, als die vorbeikommenden Walfänger den Markt mit Walzähnen schon überschwemmt hatten und die Preise gesunken waren, war der Zahn eines Pottwals immer noch etwas Besonderes. Melville berichtet in *Taipi* von einer Taipi-Schönheit, die einen Walzahn besitzt, der »das schönste ihrer Schmuckstücke ist. Für sie war er weit mehr wert als ein Rubin.« Mehevi, der Häuptling der Taipi, hatte, wenn er sein volles Ornat trug, in seinen Ohren zwei kleine, aber schöne Pottwalzähne. Auf der einen Seite wurden frisch gepflückte Blätter hineingesteckt, und das andere Ende war mit winzigen, seltsamen Bildern und Symbolen verziert, so daß sie an ein Paar Füllhörner erinnerten.

Andere Besucher berichteten, daß die Marquesaner Muscheln so bearbeiteten, daß sie wie Pottwalzähne aussahen. Heutige Anthropologen geben an, daß die Schamanen, die *tuhunga*, ein Walzahnpendel benutzt haben, um sich auf ihre magischen Kräfte zu konzentrieren.

Diese wertvollen Walzähne waren entweder durch Tauschhandel mit weit entfernten Inseln auf die Marquesas gekommen oder stammten von Walkadavern, die an den Strand gespült wurden. Die Harpunenspitzen, die man bei Ausgrabungen gefunden hat, sind viel zu klein, als daß man damit mehr als gewöhnliche Fische hätte erlegen können. So schien es auch ausgeschlossen, daß ich auf Nuku Hiva das Vorbild für Quiqueg, den außergewöhnlich tätowierten Harpunierer aus *Moby Dick* finden könnte. Lediglich Quiquegs schachbrettartig verziertes Gesicht, »dunkelgelb bis purpurrot und hier und da mit großen schwärzlichen Vierecken bedeckt«, zeugt von Melvilles eigenen Erfahrungen, denn in *Taipi* widmet er ein halbes Kapitel der

Kunst des Tätowierens auf den Marquesas. Die meisten seiner Angaben sind dabei sehr genau.

Doch auch hier sollte man wieder Vorsicht walten lassen. Auf ziemlich dramatische Weise beschreibt Melville in allen Einzelheiten, wie sehr die Eingeborenen von Taipivai es darauf anlegten, die vorbeikommenden Seeleute zu tätowieren. Der Grund dafür wäre ihre weiße Haut, die einen hervorragenden Hintergrund für ihre Kunst abgäbe. Auch Mehevi versuchte, Melville zu einer Tätowierung zu überreden, und schlug einige passende Ornamente vor. Der Tätowierer verfolgte ihn mit seinen Gerätschaften, einem scharfzackigen Kamm und einer Nadel, durchs ganze Dorf. Doch irgendwie entging Melville der Prozedur. Dies ist ein weiteres Beispiel dafür, wie Melville packende, gefährliche Situationen schildert, in die er, während er »bei den Kannibalen gelebt hat«, geraten ist. Doch immer umgeht er es, eine Erklärung zu geben, wie er nun aus den Schwierigkeiten herausgekommen ist. Selbstverständlich hatte Melville keine vorzeigbaren Tätowierungen, als er nach Neuengland zurückkehrte und seinem erstaunten Publikum von seinen »vier Monaten« auf den Marquesas berichtete. Zu dieser Zeit waren Tätowierungen ohnehin schon weitverbreitet bei amerikanischen und europäischen Seeleuten.

Wieder einmal stellt sich die Frage, wie Melville an seine Informationen gelangte, wenn nicht durch eigenes Erleben. Einen Teil der Antwort fand ich im Versammlungsraum neben Bürgermeister Kemititis Büro. Die Leute von der Rekonstruktionsbewegung der marquesanischen Kultur hatten eine Anzahl von Werken über ihre Inseln zusammengetragen. In drei Schränken mit Glastüren war eine kleine Bibliothek untergebracht, die sich ausschließlich mit den Marquesas beschäftigte. Darin befanden sich Artikel aus Zeitschriften, Sonderabdrucke aus umfangreichen Archäologischen Jahrbüchern, Untersuchungen über die Kunst des Tätowierens, Berichte von Reisenden aus heutiger und vergangener Zeit, Unterlagen von

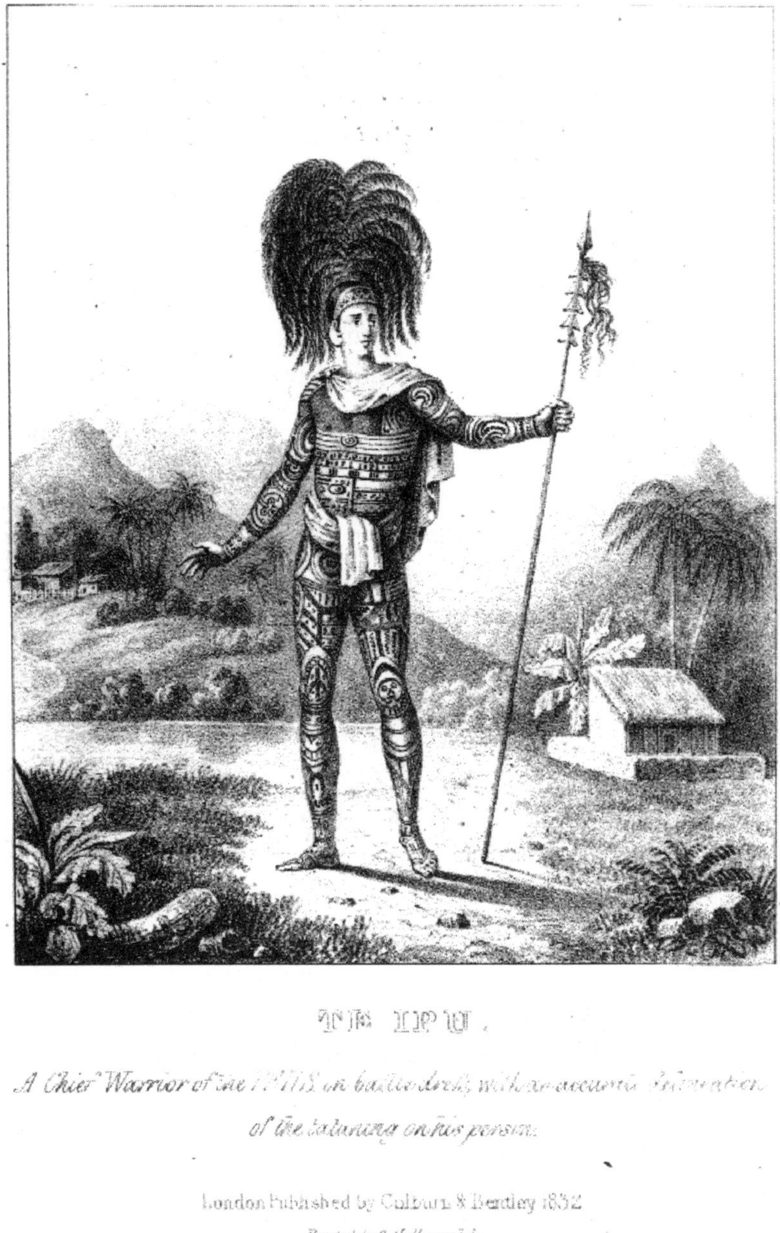

Te Ipu. Ein Krieger der Tetiis, gerüstet zum Kampf. Auch Herman Melvilles Harpunierer Quiqueg, eine der Hauptfiguren in *Moby Dick*, ist am ganzen Körper tätowiert.

Missionsstationen, sogar Kochbücher aus dem südpazifischen Raum. Wenn die Originalpublikationen nicht verfügbar waren, gab es Fotokopien aus den Nationalbibliotheken von Frankreich, Australien und Großbritannien. Als ich mich durch dieses wunderbare Durcheinander von Material wühlte, stieß ich auf die Quellen eines großen Teils von *Taipi* und sogar auf einiges, was man in *Moby Dick* wiederfindet. Hier befanden sich viele Dokumente, die Melville benutzt hat, um seine eigenen, ziemlich geringen Erfahrungen aufzubessern. Er steht in der Schuld von Reverend Williams Ellis, einem Missionar, der fast acht Jahre lang auf Tahiti und Hawaii lebte und über die Sitten der Polynesier geschrieben hat. Melville macht auch ein paar Anleihen bei Kapitän David Porter, der seine Erlebnisse als Kommandeur einer amerikanischen Fregatte, die drei Jahre lang auf Kriegsfahrt im Pazifik unterwegs war, in einem Tagebuch festgehalten hat. Während dieser Fahrt führte der Kapitän auch eine bewaffnete Einheit in das Tal Taipivai, die alle Hütten niederbrannte, als sie angegriffen wurde. Außerdem bediente sich Melville noch sehr großzügig aus den Memoiren von Reverend Charles Steward von der *USS Vincennes*, der Nuku Hiva 1829 einen weniger kriegerischen Besuch abstattete.* Stewarts Beschreibung der Landschaft, die sich hinter der Bucht von Taiohae erstreckt, erscheint mit nur geringfügigen Änderungen in Melvilles *Taipi*. Und wenn Melville sich in Erinnerung rufen wollte, wie beeindruckend sein »König Mehevi« im Lendenschurz, federbesetzten Kopfputz und den Tätowierungen aussah, so gab es das Bild eines sehr ähnlichen Inselhäuptlings auf dem Frontispiz von Reverend Stewarts Buch.

Dann stieß ich auf eine seltsame Übereinstimmung. Melvilles Onkel war ein Kapitän namens John DeWolf, der mit einer Durchquerung Sibiriens auf einem Hundeschlitten von Ochotskoje im Osten bis zur russischen Hauptstadt Sankt

* An Bord der *USS Vincennes* war auch ein Offiziersanwärter zur See, Thomas Melville, Hermans Cousin.

Petersburg einige Berühmtheit erlangte. Diese lange transkontinentale Reise hatte er zusammen mit dem Forscher und Naturwissenschaftler von Langsdorff unternommen, der als Mitglied einer russischen Forschungsexpedition vorher schon die Marquesas besucht und ohne Zweifel während der langen Reise über seine Erlebnisse in der Südsee gesprochen hatte. Melville wurde von seinem bekannten Onkel stark beeinflußt, und dessen Berichte aus zweiter Hand haben ohne Zweifel Melvilles Reiselust angestachelt. Als Melville dann *Taipi* schrieb, verarbeitete er die Informationen, die ihm von Langdorffs Beschreibung der Insel und ihrer Bewohner bot, und auch in *Moby Dick* griff er auf von Langsdorff zurück. Doch es gab noch jemanden, der mindestens ebenso interessant zu sein schien. In der Bibliothek in Nuku Hiva stieß ich auf die Geschichte eines Mannes, der zwar nicht die Vorlage für Quiqueg, aber möglicherweise für die Rolle war, die Melville sich selbst in »Der Mann, der bei den Kannibalen lebte« andichtete. Auf der transsibirischen Reise waren DeWolf und von Langsdorff von einem französischen Seemann namens Cabri begleitet worden, der neun Jahre auf den Marquesas gelebt hatte. Cabri hatte den Untergang eines englischen Handelsschiffes überlebt. Er war von den Marquesanern aufgenommen worden, ohne verspeist zu werden, er beherrschte deren Sprache fließend, hatte eine Eingeborene zur Frau und war vollständig in die Gemeinschaft der Insulaner integriert. Eine Quelle behauptet, er hätte zwei Kinder auf der Insel gehabt, eine andere gesteht ihm sechs zu. Cabri war ein Experte, was die Kultur der Marquesas betraf, und die russische Expedition hat ihn im wahrsten Sinne des Wortes von dort entführt, um ihn als wandelndes Lexikon zu benutzen.* Als DeWolf Cabri traf, sollte dieser an den

* Es gab noch einen weiteren Überlebenden des Schiffsunglücks, einen Engländer namens Robarts oder Roberts, der seinen Lebensunterhalt damit verdiente, die ankommenden Schiffe in die Bucht zu lotsen. Er und Cabri konnten sich nicht leiden, da sie beide um die Gunst der eingeborenen Häuptlinge buhlten. Es besteht der Verdacht, daß Roberts bei dem Komplott, Cabri von der Insel zu entführen, seine Hände im Spiel hatte.

Zarenhof nach Sankt Petersburg gebracht werden, um einerseits den Gelehrten dort Auskunft zu geben, andererseits aber auch, um von den Höflingen begafft zu werden. In den Augen der Europäer war der Franzose eine Jahrmarktsattraktion. Er war von Kopf bis Fuß tätowiert, einschließlich seines Gesichts, und später in Frankreich hat er mit der Zurschaustellung seines Körpers seinen Lebensunterhalt verdient. Er trat in einem kleinen Theater auf, wo die Besucher dafür bezahlten, die Kunstwerke auf seiner Haut zu betrachten und ihm bei marquesanischen Tänzen zuzusehen. Mit der Zeit verblaßte Cabris Anziehungskraft genauso wie seine Tätowierungen, und schließlich tingelte er in Frankreich von Jahrmarkt zu Jahrmarkt. Als er an einer Lungenentzündung starb, wurde er an einem geheimen Ort begraben, um zu verhindern, daß Souvenirjäger seinen Körper wegen der tätowierten Haut wieder ausgruben.

Als ich die jungen Männer aus Taiohae in der Brandung vor der Bucht surfen sah, mußte ich an Cabri denken. Sie schwammen wie Seehunde, genau wie er es in seinen Jahren auf der Insel gelernt hatte. Damals war dies eine Fertigkeit, die in Europa wenig verbreitet war. Noch in Rußland wurde er vom Marinekadettenkorps in Kronstadt als Schwimmlehrer angestellt, eine Funktion, die es vorher nicht gegeben hatte. Melville hat beschrieben, wie gut die Insulaner der Pazifikinseln schwimmen können, und die Logbücher der Walfangschiffe berichten von vielen Zwischenfällen, bei denen polynesische Mannschaftsmitglieder über Bord sprangen, um ertrinkende Walfänger zu retten. Bei Melville wird Quiqueg zum Helden, als er eine solche Rettungstat vor dem Hafen von New Bedford vollbringt. Ein junger Mann, der sich über den tätowierten Wilden lustig gemacht hat, wird von einer herumschwingenden Spiere ins Wasser gestoßen. Blitzschnell reißt sich Quiqueg die Kleider vom Leib, macht einen Hechtsprung ins Wasser, taucht nach dem ertrinkenden Mann und rettet ihn.

Nuku Hiva ist immer noch stolz auf Melvilles Besuch. Obwohl er nicht lange geblieben ist und vieles, was er sah, falsch interpretierte, ist Melville doch einer der Künstler, die die Inseln ins Bewußtsein der Außenwelt gebracht haben, wie Robert Louis Stevenson als Schriftsteller, Paul Gauguin als Maler und Jacques Brel als Musiker. Dem Deserteur der *Acushnet* ist sogar ein Denkmal errichtet worden. Nahe am Strand, direkt neben der Hütte, in der die Fiberglaskanus des Taiohae-Kanuklubs liegen, steht eine große Holzplatte zu seinen Ehren. In das dunkle Holz hat ein einheimischer Künstler die Umrisse von Nuku Hiva geschnitzt, die Namen der Orte, über die Melville geschrieben hat, und seinen Weg über den Bergrücken nach Taipivai. In einer Ecke befindet sich ein ovaler Bilderrahmen mit einem sehr respekteinflößenden Foto von Melville mit Vollbart. In der gegenüberliegenden Ecke ist ein Porträt eines jüngeren, nachdenklicheren Mannes mit großen, traurigen Augen zu sehen. Das ist Richard Tobias Greene, »Toby«, sein Mitflüchtling und Gefährte bei den Abenteuern, den Melville als einen »seltsamen, launischen Menschen« beschreibt.

Greene war außerdem Melvilles Gewährsmann. Kurz nachdem *Taipi* veröffentlicht worden war, machte sich unterschwellig Kritik bemerkbar. Eine Reihe von Lesern zogen Einzelheiten in Zweifel. Sie behaupteten, Melville hätte alles erfunden. Dann, gerade zur rechten Zeit, erschien Toby Greene auf der Bildfläche. Er hatte von dem Buch gehört und war bereit, zumindest einige Geschehnisse zu bestätigen. Er war ein unabhängiger Zeuge, zwar nicht für alle geschilderten Abenteuer, aber doch zumindest für die ersten paar Tage bei den Taipi. Seine Aussage brachte die Kritiker zum Verstummen, und *Taipi* wurde als vertrauenswürdige Quelle über ein »Leben bei den Kannibalen« angesehen.

Das war Melvilles Glück. Ähnlich günstige Umstände halfen auch *Moby Dick*. Auch diese Geschichte, besonders der durch den Wal verursachte Untergang der *Pequod*, lief Gefahr, von

Anfang bis Ende als Ausgeburt der Phantasie entlarvt zu werden. Dann aber, während das Buch gerade gedruckt wurde, brachte eine englischsprachige Zeitung in Panama den Bericht über den Untergang eines Walfangschiffes, der *Ann Alexander*. Wieder war ein Pottwal dafür verantwortlich, und der Angriff war vergleichbar vonstatten gegangen. Und es gab eine unheimliche Parallele zum Verhalten von Kapitän Ahab an Bord der *Pequod*. Die *Ann Alexander* wurde zerstört, weil ihr wütender Kapitän darauf bestand, den Kampf mit dem Wal auszutragen. Das Tier hatte schon zwei der Fangboote zerstört, und Kapitän Deblois mußte ihn vom Mutterschiff aus bekämpfen. Er stand an der Bordwand, bereit, die Harpune in den Pottwal zu stoßen, der sich schon fast unter dem Bug befand. Dann verschwand das Tier. Einen Moment später tauchte es neben dem Schiff wieder auf und schwamm mit hoher Geschwindigkeit auf den Rumpf zu. Der Aufprall ließ die unteren Planken der *Ann Alexander* zerbersten und das Schiff sank. Die Mannschaft wurde am nächsten Tag von einem anderen Walfänger gerettet, und der Wal selbst fünf Monate später erlegt. In seinem Kopf befanden sich Splitter der *Ann Alexander*, und zwei ihrer Harpunen steckten in seinem Körper.

Dieser Vorfall war für Melville ein gefundenes Fressen. »Ich habe keinen Zweifel daran, daß dieser Wal Moby Dick war«, schrieb er triumphierend. »Mein Gott, was für einen Beweis liefert uns dieser Wal der *Ann Alexander*.« Für jemanden, der sich einen weißen Wal ausgedacht hatte, war das wirklich zu schön, um wahr zu sein. »Ich frage mich, ob meine böse Phantasie dieses Monster erst erschaffen hat«, fügte er noch vorsichtig hinzu.

Melville war ein Mensch, dessen schriftstellerische Arbeit in erster Linie aus Büchern und seiner Vorstellungskraft gespeist wurde und nur zum geringen Teil aus eigenen Erfahrungen. Mein Besuch auf Nuku Hiva ließ mich verstehen, welche Fähigkeit Melville hatte, einen großartigen Rahmen zu entwerfen. Er benutzte sämtliches Material, das ihm in die Finger kam, und flocht seine eigenen Erfahrungen so kunstvoll darin ein, daß sie größer erschienen, als sie wirklich waren. Wenn ich also den realen Moby Dick aufspüren wollte, dann mußte ich den Menschen Melville erforschen. Ich mußte die Quellen, aus denen er geschöpft hat, finden und ihren Wahrheitsgehalt überprüfen, indem ich genau das tat, was er getan hatte – mit den Männern sprechen, die auf Walfang gingen. Niemand sonst würde mir erzählen können, was ich wissen wollte. Es spielte dabei keine Rolle, daß die Informationen der Walfänger mit Sicherheit nicht in allem zuverlässig und vom Aberglauben gefärbt waren. Schließlich war ich einem Mythos auf der Spur.

Pamilacan

»Mit frischem, günstigem Wind in den Segeln glitt die »Pequod« jetzt der Sunda-Straße entgegen: Ahab wollte auf diesem Wege zur Java-See gelangen, um dann nordwärts kreuzend über die Meere, die hin und wieder von Pottwalen aufgesucht werden, dicht an den Philippinen vorüber die ferne japanische Küste zu erreichen und zu der dortigen großen Walfangzeit zurechtzukommen.«

Herman Melville, *Moby Dick*

Tonio hatte den kleinen, runden Kopf eines Kindes und ein dazu passendes Engelsgesicht. Mit seinem hohen, weißen, spitz zulaufenden Strohhut wirkte er kaum älter als zehn Jahre. Sein schlanker Körper paßte zu dem Gesicht, und er hatte zartgliedrige Hände und Füße. Wie ein Akrobat balancierte er auf dem Backbordausleger des Fischerbootes, das über die flachen Wellen hüpfte. Mit einer Hand hatte er die Krempe seines Hutes gepackt, damit die Böen während unserer Überfahrt ihn nicht wegbliesen. Sein Kopf drehte sich unablässig erst in die eine, dann in die andere Richtung und wieder zurück. Im Schatten seines Strohhutes suchten seine Augen die See vor uns und neben uns ab. Die Lichtreflexe der Tropensonne auf dem Meer schienen ihn nicht zu stören. Er stand völlig entspannt kurz hinter dem Bug des Bootes, einen Meter außerhalb des Rumpfes, neben sich nichts außer Luft, und unter ihm schäumte die Gischt. In seiner linken Hand hielt er eine lange Bambusstange, die hinten an dem Querholz des Ruders befestigt war. Damit steuerte er das Boot. Etwa alle zwanzig Minuten wechselte er die Stange von der linken in die rechte Hand. Dann ging die andere Hand nach oben, um seinen Hut festzuhalten. Ansonsten bewegte er nichts als seinen Kopf, und nur manchmal veränderte er seinen Stand ein bißchen und brachte seine kleinen, bloßen Füße in eine andere Position. Wenn man einen genauen Blick auf seine Fersen warf, dann sah man, wie mächtig seine Achillessehnen heraustraten. Jahrelanges Balancieren auf einem schwankenden Ausleger hatten sie so kräftig werden lassen, daß die beiden Einbuchtungen links und rechts der Sehnen unnatürlich tief waren.

Hinter Tonio im Boot waren vier Männer, die für diesen heißen Tropentag zu dick angezogen erschienen. Wie Tonio trugen sie Shorts oder abgeschnittene Jeans, doch ihre Oberkörper waren mit mindestens zwei übereinandergezogenen Hemden vor der Sonne geschützt. Der Maschinist Pando, der sich um den 80 PS starken Dieselmotor kümmerte, trug sogar einen langärmligen Wollpullover. Sämtliche Kleidungsstücke waren vielfach geflickt und ziemlich abgetragen. Jeder hatte irgendein Tuch um seinen Kopf gewickelt. Pando hatte sich ein T-Shirt verkehrt herum über den Kopf gezogen, so daß sein Gesicht aus der Halsöffnung blickte. Gabriel und Juny, die beiden jüngsten Mannschaftsmitglieder, hatten ebenfalls T-Shirts über ihre Köpfe gezogen. Chubby Adoy, am Heck des Bootes, hatte sich einen knallroten Schal zu einer Art Turban um den Kopf geschlungen. Manchmal setzte er eine nachgemachte Ray Ban-Sonnenbrille auf, die ihm ein unpassend mondänes Aussehen gab. Ansonsten erweckte die Bootsmannschaft den Eindruck von Piraten.

Alle standen im Boot. Sie suchten links und rechts die Wasserfläche ab. Adoy drehte sich in regelmäßigen Abständen um und kontrollierte, was sich hinter uns tat. Genauso oft kletterte Juny den drei Meter hohen, stumpfen Mast hinauf. Von dort oben, die Füße auf dem Quermast, den weißrot angestrichenen Mast in den Bauch gedrückt, hatte er einen besseren Überblick und einen günstigeren Blickwinkel auf die Wasseroberfläche. Von Zeit zu Zeit gab einer der Männer ein tiefes Grunzen von sich, und Tonio, der weit vorne am Bug stand, schaute sich schnell um und folgte der Blickrichtung des Mannes, um denselben Punkt auf dem gleißenden Meer in Augenschein zu nehmen. In den meisten Fällen hatte Tonio solche Unregelmäßigkeiten im Wasser schon vorher bemerkt und als uninteressant eingestuft. Wenn nicht, dann bewegte er seine Bambusstange, damit das schnell dahingleitende Fischerboot beidrehen würde, um ihm einen genaueren Blick auf die Sache zu ermöglichen.

Ich hatte mich den Männern, die wie wenige andere die Fähigkeit hatten, das Meer zu beobachten, in der Hoffnung angeschlossen, etwas von ihnen lernen zu können. Ihre Beobachtungsgabe war phänomenal. Sie waren in der Lage, ein winziges Objekt auf der Wasseroberfläche aus einer Entfernung von einer halben Meile zu entdecken. Einmal war es ein kaum sechzig Zentimeter großer Tintenfisch, der zudem noch kaum aus dem Wasser herausragte. Sie fuhren hin, holten ihn aus dem Wasser und aßen ihn zu Mittag. Ein anderes Mal war es eine abgerissene Angelleine, die zu zwei Dritteln unter Wasser war. Sie untersuchten die Sache in der Hoffnung, daß etwas daran hinge. Sie zogen die kurze Leine heraus, es waren drei Haken daran und an jedem ein kleiner Fisch. Ein weiteres Gratismittagessen. Diese Männer waren für ihren Lebensunterhalt auf ihre guten Augen angewiesen. Sie waren Fischer, die mit den Augen jagten. Sie waren die menschliche Entsprechung kreisender Tölpel, die über dem Meer patrouillierten, bis sie eine Sprotte aufblitzen sahen, und sich dann auf sie hinabstürzten. Tonio und seine Gefährten machten es genauso. Wenn sie ihre Beute entdeckt hatten, dann sprang einer von ihnen – Tonio – mit einem mächtigen Satz ins Meer und holte sich den Fisch.

Der vordere Teil des Bootes, der Rumpf zwischen den Auslegern, war bis auf ein dickes Tau leer. Ein Ende davon war an der Mittelspante, dem massivsten Teil des Bootes, festgezurrt. Von dort aus war das wohl an die 150 Meter lange Tau im Zickzack auf einem Laufbrett in der Bilge ausgelegt. Am anderen Ende befand sich eine schwere, sorgfältig gelegte Schlinge, die dem Anschein nach aus einem noch stärkeren Ankertau bestand. Daran war ein mächtiger Stahlhaken befestigt, der in einer scharfen Spitze auslief. Der Haken, wohl vierzig Zentimeter lang und an die vier Pfund schwer, hing nun lose über dem Querträger neben Tonios bloßem Fuß. Dieser Haken war das Werkzeug des engelsgleichen Tonio. Wenn die Mannschaft eine Beute ausgemacht hatte, steuerte er auf sie zu, nahm den Haken und sprang mit weit nach oben ausgestreckten Armen ins Meer. Alles geschah in Sekundenbruchteilen, zu schnell, um es wirklich mitzubekommen. Pando unterbrach dann die Benzinzufuhr zum Motor, um anzuhalten. In der Zwischenzeit war Tonio mit einem Hechtsprung und dem Gewicht des Hakens bei der Beute.

Unter Wasser hatte er zwei oder drei Sekunden, sich an die Beute heranzumachen, den Haken zu setzen und zu sichern. Danach blieben ihm noch fünf weitere Sekunden, um zur Oberfläche zu gelangen und den Ausleger des Fischerbootes zu ergreifen, bevor das Tau gänzlich ausgerollt wäre und das Boot einen Satz nach vorne machen würde.

Tonios Beute waren nicht die kleinen Sprotten der Tölpel. Sein Ziel war der größte Fisch der Welt, ein Tier so lang wie das Boot und bis zu acht Tonnen schwer. Seine Beute war der Walhai. Noch vor drei Jahren wären Männer wie Tonio mit der gleichen Selbstverständlichkeit auf den Rücken eines zwanzig Tonnen schweren Wals gesprungen, um ihn per Hand zu fangen. Sie nannten es, »einen Wal bespringen«, und es schien völlig verrückt zu sein.

Auch hier gibt es eine offensichtliche Verbindung zu Melville. Eine der beeindruckendsten Stellen in *Moby Dick* ist, als die *Pequod* in der Morgendämmerung aus Nantucket ausläuft. Ismael und sein Freund Quiqueg gehen auf dem Pier zur *Pequod*, um an Bord zu gehen. Der Kai ist verlassen, und es herrscht dichter Nebel. Irgendwo weiter vorne im Dunst sieht oder glaubt Ismael, Gestalten in der Nähe des Schiffes zu sehen. Er ist verwirrt und versucht herauszufinden, was da vorgeht, doch dann wird er von einem plötzlich auftauchenden Seemann abgelenkt, der wie eine Kassandra eine verschlüsselte Warnung vor der bevorstehenden Fahrt von sich gibt. Ismael schlägt diese in den Wind und geht an Bord. Er bemerkt nichts Ungewöhnliches, und Quiqueg hat sowieso nichts mitbekommen. Wochen später, auf See, die *Pequod* ist auf die ersten Wale getroffen, werden die Fangboote zu Wasser gelassen. Die Mannschaft hat inzwischen gesehen, daß Kapitän Ahab ein weiteres Fangboot am Achterdeck in den Davits hängen hat, und ist über diesen ungewöhnlichen Umstand erstaunt. Andere glauben, aus den unteren Quartieren gedämpfte Stimmen gehört zu haben. Dann, als die reguläre Mannschaft damit beschäftigt ist, ihre Boote zu Wasser zu bringen, erleben sie eine unangenehme Überraschung. Aus ihrem Versteck unter Deck kommen fünf »dunkle Gestalten«. Sie sind Ahabs persönliche Fangbootmannschaft, die er für seine Jagd auf den weißen Wal an Bord geschmuggelt hat. Die Männer sind Asiaten. Sie haben eine tigergelbe Hautfarbe, und nachdem sie Ahabs Boot zu Wasser gelassen haben, rudern sie mit einem solchen Einsatz, daß sie »wie aus Stahl und Walbein« wirkten; »wie ein Uhrwerk tauchten sie auf und nieder bei ihren kraftvollen Schlägen«. Melville sagt uns auch, wo diese Männer herkamen. Wie er sich ausdrückt, waren sie »Eingeborene von den Manillas«. Sie waren Filipinos, so wie Tonio und seine Männer.

Lory Tan hatte mir von den »Walspringern« erzählt. Er leitete mit viel Einsatz und Erfolg einen Verlag in Manila und war begeistert von den seemännischen Traditionen der Philippinen, denen wenig Beachtung geschenkt wurde. Außerdem kümmerte er sich intensiv um den Schutz des maritimen Lebensraumes der insgesamt 7107 Inseln und hatte schon Daten für ein Bestimmungsbuch der Wale und Delphine im Bereich der Philippinen gesammelt. Während seiner Nachforschungen hatte er die Menschen in den Fischerdörfern quer über die Philippinen befragt.

»Sie müssen in den Süden nach Pamilacan gehen«, riet er mir. »Niemand auf den Philippinen kann Ihnen mehr über Wale erzählen als die Bewohner von Pamilacan. Solange man denken kann, haben sie diese großen Tiere gejagt.«

»Und jagen sie immer noch Wale?« fragte ich.

»Offiziell nicht. Die Waljagd wurde von der Regierung vor ein paar Jahren verboten, und man nimmt an, daß sie damit aufgehört haben.«

»Sie meinen, das stimmt nicht?«

»Nun, vielleicht jagen sie einen im Jahr. Einigen Fischern fällt es schwer, mit ihren alten Gewohnheiten zu brechen. Mit Hilfe des WWF [World Wildlife Fund]versuche ich, dort eine Walbeobachtungsstation einzurichten und die Waljäger dazu zu bringen, Wale für Touristen aufzuspüren. Aber das geht nur sehr langsam.«

»Wann ist die beste Zeit, um die Insel zu besuchen?«

»Im März, dann ist die Jagdzeit für Walhaie. Die Jagd auf Walhaie ist noch erlaubt. Dann werden Sie etwas sehen, was Sie nicht vergessen werden. Sie benutzen keine Harpunen. Sie legen den Hai per Hand an das Seil.«

Lory schlug vor, ich sollte mich auf Pamilacan bei Nita Bauboj einmieten. Sie wohnte in einem kleinen Zweizimmerhaus am Strand und hatte eine primitive Hütte, die sie vermietete. Es waren nicht mehr als vier Wände aus geflochtenem Bambus, die an Pfählen befestigt waren, ein Dach aus Palmwedeln und eine winzige Veranda, die nach Norden zeigte, wo man über die Meerenge hinweg die viel größere Insel Bohol sehen konnte. Bei Nacht erstrahlten die Lichter der Hauptinsel, und die moderne Zivilisation breitete sich über den acht Meilen entfernten Horizont aus. Pamilacan aber hätte auf einem anderen Planeten liegen können. In Nitas Haus gab es vier Glühbirnen, die nach Sonnenuntergang für eine Stunde flackernd brannten. Und das auch nur, wenn die Inselverwaltung sich Treibstoff für den Gemeinschaftsgenerator leisten konnte und der Mann, der ihn bediente, nicht auf Fischfang war. Also war es meistens stockdunkel bei Nacht, und es gab kein Geräusch außer dem monotonen Rauschen der Wellen am Korallenriff vor der Küste bei Ebbe oder dem dumpfen Knallen der Brecher auf dem nahegelegenen Strand bei Flut. Zu Nitas Haushalt gehörte noch ihr zweiter Mann Ninoy, ihre siebzehnjährige Tochter, die eine betörende Schönheit war und ein Baby hatte, in das alle vernarrt waren, sowie Nitas Sohn Walen.

Der zweiundzwanzigjährige Walen bot sich mir als Dolmetscher an. Die Sprache auf Pamilacan war Cebuano, die mir absolut unverständlich war. Ich verstand kaum eines von hundert Wörtern. Walen hatte sich sein karges Englisch selbst beigebracht, und ich hatte meine Zweifel an unserem Abkommen, bis ich ihn beim Hahnenkampf sah.

Er fand an einem Sonntagnachmittag in einem kleinen Tal mitten auf der Insel statt, wo eine Ansammlung von Palmen Schatten spendete. Der Kampfplatz war ein Rechteck nackter Erde, das mit hüfthohem, ausgeleiertem Maschendraht eingezäunt war. Mindestens die Hälfte aller Inselbewohner hatte sich dort versammelt. Zu zweit oder zu dritt waren die Männer, Frauen, Kinder und Hunde den Pfad zum Kampfplatz hinauf geschlendert. Viele waren schon zwei Stunden vorher gekommen, um im Schatten zu schwatzen, Tratsch auszutauschen, Karten zu spielen oder die Kampfhähne zu bewundern, die von ihren Besitzern wie gefiederte Dudelsäcke unter dem Arm getragen wurden. Ihr ganzes Leben lang wurden die Vögel von ihren Besitzern verwöhnt. Sie fütterten sie trotz ihrer Armut mit speziellem, sehr teurem Korn, achteten auf ihre Gesundheit, pflegten sie und behandelten sie wie ihre eigenen Kinder. All ihre Hoffnungen und Gefühle konzentrierten sich auf diese wilden, stolzen Tiere, und sehr sorgfältig wogen sie ab, in welchem Kampf sie ihr Tier einsetzten. Wenn ein Besitzer zu dem Schluß kam, ein anderer Hahn wäre zu groß oder zu stark, dann lehnte er den Kampf ab. Und wurde, wie es manchmal leider passierte, einer der Kampfhähne getötet, dann hatte sein Besitzer Tränen in den Augen, wenn er den Vogel dem Besitzer des Siegers übergeben mußte. Der Hahn wurde dann gegessen, ein Festmahl für die gesamte Familie an einem Ort, wo frisches Fleisch ein Luxusgut war.

Das Wetten war jedermanns wichtigstes Vergnügen. Hahnenkämpfe wurden nur während der Walhaisaison abgehalten. Zu anderen Zeiten hatte niemand Geld. Die meiste Zeit wurde auf Pamilacan ausschließlich Tauschhandel betrieben. Fisch und Feldfrüchte wurden gegen Feldfrüchte und Fisch getauscht. Wenn jemand von Bohol herüberkam, mochten vielleicht einmal unerwartet Geldscheine auftauchen, doch üblich war es nicht. Das Geld konnte von einer Bank auf der Hauptinsel geliehen sein, oder es kam von einem Familienmitglied, das woanders arbeitete. Die Frauen von Pamilacan hatten bei einigen chinesischen Familien in Manila einen guten Ruf als Hausmädchen. Doch nur das Fleisch des Walhais brachte wirklich Geld. Und dann wurde ein Großteil davon bei den Hahnenkämpfen verwettet, die ein ganz besonderes Ritual darstellten. Die Zuschauer drängten sich in Viererreihen an den Maschendraht, und ihre ganze Aufmerksamkeit richtete sich auf die Besitzer der Kampfhähne, die mit ihren Helfern und dem Schiedsrichter auf dem Kampfplatz standen. Die Menge verfolgte jede Bewegung, wenn die zwei Hähne zur Begutachtung hochgehoben wurden, dann hielt man sie Schnabel an Schnabel gegenüber und trennte sie wieder, um ihre Kampflust anzustacheln. Welches Tier wird siegen? Welches Tier ist am besten in Form? Wie stehen die Quoten bei der Wette? Als die Aufregung immer größer wurde, trat der junge Walen in den Ring, den Kopf erhoben, selbstbewußt, hellwach und voll konzentriert. Er ließ seinen Blick über die Zuschauer gleiten, wirbelte herum, streckte eine Hand nach oben und gab die Wettquote bekannt, die von einem Besitzer und seinen Anhängern geboten wurde. Aus der Menge streckten sich Walen Hände entgegen. Sie hielten aufgerollte Banknoten und winkten mit dem Geld, um seine Aufmerksamkeit zu erwecken. Walen nahm das Geld, verschloß es in seiner Hand und rief neue Quoten aus. Wie ein gewiefter Auktionär wiederholte er die Quoten, drehte sich einem anderen Teil der Menge zu, gab die veränderten Beträge bekannt, drehte sich wieder um, stachelte die Leute an, wiederholte die Quoten und schmeichelte den Zuschauern, bis er heiser war. Er mußte sich daran erinnern, wer gegen wen gewettet hatte, um wieviel es ging und welche Quote es war. Er machte sich keine Notizen und würde die Sache in ungefähr dreißig Minuten wiederholen müssen, wenn die Zahlen und die Spieler ganz andere wären. Er war der Verantwortliche, und nach dem Kampf mußte er manchmal Auseinandersetzungen schlichten. Er war nur halb so alt wie die meisten Anwesenden, und doch vertraute jeder seinem Gedächtnis, ob es nun ein grimmig blickender Fischer oder eine Hausfrau war. Es würde kein Problem sein, ihm ein paar mehr Worte Englisch beizubringen und seine Grammatik etwas aufzubessern, damit er mir auf Pamilacan weiterhelfen konnte.

Die Insel selbst war nicht mehr als ein alter Korallenstock, nahezu kreisförmig und gut zwei Kilometer im Durchmesser. Die sandige Bucht, in der man anlandete, wenn man das Glück hatte, eine Fahrt auf einem Auslegerkanu von Bohol herüber zu ergattern – es gab keine Fähre –, trug den Namen Chapel Side. Dort befand sich eine Ansiedlung von etwa zwanzig kleinen Häusern und die weißgetünchte Kapelle des Heiligen Isidor. Am Strand erhob sich die Ruine eines Steinturms mit dreieckiger Grundfläche, bekannt als der Spanische Turm. Er war ein Relikt aus den Tagen, als Piratenflotten von der Sulu-See herüberkamen und auf der Suche nach Sklaven plündernd über die Philippinen herfielen. Das war eine so regelmäßige Heimsuchung, daß die spanischen Missionare eine Reihe von Signalstationen und Schutzforts entlang der Küsten eingerichtet hatten. Wenn die Piratenflotten auftauchten, manchmal bis zu hundert leichte, schnelle Boote, suchte die Bevölkerung Zuflucht in den Forts. Von dem Spanischen Turm standen jetzt nur noch die Außenmauern, doch die behauenen Korallenblöcke erhoben sich immer noch bis fast zu ihrer ursprünglichen Höhe von ungefähr zehn Metern. Lory Tan und seine

Mitstreiter hatten angekündigt, daß er restauriert und in ein Walfangmuseum umgewandelt werden sollte. Chapel Side war jetzt schon in der Lage, die Touristen zu begeistern. Der Strand wurde makellos saubergehalten. Mindestens einmal pro Woche sammelte die gesamte Einwohnerschaft die herabgefallenen Blätter und Palmwedel auf, verbrannte sie und harkte den Sand. Die Kapelle des Heiligen Isidor hatte ein neues Dach bekommen, und ein neuer, strahlend weißer Anstrich zierte die glatte Fassade, an der ein einfaches Kreuz und darüber der Name des Heiligen angebracht waren. Chapel Side war sauber und bereit für alles, was kommen mochte.

Die Provinzregierung hatten den Inselbewohnern gerade genug Zement gegeben, damit sie einen Weg durch die Korallen anlegen konnten und nicht immer über halsbrecherische Flutlöcher und Felskanten klettern mußten. Eine richtige Straße wäre unsinnig gewesen, da die Insel viel zu klein für Autos oder gar Lastwagen war. Die Bewohner hatten mit dem Zement eine doppelte Spur angelegt, die an Eisenbahnschienen erinnerte, und der Abstand zwischen den beiden Spuren war so bemessen, daß er genau dem Abstand der Räder ihrer selbstgefertigten Handkarren entsprach. Von Chapel Side aus führte der Weg zum zentralen Plateau hinauf. Dort verlief er an einem der wenigen Geschäfte der Insel vorbei, einem winzigen Kiosk, an dem man Zigaretten, Süßigkeiten und warme Limonade kaufen konnte. Wenn man die Grundschule mit dem Basketballfeld auf rissigem Beton passiert hatte, dann hatte man Pamilacan zur Hälfte durchquert. Vierhundert Meter weiter auf den beiden Betonbändern und man stand an einem steilen Abhang, der hinunter zu Little Tondo führte, wo die andere Hälfte der Bevölkerung von Pamilacan lebte.

Little Tondo war nach einem üblen Slum am Rande von Manila benannt.

Diese Bezeichnung war ziemlich gemein, doch jeder benutzte sie. Der Grund dafür lag in dem Unterschied zu Chapel Side.

War letzteres sauber und angenehm, so war Little Tondo ein ausgesprochener Schweinestall. Zwei Reihen strohgedeckter Häuser standen am Strand, dem ein Korallenriff vorgelagert war. Die Hütten wurden für die Arbeit genutzt. Auf den Veranden stapelten sich Fischernetze, kaputte Motorteile und Fischkisten. Getrocknete Schwanzflossen großer Thunfische waren als Trophäen an die Häuserwände genagelt. Die furchteinflößenden Schädel von Haien mit aufgerissenen Mäulern und Zahnreihen wie Sägeblätter baumelten an Stricken. Es gab in Little Tondo keine sanitären Anlagen, jeder benutzte den Strand als Toilette, und niemand machte die Wege sauber. Aber ich hatte schon dreckigere und heruntergekommenere Dörfer gesehen, und in meinen Augen war Little Tondo nichts weiter als eine durchschnittliche Ansiedlung, eine Fischergemeinschaft. Mindestens zwanzig motorisierte Auslegerkanus lagen am Strand oder im Schutz des Korallenriffs vor Anker. Alle Boote waren gut in Schuß und ordentlich gestrichen. Nirgendwo am Strand lag ein vor sich hinrottender Bootsrumpf, und wenn die Fischer auch den Eindruck ziemlich rauher Gesellen erweckten, so waren sie doch freundlich und guter Laune. Little Tondo, so schien mir, war im Gegensatz zu dem herrschaftlichen Chapel Side ein Arbeiterviertel.

Der Gestank in Little Tondo war überwältigend. Die gefangenen Mantas und Walhaie wurden im seichten Wasser vor dem Dorf zerlegt. Dann hängte man die Fleischstreifen und die Haut zum Trocknen auf hölzerne Gestelle, die am Strand errichtet waren. Das Fleisch der Tiere baumelte da in allen Stadien der Zersetzung, und der Geruch hüllte das Dorf ein. Das ältere Fleisch war zusammengeschrumpft und roch ranzig. Nach drei Wochen in der Sonne sah die Haut aus wie verschrumpeltes Schuhleder oder eine dreckige, zerknitterte Plastikfolie. Es sah häßlich, aber nicht wirklich ekelhaft aus. Die schlimmsten Gerüche kamen von den frischen Stücken der Walhaie. Sie waren ziemlich groß, bis zu zehn Kilo schwer. Ein

Wissenschaftler sagte mir, daß die Walhaie ihre Fäkalien nicht auf normalem Weg abgeben. Das, was normalerweise als Urin ausgeschieden wird, verbleibt im Körper des Tieres und wird im Fleisch gespeichert. Das Ergebnis ist ein entsetzlicher Gestank, wenn das Fleisch des Walhais nach einem Tag in der Sonne die Flüssigkeit verliert. Es roch so, als ob ein Rudel Straßenkater sein Revier markiert. Wenn man sich in Windrichtung nahe genug aufhielt, dann begannen einem die Augen zu tränen.

Pamilacan entbehrt einer Grundvoraussetzung menschlicher Ansiedlungen. Trinkwasser muß von der zehn Meilen entfernten Hauptinsel herangeschafft werden. In der Nähe des Landestegs auf Bohol werden Plastikkanister an einem Wasserkran gefüllt, in ein Auslegerkanu geladen und auf einer feuchten, holperigen Fahrt von fünfundvierzig Minuten Dauer nach Pamilacan gebracht, wo sie auf den Schultern durch das seichte Wasser, den Strand hinauf zu den Hütten getragen und dort verteilt werden. In der Regenzeit im Winter kann man das Wasser aus den Dachrinnen sammeln, doch während des größten Teils des Jahres sind die 1 700 Inselbewohner auf das Wasser aus Bohol angewiesen. Die drei Brunnen, die man in einem Meter Abstand voneinander in einem kleinen Tal gegraben hat, sind unbrauchbar. Ihr Wasser ist so brackig, daß es nur zum Tränken der Tiere oder zum Wäschewaschen benutzt werden kann. Menschen trinken es nur im äußersten Notfall oder wenn sie so arm sind, daß sie sich nicht leisten können, ihren Anteil an den Fahrtkosten eines Kanus zur Wasserquelle nach Bohol zu bezahlen. Früher haben die Brunnen Frischwasser gegeben und die Insulaner, die gläubige Christen sind, erzählen die Geschichte eines Moslems, der eines Tages auf die Insel gekommen war. Er hatte um einen Schluck Wasser gebeten und war abgewiesen worden. Aus Wut verfluchte er die Brunnen, und sie versalzten. In Wirklichkeit hat man die Brunnen so schnell leergeschöpft, daß der Wasserspiegel fiel und Seewasser in das Reservoir eingedrungen ist. Nun versiegt in der Trockenzeit sogar das verdorbene Wasser. Als ich im März dort ankam, war nicht mehr als eine kleine Pfütze am Boden eines jeden Brunnenschachts. Auf jeder Brunneneinfassung standen unsicher kleine Kinder, und jedes hatte eine aufgeschnittene Plastikflasche an einer Schnur in der Hand. Sie ließen die Plastikflaschen hinunterfallen, so daß sie seitlich zu liegen kamen. Ein wenig Wasser floß hinein und sie zogen ihre Beute nach oben, dann schütteten sie die wertvolle Flüssigkeit, jedesmal nicht mehr als eine halbe Tasse voll, in einen bereitstehenden Kanister. Am Abend sah man eine Horde kleiner Kinder den Weg von den Brunnen mit Kanistern voller Brackwasser auf ihren Köpfen entlangkommen. Das Ergebnis vieler Stunden geduldiger Plackerei.

Die Menschen blieben auch ohne Trinkwasser auf Pamilacan, weil sie dort geboren waren und weil sie auf Fischfang gehen konnten. Der Name des Ortes war der Grund ihres Bleibens. Er bedeutet »der Ort zum Jagen von Mantas«. Seit ewigen Zeiten haben die Fischer auf Pamilacan den Manta gefangen, die kleineren Exemplare mit Netzen, die großen durch das »Springen«. Keiner konnte mir sagen, wann oder wie sich diese Technik entwickelt hat. Nirgends sonst auf der Welt, soweit mir bekannt ist, jagt man Meerestiere, die eine halbe Tonne wiegen, auf diese verrückte Art. Als ich die Männer fragte, warum sie nicht Harpunen wie alle anderen mir bekannten Fischergemeinschaften benutzten, gaben sie mir eine entwaffnend einfache Antwort. Es wäre sicherer, einen Haken per Hand zu setzen, und Harpunen wären sowieso zu teuer. Sie wären zu arm, um mit der Harpune zu jagen und sie vielleicht auch noch zu verlieren.

Walen brachte mich zu den ältesten Fischern auf der Insel, damit ich mit ihnen sprechen konnte. Amadeo Valeroso war neunundachtzig Jahre alt und Francolino Operio einundsiebzig. Beide wohnten unterhalb der Kuppe von Pamilacans einzigem Hügel, wo das Land sich zur Südseite der Insel hin erhebt und in einer recht beachtlichen Klippe endet, von der aus man einen guten Blick übers Meer hat. Die beiden bewohnten identische

Häuser, hölzerne Hütten, die auf niedrigen Pfählen standen und von der Sonne mattgrau gebleicht waren. Im dunklen Schatten unter den Häusern dösten Schweine, und eine Horde von Enkeln und Urenkeln rannte mit Getöse los, um die beiden alten Männer zu holen. Amadeo und Francolino erschienen und waren höchst erfreut, daß sich jemand für ihre Geschichten interessierte. Beide waren sehr mager, Amadeo ging am Stock und hörte nicht mehr allzu gut. Francolino, der eindeutig Amadeos guter Freund war, beugte sich manchmal zu ihm hinüber und wiederholte lautstark meine Fragen. Sie waren im jugendlichen Alter Fischer geworden, lange bevor sich irgend jemand auf Pamilacan einen Bootsmotor leisten konnte. Ihre Boote waren Auslegerkanus gewesen, mit einem Mast und einem Segel sowie vier oder fünf Männern zum Paddeln. Sie fuhren hinaus mit dem Haken und sprangen auf die riesigen Mantas. Ich fragte Amadeo, ob er jemals versucht habe, einen Pottwal zu fangen, doch er schüttelte den Kopf.

»Hast du damals viele Pottwale in der Nähe der Insel gesehen?« fragte ich ihn.

»Ja, manchmal mehr als fünfzig während der Jagdzeit. Im April, Mai und Juni. Ich kann nur schätzen, denn manchmal schliefen sie auf dem Wasser.«

Schlafen? Ich fragte ihn, was er damit meinte. »Ja, sie müssen schlafen, wenn sie so auf dem Wasser treiben, sie machen ein Geräusch wie ptschuuu«, und dabei stieß er einen zischenden, pfeifenden Ton aus. »Wenn man sich einem Pottwal nähert, dann hält man besser Abstand, fünfundzwanzig Meter. Vielleicht gefällt es ihm ja, sich auf dem Wasser treiben zu lassen.«

»Hattest du Angst?«

»Der Pottwal ist nicht ernsthaft gefährlich. Er tummelt sich nur gern im Meer. Er hat noch nicht einmal etwas dagegen, wenn man ihm dabei zusieht.«

»Wie groß war der größte Pottwal, den du gesehen hast?«

Amadeo deutete auf eine Palme. »Fast zehn Faden [achtzehn

Meter], von hier bis zu der Kokospalme. Er war schon tot. Wir haben eine Harpune in seinem Rücken gefunden. Wir haben ihn im Meer, nahe dem Spanischen Turm, entdeckt. Wir versuchten, sein Fleisch zu essen, aber es roch schlecht. Wir wußten nicht, wie man es zubereitet. Vielleicht, wenn wir gewußt hätten, wie wir es zubereiten ...« Er verstummte.

Francolino, der geduldig zugehört hatte, nannte einen guten Grund, warum man einen Pottwal nicht stören sollte. Eines Tages, als er zum Fischen draußen war, war er einem Pottwalkalb, das ruhig im Wasser lag, zu nahe gekommen. Aus Neugierde hatte er es mit seinem Paddel berührt. Francolino machte mit seinen Händen eine amüsierte Geste. »Oooh, oooh, mehr als zehn Wale tauchten auf, weil ich das Kind berührt hatte. Sie umkreisten spielerisch mein Boot, doch ich hatte Angst, denn es war sehr gefährlich für mich.«

»Was hast du gemacht?«

»Ich habe mit meinem Paddel nach einem der großen Wale geworfen, und als es ihn traf, zerschlug er es mit seiner Schwanzflosse. Das Paddel war hinüber, und ich hatte ziemliche Angst. Ich machte mich davon, so schnell ich konnte.«

Ich fragte sie, ob sie in ihren Jahren als Fischer jemals einen weißen Pottwal gesehen hätten, worauf sie die Köpfe schüttelten. Aber beide hätten einen Bursahon gesehen.

»Einen Bursahon?«

»Einen weißen Manta. Nicht den üblichen schwarzen Rochen, den wir Sanga nennen. Der weiße Manta ist anders.« Amadeo hatte in seinem Leben drei oder vier weiße Mantas gefangen, indem er mit dem Haken in der Hand auf ihre Rücken sprang. Aber die hatten weniger als zwei Faden Spannweite. Das waren keine richtigen Bursahons.

Ein Tier mit einer Spannweite von einem Meter achtzig oder mehr erschien mir persönlich groß genug, besonders für einen kleinen Mann, der von einem Kanu auf den Rücken des Mantas springt, um den Haken anzubringen.

»Wie groß ist denn ein echter Bursahon?«

»Vier, vielleicht fünf Faden im Durchmesser«, sagte Francolino.

Amadeo nickte. »Ich habe einen Bursahon gesehen, der hatte mindestens fünf Faden Spannweite.«

Beide bestätigten, daß das Tier schneeweiß war und viel zu groß, als daß man es fangen konnte.

Ein völlig weißer, riesiger Manta war etwas Neues für mich. Natürlich dachte ich sofort an den weißen Körper von Moby Dick. Melville beschreibt dieses Wesen, als Ismael auf Walfang geht und vor seinem geistigen Auge eine endlose Prozession von Walen vorüberzieht und mitten unter ihnen das mächtige, versteckte Phantom wie ein schneebedeckter Hügel in den Wolken auftaucht. Ob nun Moby Dick völlig weiß war oder nur zum Teil, läßt Melville offen. Er beschreibt ihn wie folgt: »eine gefurchte, im wesentlichen weiße Stirnpartie mit einem pyramidenförmigen Buckel« und ein Körper, »so im gleichen Farbton gestreift, gefleckt und marmoriert, daß ihm zu Recht die Bezeichnung Weißer Wal zukam«. Das Wesen, das Melville sich vorstellte, war wahrscheinlich von einer Geschichte inspiriert, die er 1839 in der amerikanischen Zeitschrift *The Knickerbocker* gelesen hatte. Die Geschichte trug den Titel »Mocha Dick oder Der weiße Wal des Pazifiks«, und sie handelte von einem großen Pottwalbullen, den man regelmäßig vor der Küste von Chile antraf. Es wurde behauptet, das Tier sei schneeweiß, wobei niemand wußte, ob es ein Albino war oder einfach nur ein sehr altes Tier. Erstmals sah man ihn im Jahr 1810, und über die Jahre hinweg hatte es sich erfolgreich gegen alle Angriffe der Walfänger gewehrt. Es hatte so viele Fangversuche überstanden, daß sein Rücken mit Harpunen gespickt war und es die gerissenen Harpunenleinen hinter sich herzog. Der Wal hatte mit der Zeit gelernt, wie er sich vor Angriffen schützen konnte. Er schwamm so geschickt, daß es den Harpunierern unmöglich war, eine verletzliche Stelle an der Unterseite des Brustkorbs zu treffen. Die erfolglosen Fangboote scheuchte er dann zurück zum Mutterschiff. Man erzählte sogar, daß Mocha Dick einmal mit seiner Schwanzflosse ein Fangboot angegriffen hat, das gerade an Deck gehievt wurde. Die Walfänger nannten so ein Tier einen »Kämpfer«, und Mocha Dick wurde zur Herausforderung für die Walfänger, die immer wieder versuchten, ihn zu erlegen. J.N. Reynolds, der Autor der Geschichte, behauptete, wenn sich die Walfangkapitäne auf See trafen, fragten sie regelmäßig nach »Neuigkeiten von Mocha Dick«. In Reynolds Erzählung erlegt sein Held schließlich Mocha Dick nach einem heftigen Kampf. Es stellt sich heraus, daß es der größte Wal ist, den er jemals gesehen hat, einundzwanzig Meter von der Nasenspitze bis zur Schwanzflosse, und er gab einhundert Faß Tran. In seinem Rücken steckten zwanzig verrostete Harpunen.

Es gibt weiße Wale. Wenn die Südkaper vor der Küste von Argentinien kalben, dann ist eines von zehn Kälbern weiß, doch mit zunehmender Lebensdauer dunkelt die Farbe nach. Andere Arten, zum Beispiel der Belugawal, ist bei der Geburt dunkel und wechselt dann die Farbe völlig, so daß das ausgewachsene Tier schneeweiß ist. Die Bezeichnung Beluga kommt aus dem Russischen und bedeutet »der Weiße«. Wenn dieser Wal mit drei bis fünf Metern Länge auch nur einen Bruchteil der Größe eines Pottwals erreicht, so gehört der Beluga doch auch zu den Zahnwalen, und seine hochaufragende Stirn läßt ihn wie eine ausgefeilte Miniaturausgabe von Moby Dick erscheinen. Der französische Wissenschaftler und Überlebensexperte Alain Bombard hat einmal einen Finnwal-Albino im Mittelmeer gefilmt. 1951 hat das französische Walfangschiff *Anglo-Norse* einen großen weißen Wal mit einem graublauen Flecken im Nacken gefangen, von dem man annahm, daß es ein Albino war. Sechs Jahre später hat ein japanischer Walfänger von einem weißen Pottwal berichtet. Beide Tiere waren im Pazifik gesichtet worden. Selbst wenn Reynolds Mocha Dick nicht wirklich schneeweiß gewesen war, so konnte er doch gut das gewesen sein, was die früheren Walfänger »Graukopf« nannten. Sie haben festgestellt, daß die großen, einzeln lebenden Bullen auf ihre alten Tage oftmals eine gescheckte Haut mit charakteristischen weißen oder hellgrauen Flecken am Kopf und dem Unterkiefer bekamen. Mocha Dick könnte sehr gut ein solches Tier gewesen sein, alleine, argwöhnisch und mächtig. Die französischen Seeleute haben eine zutreffende Bezeichnung für diese Tiere. Sie nennen sie »Könige«.

Max Valeroso, der erfolgreichste Walspringer in der Geschichte von Little Tondo, hat auch eine Menge Pottwale gesehen, doch nie einen weißen. Valeroso ist ein häufiger Name auf der Insel, und ich wußte nicht, ob er mit dem alten, ziemlich zerbrechlichen Amadeo verwandt war, denn natürlich war Max von ganz anderer Statur. Auf den ersten Blick schon sah man, daß er ein kräftiger Mann war. Ihn umgab ein Flair von Autorität, und er hatte den Körper eines Mittelgewichtsboxers. Er war freundlich und zugänglich, doch man spürte sofort, daß er sich nicht auf den Arm nehmen ließ. Er hatte als einer der Ärmsten der Armen begonnen, ein bescheidener Mann, der im Alter von zwölf Jahren auf ein Fischerboot gegangen war, um seinem Großvater zu helfen. Schon nach drei Jahren war er der »Springer« des Bootes. Das war die größte Ehre, die ihm die anderen Mannschaftsmitglieder erweisen konnten, denn sie wählten den tapfersten und geschicktesten jungen Mann aus, der auf die Beute springen sollte. Anfänglich sprang Max wie alle anderen auf die Mantas. Das war schon gefährlich genug, denn die großen Mantas waren bekannt dafür, daß sie ihre Schwingen über dem Mann auf ihrem Rücken zusammenfalteten und dann abtauchten, um den Angreifer zu ertränken. Max gab an, in seinem Leben mehr als dreihundert Mantas mit dem Haken gefangen zu haben. Das Fleisch wurde getrocknet und verkauft, und Max sparte seinen Verdienst. Er war gerade fünfzehn Jahre, als er etwas noch viel Gefährlicheres versuchte, nämlich auf einen Wal zu springen.

Die Art, die die Fischer auf Pamilacan jagten, war der Brydewal oder der Tropische Wal. Es ist ein Bartenwal, sehr ähnlich den besser bekannten Finnwalen und Seiwalen. Tatsächlich ist diese Spezies erst im frühen zwanzigsten Jahrhundert erkannt worden. Vorher hat man sie mit den Sei- oder Sardwalen in einen Topf geworfen, da sie denselben langgestreckten, schlanken Körper haben. Doch solche Unterscheidungen kümmerten Männer wie Max Valeroso nicht. Für sie stellt ein Brydewal einen beeindruckenden Fleischvorrat dar. Ein ausgewachsenes Tier wiegt zwischen zwölf und zwanzig Tonnen, und man kann Brydewale häufig in den Gewässern um die Inseln antreffen. Für die meisten Menschen wäre ein Brydewal schwer auszumachen, denn wenn sie zum Atmen auftauchen, dann bleiben sie bis auf einen kleinen Teil des Kopfes und des Rückens fast völlig unter Wasser, und erst wenn sie wieder abtauchen, hebt sich ihr Rücken aus dem Meer heraus. Doch für die scharfäugigen Fischer von Pamilacan, die es gewohnt sind, Mantas in mehreren Faden Wassertiefe auszumachen, waren die Brydewale wie Leuchtfeuer auf dem Meer. Die Fischer taten sich schwer, die Schwimmgewohnheiten der Wale richtig einzuschätzen. Während sie auf Nahrungssuche waren, wechselten die Wale oftmals plötzlich die Richtung, tauchten ab und kamen unerwartet an anderer Stelle wieder hoch. Außerdem sind sie recht schnelle Schwimmer. Wie auch immer, sie bleiben nie sehr lange unter Wasser, und manchmal können sie recht neugierig sein und schwimmen auf die Boote zu. Gelegentlich springt ein Brydewal mehrmals hintereinander fast senkrecht aus dem Wasser, so daß sein gesamter Körper bis auf die Schwanzflosse über der Meeresoberfläche ist, bis er mit einer riesigen Fontäne wieder zurückfällt. Das ist der Augenblick, in dem einige der pamilacanischen Fischer versuchen, auf den Wal zu springen. Diese Prozedur kann tödlich für die Männer und den Wal enden.

»Bist du dabei schon mal verletzt worden?« fragte ich Max.

»Ja. Einmal hatte ich Schwierigkeiten mit einem Brydewal.

Wenn man sieht, daß der Wal springen will, dann mußt du zuerst springen, um an der richtigen Stelle zu sein, um den Haken zu setzen. Ich stieß den Haken in die rechte Flanke des Wals, doch ich konnte mich nicht festhalten. Ich rutschte nach hinten zur Schwanzflosse, und die traf mein linkes Bein. Ich war so schwer verletzt, daß ich nicht mehr schwimmen konnte. Als ich wieder an die Oberfläche kam, rief ich meine Freunde im Boot, und die holten mich raus. Als ich wieder im Boot war, sagte ich meiner Mannschaft, daß wir zurück zur Insel müßten, denn ich brauchte eine Pause. Als wir am Strand angekommen waren, konnte ich nicht mehr laufen, und auch heute brauche ich noch einen Stock. Nach drei Wochen bestieg ich wieder das Boot, doch jetzt bediene ich den Motor und kommandiere die Mannschaft. Wenn ich sage: ›Spring‹, dann springt er, und wir haben den Wal. Selbst heute noch schmerzt manchmal mein Bein von dem Schlag, den ich abbekommen habe.«

Sein bestes Jahr, so erinnerte sich Max, hatte er mit zwanzig. Damals stellte er seinen persönlichen Rekord auf und erlegte in einer einzigen Fangsaison neun Brydewale mit dem Haken. Insgesamt fing er in seiner aktiven Zeit mehr als einhundert Wale mit der Hand. Aber er vergeudete das schwer verdiente Geld nicht, sondern investierte in ein eigenes Boot. Heute ist Max der Vorzeigeunternehmer in Little Tondo. Er besitzt vier Boote, *ValMax 1*, *ValMax 2* und so weiter. Zudem ist er Vorsteher der Fischergemeinschaft. Wenn ein Walhai gefangen wird, dann begutachtet Max Größe und Zustand des Fangs, handelt mit dem glücklichen Fischer den Preis aus, setzt sich mit dem Fischhändler in Bohol in Verbindung und sorgt dafür, daß alle Bewohner von Little Tondo, die dazu in der Lage sind, helfen, das Tier zu zerlegen und in kleine Kisten zu verpacken. Bei jedem Geschäft verdient er seinen Teil, doch er steht nicht außerhalb der Gemeinschaft. Max bringt immer noch seine eigenen Kampfhähne zu den Wettkämpfen, und man behandelt ihn als Gleichgestellten. Als Max mit dem federnden Gang eines Preisboxers, aber auch mit seinem Hinken davonging, konnte ich mich nicht des Gefühls erwehren, daß er seinen Erfolg verdient hatte. Er hat nie einen weißen Wal gesehen, ob nun Pottwal oder Brydewal. Doch so ungewöhnlich es klingt, er hatte einmal einen Bursahon gesehen, einen riesigen weißen Manta mit einer geschätzten Spannweite von sieben oder acht Metern.

Die *RJ2*, auf der ich mitfuhr, war das Boot von Tonio und seiner Mannschaft, doch es gehörte ihnen nicht. Es wäre viel zu teuer für sie gewesen. Der eigentliche Besitzer war ein Geschäftsmann in Manila und das Boot selbst, wie auch die *RJ1* und die *RJ3*, hatte seinen Namen nach den Initialen des Sohnes des Besitzers erhalten. Es gab einen Verantwortlichen für die Boote hier vor Ort, und Tonio und seine Männer bekamen einen Teil des Fanges. Sie betrachteten sich als vom Glück begünstigt, da sie auf Fischfang gehen konnten, und da der Besitzer auch für den Diesel aufkam, wenn es gerade keine Walhaie gab, waren sie doppelt glücklich. Die meisten Boote auf Pamilacan und besonders jene, die den Bewohnern von Little Tondo gehörten, durften keinen Treibstoff für eine unsichere Fangfahrt verschwenden. Aus Erfahrung wußte man, daß die Walhaie immer in Gruppen eintrafen. So übernahmen Boote wie die *RJ2*, die reicheren Eignern gehören, die Aufgabe, das Meer abzusuchen, und erst wenn diese einen Walhai gefangen hatten, machten sich die Boote der ärmeren Besitzer auf den Weg.

Die Fischer verstehen viel von Meeresbiologie. Sie wissen, daß die Walhaie hauptsächlich in bestimmten Mondphasen auftauchen, meist sechs oder sieben Tage nach Vollmond, und dann sind die Insulaner besonders wachsam. Auch wenn sie es nicht mit Sicherheit wissen, ahnen sie wahrscheinlich, daß das Auftreten der Walhaie mit dem Ausstoß großer Mengen Plankton an den Korallenriffen zusammenhängt. Dann begeben sich die Tiefseefische zur Nahrungsaufnahme nahe an die Küste. Und dort warten Männer wie Tonio auf sie.

Einige Tage habe ich damit zugebracht, mit der *RJ2* vor der

Küste zu kreuzen. Die Fanggründe lagen fünfunddreißig Meilen von Pamilacan entfernt vor Bohol an einer Stelle, die Jagna genannt wurde und zu weit entfernt war, als daß man von dort jeden Abend nach Hause zurückkehren konnte. Also übernachteten wir, zusammen mit den anderen Fangmannschaften aus Pamilacan, insgesamt vier oder fünf Boote, in einem Haus am Strand von Bohol. Im Meer vor dem Strand lag noch eine große Zahl von einheimischen Booten vertäut. Doch die Mannschaften dieser Boote fischten nur mit Netzen nach Teufelsrochen und Fischen. Nur die Männer von Pamilacan waren »Springer«, die sich auf den riesigen Walhai spezialisiert hatten.

Wir standen jeden Morgen kurz nach Tagesanbruch auf und nahmen ein leichtes Frühstück aus Wasser und Brot zu uns. Einer aus der Mannschaft hatte dann schon eine Handvoll Reeffische von den einheimischen Fischern gekauft oder getauscht. Die winzigen, farbenprächtigen Tiere, halb so groß wie Sardinen, hätten besser in ein Aquarium gepaßt. Diese kleinen Dinger wurden ausgenommen, geschuppt und über einer Feuerstelle gebraten. Der Aufwand lohnte sich kaum. In einem schwarzen Eisenkessel wurden ein paar Pfund minderwertiger Reis gekocht, die Fische dazugegeben, und dann wurde der rußige Topf vorsichtig auf die *RJ2* gebracht. Das war alles, was die Männer während der nächsten acht Stunden aßen.

Wir lösten die Leinen, mit denen die *RJ2* an einer Kokospalme festgezurrt war. Tonio nahm eine lange Bambusstange und stieß das Boot vom Strand ab, und Pando fummelte an der Benzinleitung des Motors herum. Als er fertig war, legte er ein ausgefranstes Starterseil um das Schwungrad, und alle außer Tonio griffen sich das Seil. »Uno, dos, tres«, die Mannschaft riß an dem Seil, das durch die Luft zischte, dann kam eine Wolke schwarzen Rauchs, gefolgt von einem glucksenden Geräusch, und mit etwas Glück erwachte der Motor knatternd zum Leben. Es gab kein Getriebe, keinen Rückwärtsgang, keinen Gaszug. Pando kontrollierte die Geschwindigkeit mit seiner Angelschnur, die um einen hölzernen Klöppel gewickelt war und auf simpelste Weise die Benzinzufuhr des Motors regulierte.

Den ganzen Morgen suchten wir die Küste ab, hin und zurück und wieder hin und zurück, insgesamt vielleicht auf einer Länge von zehn Meilen. Die Sonne brannte herab, das Meer glitzerte, das Geräusch des Motors dröhnte in den Ohren, und die Männer starrten auf die See. Melville hatte von dem langweiligen Geschäft des Ausgucks auf einem Walfänger geschrieben, von wo man stundenlang auf das Wasser blickte und nach der Fontäne eines Wals Ausschau hielt. Er hielt es für ideal, um sich in Tagträumen zu ergehen, bis zu dem Moment, in dem man von einer plötzlichen Bewegung auf dem Wasser aus seinen Gedanken gerissen wurde. Eine Gischtfontäne erhob sich dort, wo der Wal aufgetaucht war und seine verbrauchte Luft ausgeblasen hatte. Pottwale wälzen sich dann fünf oder zehn Minuten im Wasser, bevor sie wieder tauchen, atmen in tiefen Zügen, von denen jeder in einer für Pottwale typischen nach vorne gerichteten Fontäne endet. Was Tonio und seine Gruppe zu entdecken versuchte, war wesentlich schwieriger auszumachen, ein winziges Schimmern einer Flosse, ein Fleck andersfarbigen Wassers oder ein leichter Strudel. Ihre Beute brauchte zum Atmen nicht aufzutauchen. Sie blieb immer unter Wasser, und nur die schärfsten Augen würden sie sehen. Ich zweifelte daran, daß Tonio und seine Mannschaft Zeit für Tagträume hatten.

Wir patrouillierten Stunde um Stunde. Unser Kurs führte uns an einem Außenriff entlang, wohin die Walhaie wohl zum Fressen kommen sollten. Wir waren nicht alleine. Zwei weitere Boote von wohlhabenderen Besitzern waren auch auf Fang aus. Sie bewegten sich nach dem gleichen Muster hin und her. Es war, als ob ich in einen Spiegel schauen würde. Die schnell dahingleitende Silhouette eines Jägers vor dem Horizont, die Umrisse eines »Springers«, eines Maschinisten und die Männer, die Ausschau hielten. Wir nahmen kaum Notiz voneinander, es war alles Routine. Nur zu Mittag – keiner außer mir trug eine Uhr, und doch wußte die Mannschaft auf die Minute genau die Zeit – machten wir eine Pause. Pando machte den Motor aus, und dankenswerterweise verstummte der Krach. Tonio kam von dem Ausleger herunter und streckte seine Beine. Der rußige Topf wurde hervorgeholt, und die Mannschaft versammelte sich. Sie aßen ihre kleine Ration Reis mit den Fingern. Ein Glas Wasser, und dann ruhten sie sich bei einer Zigarette zwanzig Minuten aus, bevor es wieder »Uno, dos, tres« hieß und der Motor knatternd in Gang kam.

In den vier Tagen, die wir auf der Lauer lagen, sahen wir keinen einzigen Walhai. Wenn wir einen entdeckt hätten, so versicherte mir Tonio, dann hätten wir ihn auch gefangen. Das Problem lag nicht darin, das Tier zu fangen. Für einen guten Springer war das nicht schwierig. Das Problem war die zurückgehende Zahl der Walhaie und sie zu entdecken, wenn sie da waren.

Am vierten Tag fuhren wir zurück. Die Männer wollten zu ihren Familien, und wir hatten unseren Vorrat an Diesel verbraucht. Die *RJ2* war eines der wenigen Boote, die in Chapel Side lagen, und so setzten sie mich am Abend beim Spanischen Turm ab. Es war ein besonders schöner Sonnenuntergang, und ich ging den Hügel hinauf, wo die Häuser der beiden Alten, Amadeo und Francolino, standen. Ich befand mich am Rande der Klippe und blickte nach Westen in Richtung Bohol. Die Sonne stand gerade noch über dem Horizont, und unter mir war ein weiteres Fischerboot in den leichten Wellen auf dem Weg nach Hause. Es fuhr sehr langsam Richtung Little Tondo. Als sich die Silhouette vor die Sonne schob, lag das Boot nachtschwarz auf der orangeroten See. Eine Windböe trug das Knattern des Motors zu mir hinauf. Ich konnte hören, wie sich das Geräusch mit dem Wellengang veränderte. Es schwoll an, nahm dann ab und schwoll wieder an. Das war es, worauf die Dorfgemeinschaft, wie Walen mir erklärt hatte, wartete. Es war das

Geräusch eines erfolgreichen Fischerbootes, das etwas Schweres im Schlepptau hatte. Jetzt befand sich das Boot genau mir gegenüber ungefähr eine Meile vor der Küste. Es wirkte sehr klein. Hinter ihm, vielleicht dreißig Meter zurück im Kielwasser, konnte ich eine schmale schwarze Erhebung im Wasser ausmachen. Es war das Wackeln einer großen Schwanzflosse. Ein Walhai wurde hereingebracht.

Gewöhnlich ist das Maul eines Walhais nicht breiter als etwas über einen Meter. Wenn er es zur Nahrungsaufnahme öffnet, dann hat es die Form eines unregelmäßigen Kreises, und dahinter liegt der große, bleiche Tunnel des Rachens. Das Maul wirkt dann wie die Öffnung eines Kanalrohrs. Wie nicht anders zu erwarten, filtert das Tier seine Nahrung aus dem Wasser. Es saugt große Mengen von Meerwasser ein und siebt daraus Millionen von Kleinstlebewesen, im wesentlichen Fischlarven, Krill, Korallen und Plankton, aus. Gelegentlich verschluckt der Walhai auch kleine Fische wie Sardellen, Sardinen und Tintenfische. Doch seine sechstausend zurückgebildeten Zähne sind so klein, daß er damit nicht zubeißen kann. Der Walhai stellt keine Gefahr für den Menschen dar. Doch unter Wasser, wenn der riesige Kopf nur eine Armlänge von dir entfernt ist und man sich diese dunkle Kanalöffnung vor Augen führt, hofft man inständig, daß der Walhai sein Maul zuläßt. Selbst dann, wenn man sich in Erinnerung ruft, daß er sich nur von Kleinstlebewesen ernährt.

Ich tauchte mit Maske und Flossen unter dem Fischerboot, das am Abend zuvor den Walhai hereingebracht hatte. Das Boot lag jetzt direkt vor dem Riff vor Anker, und der noch lebende Walhai war unter dem Kiel vertäut. Ein Strick führte von seinem Oberkiefer zu einem Anker im Meeresboden. Ein zweiter, kürzerer war an einer Boje auf dem Wasser befestigt, und ein drittes Seil war um seine Schwanzflosse geschlungen und am Boot festgemacht. Mit über zehn Metern war das Tier fast so lang wie das Fischerboot, und die pamilacanischen Fischer hätten ihren Fang unmöglich an Bord nehmen können. Die Mannschaft hätte gar nicht die Kraft gehabt, den Walhai ins Boot zu ziehen, und wenn doch, dann hätten seine zehn Tonnen das Boot zum Sinken gebracht. Selbst das Verdrängungsgewicht des Tieres im Wasser war noch zu groß, um es die zwanzig Meilen bis in die Bucht von Little Tondo zu ziehen. Als der »Springer« den Hai unter Wasser am Haken hatte, kehrte er ins Boot zurück und half seinen Kameraden bei ihrem Kampf mit dem enormen Fang. Wenn der Walhai abtauchte, dann gab die Mannschaft vorsichtig Leine, und wenn er wieder an die Oberfläche kam, dann holte sie sie schnell wieder ein. Dieser Kampf kann gut zwei, drei Stunden dauern, bis das Tier seine Fluchtversuche aufgibt. Zu diesem Zeitpunkt sind dann die Hände der Männer aufgerissen und blutig. Dann muß der »Springer« wieder ins Wasser. Mit einem Messer versehen, schwimmt er auf den Rücken des Walhais und bringt kurz hinter dem Kopf am Rückgrat einen Schnitt an. Damit legt er einen großen Teil des Nervensystems des Fisches lahm. Diese Technik ermöglicht es den Fischern, ihren Fang einzubringen. Dann schneidet man ein glattes, rundes Loch in die Oberlippe des Hais und führt ein Seil hindurch. Auf diese Weise kann man den Walhai hinter sich herziehen wie einen Bullen an einem Nasenring.

Jetzt warteten die Fischer auf Max Valeroso, den Vorsteher, der in seinem Kanu zu ihnen herauskommen, Größe und Zustand des Tieres schätzen und ihnen einen Preis machen sollte. Als Walen mich hinausgepaddelt hatte, hob der Walhai von Zeit zu Zeit seinen Kopf aus dem Wasser, als wollte er nachsehen, was ihn da festhielt. Das Tier schwamm langsam, anscheinend verwirrt im Kreis und versuchte, von seinen Stricken loszukommen. Sein von den dicken, gesprenkelten Lippen umgebenes Maul verursachte einen kleinen Strudel.

Noch nie zuvor war ich so nahe an einen Walhai herangekommen. Sowohl die Größe als auch das riesige Maul des Tieres ließen einen Anfänger wie mich überaus vorsichtig sein. Dieses Tier ist schließlich ein richtiger Hai und sieht auch so aus. Es hat den gleichen muskulösen Schwanz, den langen, torpedoförmigen Körper mit den seitlichen Flossen, die wie Balancierstangen wirken, die spitze Schnauze (auch wenn sie in diesem Fall ziemlich ramponiert war) und die gleichen schlängelnden Bewegungen. Es erinnert an die Bilder von den großen Raubhaien wie den Weißen Hai, den Mako oder den Weißkopfhai, die ich aus dem Fernsehen kannte. Auch die Haut des Walhais bietet einen einschüchternden Anblick. Sie ist grau, durchsetzt mit Grün und überzogen mit weißen Flecken und hellen Streifen. Sie erinnert an die Fellzeichnung eines Tigers oder eines Geparden. Ich versuchte, mir einzureden, daß dieses Tier völlig harmlos sei, doch meine unwillkürliche Angst resultierte aus dem Wissen, daß es ein Hai war und Haie tödlich sein können.

Das Tier vor mir war riesig. Es war ein voll ausgewachsenes Exemplar der größten Kaltblüter-Gattung der Erde. Ich spürte, wie mich die schiere Größe des Walhais überwältigte. Hinter dem enormen, flachen Kopf erstreckte sich der Körper des Walhais so weit, daß seine Schwanzflosse im Halbdunkel unter Wasser fast nicht mehr zu sehen war. Und das Tier war noch ziemlich lebendig. Eines seiner runden Augen blickte mich direkt an. Ich konnte die fünf Kiemenschlitze hinter seinem Kopf erkennen, die sich öffneten und schlossen, wenn er das Wasser durch sein Maul ventilieren ließ. Gelegentlich schlug der beeindruckende Schwanz von einer Seite zur anderen. Es war ein Monstrum in seinem ureigensten Element. Unter Wasser war ich der Eindringling, langsam, unbeweglich, und hatte nur einen Bruchteil seiner Größe. Selbst in der Gewißheit, daß der Walhai festgebunden war, fühlte ich mich so hilflos, als ob ich in einem kleinen Stall mit einem wilden Hengst eingesperrt wäre. Auch ohne die Absicht, einen verletzen zu wollen, kann einen so ein riesiges Tier durch die kleinste Bewegung zermalmen. Dieser Walhai war zehnmal größer als jedes Pferd. Bevor ich getaucht war, um mir den Hai anzusehen, hatte ich mitbekommen, wie eine einzige Bewegung seines mächtigen Schwanzes eine Welle auslöste, die das Boot zum Schwanken brachte, so daß drei Männer über Bord gingen.

Während ich durch den Sucher meiner kleinen Videokamera blickte, schwamm ich näher. Ich versuchte, den mächtigen Kopf in die Bildmitte zu bekommen. Die Morgensonne schickte ihre Strahlen durch das Wasser und erhellte die schmalen Streifen braunen Seegrases, die in der Strömung schwammen. Das Seegras irritierte mich, und immer noch durch den Sucher blickend, versuchte ich, es zu ignorieren und den Walhai ins Bild zu bekommen. Das Tier schien sich in der blaugrünen Umgebung aufgelöst zu haben. Plötzlich spürte ich einen sachten Stoß. Ich blickte hoch. Von der Strömung getragen, war ich mit dem Kopf voran gegen das riesige Maul gestoßen. Die Linse der Kamera hatte dem Tier auf die Schnauze getippt. Der Walhai schenkte dem überhaupt keine Beachtung. Was ich für die graugrüne Farbe des Meeres gehalten hatte, war in Wirklichkeit der Kopf des Tieres gewesen. Mir wurde klar, daß ich ein technisches Problem hatte. Wenn ich den Hai aus größerem Abstand aufnehmen würde, dann wäre er aufgrund der schlechten Sichtverhältnisse nur schwer zu erkennen; ging ich aber näher heran, dann war er viel zu groß für den Bildausschnitt.

Die Lösung war, der Länge nach an dem Walhai entlangzuschwimmen, dann auf der anderen Seite wieder zurück und dabei die Kamera im Abstand von eineinhalb Metern an dem Tier vorbeizuführen. Ich begann mit meiner Umkreisung, doch der Hai war so groß, daß ich von Zeit zu Zeit nach oben und Luft holen mußte, um dann erneut abzutauchen. Der Walhai ignorierte mich weiterhin.

Ich kam an dem weit aufgerissenen Auge vorbei. Es lag tief in seiner Höhle, dicht hinter dem Punkt, wo das breite Maul endet. Es war nicht viel größer als ein Tennisball und hatte kein Lid. Um es zu schließen dreht der Walhai den Augapfel und zieht ihn in seinen Kopf zurück. Direkt hinter dem Auge befindet sich ein tiefes, rundes Loch, das für einen Laien wie ein Ohr aussieht. In Wirklichkeit ist es ein Überbleibsel der Kiemenbildung, und dahinter befinden sich die eigentlichen Kiemenschlitze. Es gibt fünf davon, und sie wirkten wie tiefe Schnitte in der Haut. Sie öffneten und schlossen sich regelmäßig, während das Tier Sauerstoff und Plankton aus dem Meer aufnahm. Ich schwamm an den drei deutlich sichtbaren Leisten, die sich fast bis zur Schwanzflosse hinzogen, den Körper entlang. An einigen Stellen wies die mit hellen Punkten überzogene Haut rostrote Flecken auf, die ich für Algenkolonien hielt. Ungefähr einen Meter hinter den Kiemen kam ich an einer Wunde in der Haut vorbei, an der kleine Streifen weißen Fleisches hingen, die sich mit der Strömung bewegten. An dieser Stelle hatte der »Springer« seinen Haken gesetzt. Später erfuhr ich dann, daß es besonders wichtig ist, den richtigen Punkt zu treffen. Der »Springer« muß den Haken genau an diese Stelle in die Flanke des Tiers setzen. Wenn der Walhai dann taucht, wird er von dem Seil, das ihn mit dem Boot verbindet, auf die Seite gedreht, so daß er nicht in der Lage ist, mit voller Kraft zu schwimmen. Wenn der Haken zu weit hinten oder zu weit oben in den Haikörper gesetzt wird, dann ist das Tier kaum beeinträchtigt und weiterhin in der Lage, eine solche Kraft zu entfalten, daß die Leine reißt oder sich der schwere Stahlhaken aufbiegt und er freikommt. Wenn aber weder die Leine reißt noch der Haken sich aufbiegt, dann kann der Walhai das Boot durchaus unter Wasser ziehen.

Die Unterseite des Walhais hatte eine viel hellere Farbe. Ein Paar Pilotfische hingen immer noch an seinem Bauch und hofften auf eine Mitfahrgelegenheit, ohne bemerkt zu haben, daß ihr Wirt gefangen war. Schließlich erreichte ich die mächtige Schwanzflosse. Sie wedelte sanft hin und her, und als ich um sie herumschwamm, kam ich dem Hai wieder zu nahe. Die Flosse glitt über mein Gesicht, und zu meiner Überraschung war die durch das Wasser gedämpfte Berührung fast sanft. Nachdem ich außer Reichweite geschwommen war, betrachtete ich das Tier in seiner ganzen Größe, und das unheilvolle Bild eines gefährlichen Hais veränderte sich völlig. So im warmen Meer festgebunden, erweckte der Walhai den Anschein einer riesigen, sanften Kuh, die auf den Schlächter wartet.

Als ich wieder an die Oberfläche kam, war Max Valeroso in einem kleinen Einbaum schon auf dem Weg, um das Tier zu inspizieren. Er winkte mir freundlich im Vorbeifahren zu, und als ich am Strand von Little Tondo angekommen war, hatten sich die meisten Einwohner schon dort versammelt. Sie schauten zu dem erfolgreichen Fischerboot hinüber, und auf ihren Gesichtern lag der Ausdruck froher Erwartung. Schon bald erschien ein weiteres Boot, das über und über mit Styroporkisten beladen war, in denen sich Eisblöcke befanden, die man in aller Eile von Bohol herübergebracht hatte. Die Kisten wurden an den Strand gebracht und dort aufgestapelt. Man hatte den Walhai vom Boot losgebunden und zog ihn an den Stricken zum Strand. Kurz bevor man den Fisch vom Boot gelöst hatte, erhielt ich eine weitere Vorstellung davon, wie stark dieses Tier war. Die mächtige Schwanzflosse kam aus dem Wasser, bog sich in eine Richtung und zuckte dann zurück, wobei sie mit einem ohrenbetäubenden Schlag den Ausleger des Bootes traf. In dem Schlag lag keine Absicht, wahrscheinlich war es nur ein Reflex. Durch das hochspritzende Wasser hörte ich den Knall, mit dem der Ausleger, ein fünfzehn Zentimeter dickes Bambusrohr, brach.

Kleine, splitternackte Jungen rannten johlend ins Meer, als der mächtige Körper des Walhais hereingebracht wurde. Die Kinder waren außer sich vor Aufregung. Sie schwammen und plantschten mit ausgelassenem Geschrei auf die riesige Schwanzflosse zu. Als das Tier im seichten Wasser war und sein glitzernder Rücken freilag, kletterten die Kinder darauf. Sie tanzten und tollten herum wie fröhliche Pygmäen, die einen Elefanten erlegt haben.

Der Kopf eines Erwachsenen, unheimlich anzusehen mit seiner eng sitzenden, selbstgemachten Taucherbrille, erschien neben dem Walhai. Es war der Taucher, der das Tier töten würde. Er beugte sich über den Hai, und mit beiden Händen ein großes Messer haltend, sägte er das Rückgrat durch und zertrennte damit das Rückenmark. Walhaie haben keine Knochen, ihr Skelett besteht aus Knorpel, doch der Taucher benötigte seine ganze Kraft, um durch die widerstandsfähige Haut hindurchzuschneiden. Die Haut am Rücken eines Walhais ist eine der zähesten, die man in der Tierwelt findet. Sie besteht aus übereinanderlappenden, zahnähnlichen Schuppen und ist vergleichbar mit einem Kettenhemd. Die häufigsten Verletzungen bei den »Springern« resultierten nicht aus einem Schlag der Schwanzflosse, sondern waren schwere Rißwunden, die sie sich an der Haut des Walhais zuzogen.

Jetzt, da der Walhai tot war, stürmten die Dorfbewohner ins Wasser, um mit ihrer Arbeit zu beginnen. Die Männer, mit scharfen Messern und Schleifsteinen bewaffnet, standen hüfttief im Wasser und schnitten quaderförmige Fleischstücke aus dem Körper des Tieres. Die Frauen hatten eine Kette gebildet und reichten das Fleisch von Hand zu Hand an den Strand oder griffen sich einen Fleischblock und wateten an Land. Einmal kurz ins Wasser getaucht, um den Sand abzuwaschen, dann wanderte das Fleisch in eine Styroporkiste, bis diese randvoll war und man den Deckel daraufdrückte. Das Fleisch war weiß und zäh. Früher hatte das Fleisch des Walhais wenig Wert. Es wurde getrocknet und für ein Drittel des Preises von Mantafleisch verkauft. Die ärmsten Menschen im Hinterland von Bohol tauschten es ein. Jetzt aber gab es neue, reiche Kunden. Ein Händler aus Taiwan hatte von den Fähigkeiten der »Springer« von Pamilacan erfahren. Er hatte angeboten, das Fleisch eines jeden gefangenen Walhais aufzukaufen – doch frisch mußte es ein. Das Fleisch wurde nach Taiwan geflogen und kam dort in die Fischrestaurants. Die Taiwaner stellten die Kisten, das Eis und das Geld. Die Leute auf Pamilacan das Fleisch, die dazu notwendige Arbeit und die Armut, die sie zu bereitwilligen Partnern in diesem Geschäft machte. Für jeden Hai erhielten sie 20000 Pesos, und Gerüchte besagten, daß der taiwanesische Händler das Fleisch für 20000 amerikanische Dollar verkaufte. Ein Dollar entsprach fünfundreißig Pesos.

Es dauerte nur anderthalb Stunden, bis der riesige Walhai in den Styroporkisten verschwunden war. Die Fischkisten wurden zum Flugplatz auf Bohol gebracht, die Haut des Walhais und die Flossen hingen zum Trocknen an den Gestellen in Little Tondo. Später würden sie dann in Streifen geschnitten und als Zutaten für chinesische Suppen und Eintöpfe verkauft werden. Was überhaupt nicht verwertbar war wie der große, flache Kopf, würde zum Riff hinausgeschleppt und dort dem Meer überlassen werden. Bei meinem Tauchausflug hatte ich auf dem Meeresboden schon einen Schädel gesehen. Das breite Maul war wie in einem Todesschrei weit aufgerissen.

Ich hatte das schreckliche Ende eines großen, harmlosen Tieres, das normalerweise eine Lebenserwartung von über hundert Jahre hat, miterlebt. Aber ich verstand auch, warum die Leute von Pamilacan so glücklich aussahen, als sie das Tier schlachteten. Jeder einzelne würde von dem Walhai profitieren. Nicht nur Max, der Vorsteher, und die erfolgreichen Fischer, auch die Männer, die den Hai zerlegt, und die Frauen, die das Fleisch in die Kisten gepackt hatten. Sogar die Jugendlichen von Pamilacan, die sich dauerhaft auf Bohol aufhielten. Es gab keine weiterführende Schule auf der Insel, und so mußten die Kinder auf ein Internat jenseits der Meerenge nach Bohol gehen. Wenn die Kisten mit dem Fleisch von Pamilacan nach Bohol gebracht wurden, kamen die Schüler hinunter zum Pier und verluden die Kisten auf die dort wartenden Lastwagen. Dafür erhielten sie ein paar Pesos, und sie betrachteten diese Tätigkeit als ihr Privileg.

Bevor der Walhai in Stücke geschnitten nach Taiwan verschwand, erschienen zwei junge Frauen von der KKP, der philippinischen Sektion des WWF. Sie hatten neben dem Spanischen Turm in Chapel Side ein kleines Büro, wo sie den Fischern zu erklären versuchten, warum es besser wäre, sich für das Walbeobachtungsprogramm zu engagieren. Außerdem führten sie noch Buch über die gefangenen Walhaie. Die beiden Frauen wateten ins Wasser, das sich von dem ausbreitenden Blut dunkel zu färben begann. Sie vermaßen den Körper und die Flossen – das Tier war so groß, daß sie dazu ein Bandmaß brauchten –, nahmen Proben zur DNA-Analyse und sammelten die Parasiten, die auf der Haut und in den Kiemen saßen. Ihre Proben schickten sie zu der nächsten Universität, wo an einer Untersuchung über die Walhaie der Philippinen gearbeitet wurde. Sie erzählten mir, daß in dieser Fangsaison bis jetzt zwanzig Walhaie – mit Ausnahme eines weiblichen alles männliche Tiere – erlegt worden seien. Zum gleichen Zeitpunkt im Vorjahr waren es doppelt so viele gewesen. Die Zahl ging jedes Jahr zurück, und die Fischer von Pamilacan mußten immer weiter hinausfahren, um ihre Beute aufzuspüren.

Dieses Muster wiederholte sich bei jeder Walart. Traditionell waren die »Springer« von Pamilacan auf den großen Manta aus, nach dem ihre Insel benannt ist. Die Familie des Schmiedes, der die Stahlhaken anfertigt, existiert schon seit drei Generationen, was bedeutete, daß man schon seit fünfzig Jahren erfolgreich den Manta jagt. Dann wurde der große Manta immer seltener. Der Grund dafür mußte der Gebrauch von Motorbooten sein, mit denen die Jagd erfolgreicher wurde. Danach haben sich die »Springer« auf die Brydewale gestürzt, bis auch diese selten geworden sind. Jetzt ist der Walhai, der erst mit dreißig Jahren fortpflanzungsfähig wird, ihre Beute. Es ist nur zu wahrscheinlich, daß auch diese Art aus Profitsucht der menschlichen Jäger ausgerottet werden wird.

Drei Tage, nachdem der Walhai am Strand geschlachtet worden war, unternahm ich eine weitere Fahrt auf der *RJ2*. Ich bat darum, in dem Dorf Jagna an der Küste von Bohol abgesetzt zu werden, dort, wo Tonio und seine Mannschaft auf ihren langen Erkundungsfahrten übernachteten. In Jagna begab ich mich auf ein Boot, das gerade dabei war, nach Süden aufzubrechen, um dort die Netze für Teufelsrochen auszuwerfen. Der Bootsführer war bereit, gegen Erstattung der Spritkosten seine übliche Route zu verlassen und mich am Strand meines Zielortes abzusetzen, der Insel Camiguin. Dort lebte eine kleine Gemeinschaft von Harpunierern. Vielleicht wußten die etwas über den weißen Wal.

Wenn man von Norden kam, hatte Camiguin eine unverwechselbare Silhouette. Die Insel erweckte den Eindruck eines großen Mantas, der sich vom Horizont auf uns zubewegte. Die zwei Vulkane in der Mitte der Insel sahen aus wie die Buckel des Fisches, die tiefe Einbuchtung zwischen ihnen wie die Stirn, und links und rechts erstreckten sich die Berghänge sanft hinunter zum Meer wie die ausgebreiteten Schwingen eines Mantas. Das Fischerboot setzte mich und Walen an einem sandigen Strand in der Nähe der östlichen Spitze ab.

Ramon war der Name des Harpunierers, mit dem ich mich treffen wollte. Er wohnte auf der Südseite der Insel am Strand, und als ich dort ankam, saß er auf einer Bambusbank vor seinem Haus. Das Haus war gleichzeitig auch ein kleiner Laden, in dem man Limonade, Zigaretten, Seifenpulver und Kekse kaufen konnte. Doch Ramon sah gar nicht wie ein Verkäufer aus. Er strahlte Ruhe und Selbstbewußtsein aus; er saß still und dachte eine Weile nach, bevor er irgendeine Frage beantwortete. Seine Worte waren gemessen und wohlüberlegt. Er blickte sein Gegenüber nicht direkt an, sondern schien zu einem Punkt irgendwo im Raum zu sprechen. Nur wenn er einen Satz beendet hatte, schaute er seinem Gesprächspartner kurz in die Augen. In seinem Blick lag viel Intelligenz. Er hatte ein angenehmes, ziemlich eckiges Gesicht, erweckte den Eindruck eines Mannes um die fünfzig und war körperlich gut in Form. In Wirklichkeit war er vierundsechzig, und aus Eitelkeit färbte er sein Haar schwarz. Erst vor fünfzehn Jahren, so sagte er, hatte er mit dem Harpunieren begonnen. Er besaß ein eigenes Boot, das am Strand lag und mit dem er jederzeit in See stechen konnte. Heute ist er auf jüngere Männer angewiesen, die das Harpunieren für ihn übernehmen, denn dazu braucht man Schnelligkeit und Kraft. Schnelligkeit? Ja, erklärte Ramon. »Man kann die Harpune werfen, aber es ist besser, wenn man mit ihr aus dem Boot auf das Tier springt.«

Ramon erhob sich von der Bank, ging hinter das Haus und kam mit seiner Harpune zurück. Sie war von der üblichen Machart. An der geschmiedeten Eisenspitze befand sich ein Klappgelenk, das sich in dem Moment, in dem das Ziel getroffen war, öffnete und die Harpune an ihrem Platz hielt. Der Schaft war eineinhalb Meter lang und aus schwerem Holz. Mir erschien sie wie ein Nachbau der perfekt konstruierten Handharpunen, wie sie auf amerikanischen Walschiffen benutzt worden waren, die bis Ende des letzten Jahrhunderts das Meer um die Philippinen befuhren. Ramon hatte keine Ahnung, wo diese Art von Harpune herkam. Ein einheimischer Schmied stellte sie her, wenn eine kaputt war oder verlorenging, doch es gab keinen allzu großen Bedarf. Heutzutage, wo die Nylonnetze widerstandsfähig genug sind, die großen Mantas zu halten, und es nur noch wenige Walhaie gibt, jagt nur noch eine Handvoll Männer mit Harpunen. Auch auf Camiguin hatte man davon gehört, daß die taiwanesischen Händler Walhaifleisch kauften, doch es kam sehr selten vor, daß ein Boot mehr als einen Walhai pro Jahr fing. Weniger als ein Dutzend Boote von Camiguin gingen mehr nebenbei auf Jagd nach dem Walhai. Die Männer begaben sich auch nicht auf die Suche nach ihnen wie die »Springer« von Pamilacan, sondern sie warteten, bis ein Walhai vor der Küste gesichtet wurde, dann fuhren sie hinaus und versuchten, das Tier zu erlegen. Mehr aus Hoffnung hatten sie ihre Harpunen an Bord, wenn sie hinausfuhren, um die Netze auszuwerfen. Vielleicht würden sie ja einem Walhai begegnen.

«Was ist mit Walen?« fragte ich. »Hast du jemals Wale gejagt?«

Ramon schüttelte den Kopf. »Jetzt nicht mehr. Es ist zu gefährlich. Es gab eine Zeit, da haben wir Wale gejagt, nach dem Krieg, weil wir da Hunger hatten. Die Männer auf Pamilacan jagen Wale.«

»Hast du schon Wale gesehen?«

Er dachte nach. »Natürlich. Schon oft, aber normalerweise sind sie so weit weg, daß man nur schwer sagen kann, wie viele und wie groß sie sind.«

»Was ist mit Pottwalen?«

»Kleine habe ich gesehen, doch nicht so oft. Es gibt aber einen großen, dunkelgrauen, den ich fast jedes Jahr sehe. Er schwimmt immer zur gleichen Jahreszeit etwa eine halbe Meile von hier entfernt am Strand vorbei. Es ist vielleicht derselbe, den ich vor ungefähr sieben Jahren zum erstenmal gesehen habe. Es war der größte Wal, den ich je unter die Augen bekommen habe, länger als zehn Faden.« Ramon gab die Größe des Wals wie die meisten Fischer in Faden an. Ein Faden entspricht einem Meter achtzig.

»Als ich ihn zum erstenmal sah«, fuhr er fort, »glaubte ich, es sei ein riesiger Baumstamm, der im Wasser treibt, so groß war er. Ich war in meinem Boot und dachte mir: ›Vielleicht ist das ein riesiger Baum, der niemandem gehört, und das Holz könnte wertvoll sein.‹ Also fuhr ich auf ihn zu, und plötzlich bewegte sich der Stamm, und da sah ich, daß es ein Wal war. Er war so riesig, daß ich ziemliche Angst bekam und schnell davonfuhr.«

»Und einen weißen Wal? Haben Sie so einen schon gesehen?«

»Selbst noch nicht. Doch Dios Rivera, der ganz in der Nähe wohnt und auch ein Fischerboot besitzt, hat einen weißen Wal gesehen, ganz weiß. Er war vielleicht zwei bis drei Faden lang, hatte Zähne und stahl ihm die Fische aus seinem Netz. Wir nennen diese Wale Ugis.«

Das war nicht Moby Dick, dachte ich. Er war zu klein, wahrscheinlich ein Albino und möglicherweise ein kleiner Pottwal oder Pilotwal. Doch zumindest war Ramon ein Mensch, der an der Geschichte seines Dorfes interessiert war. Er führte mich achthundert Meter die Straße entlang, wo sich das letzte traditionelle Fischerboot befand. Es lag halb auf dem Boden, halb auf der Kaimauer und bot einen traurigen Anblick. Der Kiel war kaputt, und durch die Löcher im Rumpf sproß das Unkraut. Viele der alten Boote waren nicht aus Planken gefertigt, sondern aus geflochtenem Bambus. Das Geflecht war so eng, daß man es mit einer dicken Schicht Farbe wasserdicht machen konnte. Auf Pamilacan wurden kleine Boote immer noch auf diese Weise angefertigt. Sie hatten Ähnlichkeit mit den Kajaks der Eskimos, doch am Heck ging der Rumpf geschickt in einem Bogen nach oben, damit das Boot sich wie ein Wetterhahn in den Wind drehte, wenn es nicht gepaddelt wurde. Der Bootsführer konnte dann mit Blickrichtung auf die Wellen dasitzen und mit einer Wurfleine fischen.

Das heruntergekommene Fischerboot gehörte einem vierundachtzigjährigen Mann mit runzligem Gesicht und wenigen Zähnen. Er humpelte über die Straße und begrüßte Ramon. Der Alte hatte die Fischerei schon lange aufgegeben und züchtete jetzt Kokospalmen. Er zeigte uns die Überreste der kleinen Plattform, auf der der Harpunierer einstmals gestanden hatte, während seine Gefährten auf die Beute zupaddelten. Die Mannschaft bestand aus zehn Leuten, die zusammengedrängt in dem Boot auf Holzbrettern saßen und fünf oder sechs Stunden paddeln mußten, um zu den Fanggründen zu gelangen. Manchmal hätten sie auch Wale gejagt, erzählte er, aber die Pottwale waren zu aggressiv und ihr Fleisch schmeckte nicht. Das einzige Mal, als er versucht hatte, einen kleinen Pottwal zu harpunieren, war die Harpune einfach von dessen Rücken abgeprallt.

Bartenwale waren eine gute Beute, wenn sie klein genug waren. Wenn sie zu groß waren, dann konnte es passieren, daß sie das hilflose Boot ein oder zwei Tage hinter sich herzogen und man außer Sichtweite der Küste geriet. Bei einer Fangfahrt wurden sie so weit hinausgezogen, daß sie vier Tage brauchten, um zurück nach Camiguin zu gelangen. Die Männer waren so hungrig, daß sie sich von dem Fleisch des Tieres ernähren mußten, das sie hinter sich herzogen.

Auch auf Mantigue, einer kleinen Insel gut einen Kilometer von der Küste entfernt, wußte man um den weißen Wal, der Fische aus den Netzen stahl. Wie auf Pamilacan so gab es auch auf Mantigue kein Trinkwasser, und die dort lebende kleine Fischergemeinschaft wurde von der Hauptinsel aus versorgt. Genauso wie Pamilacan liegt Mantigue ideal zu den Fischgründen. Zu bestimmten Fangzeiten halten sich die Fangboote von Pamilacan dort auf oder bringen ihren Fang an die Küste, um ihn zu zerlegen. Im Vergleich zu Little Tondo ist Mantigue noch richtig idyllisch. Früher standen am Strand die Gestelle zum Trocknen von Hai- und Mantafleisch. Heute waren diese Gestelle abgebaut, oder sie standen woanders, außerhalb der Windrichtung. »Die Touristen mögen den Geruch nicht«, erfuhr ich von Theodoro »Pagung« Portias, einem fünfunddreißig Jahre alten Fischer mit stark asiatischen Zügen – hohen Wangenknochen, länglichen Augen und gelber Haut –, der gut das Modell für Melvilles »tigergelbe« Filipinos hätte abgeben können. Im Tourismus lag die Zukunft der kleinen Insel, und die beiden Hütten, die an Besucher vermietet wurden, brachten mehr Geld als der Fischfang. Im Sommer 1981 hatte sich ein kleiner weißer Wal, drei Faden lang, in einem Fischernetz verfangen. Er wurde getötet und sein Fleisch für dreitausend Pesos verkauft. Pagung behauptete, häufig einen großen weißen Wal vor der Küste zu sehen, ganz in der Nähe von Ramons Haus. Er sei ungefähr acht Faden lang und normalerweise bei Sonnenaufgang oder Sonnenuntergang zu sehen.

Doch das Wort, das er benutzte, um den Wal zu bezeichnen, »Balyena«, bedeutet nicht unbedingt Pottwal, und da er keine weiteren Angaben machen konnte, verfolgte ich die Sache nicht weiter.

Als ich nach Pamilacan zurückkehrte, fand ich die Einwohner schockiert vor. Am Tag zuvor war ein Fischerboot zerstört worden. Ein sehr großer Walhai hatte es unter Wasser gezogen. Menschen waren dabei nicht umgekommen, doch für den Besitzer des Bootes war es eine Katastrophe. Es gehörte einem Einheimischen, und er konnte sich kein neues Boot leisten. Er und seine Mannschaft hatten mit ansehen müssen, wie ihre Lebensgrundlage in den Wellen verschwand. Vor nicht ganz einer Woche hatte er mich mit hinausgenommen, damit ich filmen konnte, wie ein »Springer« mit dem »ganso«, dem Stahlhaken, ins Wasser springt. Jetzt mochte ich ihn nicht nach Einzelheiten des Unfalls fragen. Weil der Verlust des Bootes so furchtbar für ihn war, wollte ich nicht von ihm verlangen, daß er mir den Hergang schilderte. Deshalb bat ich darum, mit einem anderen Mannschaftsmitglied sprechen zu dürfen.

Man zeigte mir den Weg zu einer bescheidenen, gelb getünchten Holzhütte, die auf dem Grat des Abhangs stand, der zu der Brackwasserquelle führte. Dort fragte ich, mit der Hilfe von Walen, meinem dauernden Begleiter und Übersetzer, die Frau des Hauses, ob sie jemanden namens Marlon Talaboc kenne, von dem man mir gesagt hatte, daß er bei dem gestrigen Unglück dabeigewesen sei.

»Ja«, antwortete sie, »das ist mein Sohn.«

Verschämt kam Marlon aus dem Haus, und ich stellte verblüfft fest, daß er erst fünfzehn Jahre alt war. Der Junge war schmächtig und zerbrechlich. Es fiel mir schwer zu glauben, daß er wirklich diese schreckliche Erfahrung gemacht hatte, von der er uns berichtete. Trotzdem schien er nicht unter Schock zu stehen. Während seine Mutter sich schützend im Hintergrund hielt, setzte er sich auf die hölzernen Stufen und erzählte uns seine Geschichte. Zuerst stockend, dann aber mit zunehmender Lebhaftigkeit und Sicherheit.

»Wir waren draußen, um den Walhai zu jagen, als einige meiner Kameraden einen sahen und riefen: ›Tung! (Onkel), da ist ein Walhai!‹ Wir fuhren sehr nah heran, und der Springer sagte zum Besitzer des Bootes: ›Oh, das ist ein sehr großer. Wie ist es? Soll ich springen?‹ Der Besitzer sagte: ›Warum nicht? Deswegen sind wir hier, um den Hai zu fangen.‹ Und bevor der Springer sprang, sagte der Besitzer zu ihm: ›Du mußt den Haken an den richtigen Punkt setzen.‹

Nachdem der Springer den Haken gesetzt hatte und der Walhai abtauchte, kam er an Bord und entschuldigte sich beim Besitzer: ›Tut mir leid, ich habe den Haken nicht in die Seite des Hais gebracht, sondern nahe bei den Kiemen.‹ Darauf meinte der Besitzer des Bootes: ›In Ordnung, die ganze Mannschaft begibt sich auf die rechte Seite des Bootes, weil die Leine auf der linken liegt.‹ Als das Boot dann von dem Hai nach unten gezogen wurde, sagte Eman, der Springer: ›Los, kappt das Seil.‹ Aber der Besitzer sagte: ›Nein, nein, das Boot ist noch nicht unter Wasser.‹ Einen Augenblick später rief er: ›Kappt das Seil.‹

Ein-, zwei-, dreimal versuchte er, das Seil zu zerschneiden, und beim vierten Mal zerbrach das Messer. Ich weiß nicht, was dann geschah. Ich mußte als erster aus dem Boot springen, denn es begann unterzugehen. Der letzte, der von Bord ging, war Rupo. Danach schaute ich mich nach etwas um, an dem ich mich festhalten konnte. Es war ein Stück Holz von der Motorabdeckung. Wir waren länger als eineinhalb Stunden im Wasser.«

»Wer hat euch herausgeholt?« fragte Walen.

»Ein anderes Fischerboot. Sie suchten auch nach jemandem. Wir fragten sie: ›Könnt ihr uns bitte an Land bringen?‹, und das taten sie.«

Marlon beugte sich nach unten und zupfte an einer seiner bloßen Zehen. Er schien nicht betroffen, sondern fast frohgemut zu sein. Das Leben auf Pamilacan war zu hart, als daß die Bewohner lange über ein Unglück grübeln konnten. Sie mußten ihren täglichen Geschäften nachgehen. Andere Fischerboote von Pamilacan fuhren hinaus, um nach dem Wrack zu suchen und es für ihren Freund zu bergen oder um zumindest Teile davon aufzuspüren. Doch selbst mit ihren scharfen Augen fanden sie nichts. Das Boot war vollständig verschwunden. Der Walhai mußte es weit hinausgezogen haben, wo es dann im Ozean versunken ist. Das Boot und die Bestie, aneinandergekettet durch ein dickes Seil, waren gemeinsam verschwunden.

Das Leben der Fischer auf Pamilacan ist unauflösbar mit dem Schicksal der Lebewesen im Meer verbunden. Wenn sie und ihre Familien überleben wollen, dann müssen sie sich jede mögliche Ressource nutzbar machen. Jeden Morgen, wenn die Flut richtig stand, kamen zwei Fischer an Nitas Hütte vorbei, wo ich wohnte. Sie hatten einfache Harpunen mit Gummizügen bei sich. Zwei Stunden brachten sie im Riff zu und suchten nach den kleinen Reeffischen, die man weder mit dem Netz noch mit einer Angel fangen konnte, die aber doch zu einer Mahlzeit taugten. Fünfzig Meter in die andere Richtung befand sich Nitas Cousin mit seinem Bruder und älteren Kindern im Wasser. Sie hatten ein feinmaschiges Netz, und wenn sie hüfttief in den Wellen standen, dann warfen sie das Netz aus, um damit ein paar fingerlange Fische zu fangen. Wenn Vollmond war und Ebbe, dann erschien eine hin und her schwankende Laterne an der Wasserlinie. Die Laterne wurde von drei Männern getragen, in denen ich die Mannschaft des erfolgreichsten Fischerbootes wiedererkannte. Sie bewegten sich wie in Zeitlupe vorsichtig durch das seichte Wasser. Einer der Männer hielt die Lampe hoch, und seine Gefährten beugten sich vor wie fischende Reiher. Jeder hatte ein Entermesser bei sich und suchte das seichte Wasser ab. Sie waren auf der Pirsch nach Einsiedlerkrebsen und kleinen Meereslebewesen. Wenn sie nur die kleinste Bewegung sahen, blieben sie stocksteif stehen und bewegten sich dann ganz vorsichtig weiter. Ein plötzliches Zustechen mit dem Messer, eine Hand, die vorsichtig in das Wasser griff, um ein kleines Tier zu ertasten und dann zuzufassen. Obwohl ich wußte, daß sie bei anderer Gelegenheit ohne Zögern auf den Rücken eines zehn Tonnen schweren Walhais springen würden, schienen sie mir wie Kinder auf einem Ausflug, lachten, machten Witze und sprangen auf einen falschen Alarm vor einer angreifenden Garnele zurück. Ihre magere Ausbeute legten sie sorgsam in einen Plastikeimer und brachten ihn nach Hause zu ihren Familien. Und während diese Männer draußen auf Fischfang waren, sah ich eine Gruppe, zwei Mütter und ihre Töchter, in der untergehenden Sonne am Strand. Das zweitjüngste Kind kümmerte sich um ein Baby, während die anderen auf dem glitzernden Sand auf und ab liefen. Dabei bewegten sie sich äußerst vorsichtig, um nicht die Muscheln und andere in Löchern lebende Tiere zu verschrecken, hinter denen sie her waren.

Wenn ich mit den Fischern auf Pamilacan über Wale sprach, klangen ihre Geschichten häufig seltsam vertraut. Viele davon waren mir in Melvilles *Moby Dick* schon zum zweitenmal begegnet, denn ich kannte auch die Bücher, aus denen Melville sie entnommen hatte. Das ergiebigste davon war das Buch eines Schiffsarztes. Melville kaufte sich ein Exemplar für 3,38 Dollar, um darin die Passagen anzustreichen, die er dann in sein Meisterwerk verwoben hat. Über den Arzt Thomas Beale, der sich selbst auf der Titelseite seines Buches als *Lehrer für Anatomie der vornehmen Gesellschaft von London* bezeichnet, ist nahezu nichts bekannt. Ohne Zweifel war er von Walen fasziniert. Englische Walfänger, die in den Pazifik fuhren, man nannte sie »Südseefahrer«, mußten einen Arzt an Bord haben, und Beale nutzte das, um seinem Interesse an Pottwalen nachzugehen. Im Oktober 1830 bekam er Arbeit auf dem englischen Walfänger *Kent* und gelangte so in die Südsee. Drei Jahre und vier Monate später war er wieder zurück und hatte genügend Material gesammelt, um die erste umfassende Studie über Pottwale zu verfassen. *Die Naturgeschichte des Pottwals* ist eine Fundgrube für Informationen aus erster Hand: über die Anatomie der Wale, ihr Verhalten, ihre Sozialstruktur und den Walfang. Beale kann sich auf eigene Beobachtungen und auf die Gespräche mit erfahrenen Walfängern berufen. Nach Melvilles Urteil gibt es nur zwei Bücher, denen es bis ins letzte Detail gelingt, den Wal lebendig vor den Augen des Lesers erstehen zu lassen. Es sind die von Beale und Bennett. Beide waren Schiffsärzte auf englischen Walfängern im Südpazifik und ebenso genaue wie vertrauenswürdige Beobachter. Das zweite von Melvilles Reverenzwerken, F.D. Bennetts *Bericht von einer Walfangfahrt um die Welt, 1833 – 1836* beinhaltete mehr Reiseeindrücke und weniger Naturkundliches* als Beales Werk, doch interessanterweise – aus dem Blickwinkel der Springer von Pamilacan – beschreibt Bennett auch Walhaie. Er bezeichnet sie als »Knochenhaie« und schreibt, daß die Pottwaljäger davon absehen, diesen großen Fisch zu harpunieren. »Manchmal wurden sie fälschlicherweise für Wale gehalten und von unerfahrenen Walfängern harpuniert. Dann seien sie mit der Leine unaufhaltsam in den Tiefen des Ozeans verschwunden, während ihre Jäger vergeblich darauf warteten, daß sie wieder an die Oberfläche kämen.«

Natürlich mußte Melville für sich in Anspruch nehmen, mehr über Walfang zu wissen als die eben genannten Quellen, deshalb fügte er seinem Lob hinzu: »Die eigentlichen Informationen, die man über den Pottwal in ihren Büchern findet, sind notwendigerweise gering, doch das, was sie schreiben, ist von hervorragender Qualität, wenn auch meist der wissenschaftlichen Darstellung verpflichtet.« Selbstverständlich verzerrt Melville auch hier die Wahrheit. In Wirklichkeit hat er die Bücher von Beales und Bennett schamlos geplündert und an einigen Stellen sogar wortwörtlich abgeschrieben.

»Die Weibchen [bei Pottwalen]«, so stellte Beale fest, »sind

* Dieses Buch inspirierte auch den englischen Maler J.M.W. Turner zu drei Walfangbildern

Frontispiz zu Thomas Beales *Naturgeschichte des Pottwals*

bekannt für ihre Fürsorge gegenüber den Jungtieren, die sie häufig aufopferungsvoll und selbstlos aus Gefahren herausgeleiten.« Victor Bano, ein alter Fischer auf Pamilacan, hat, ohne es zu wissen, Beales Beobachtung bestätigt, als er mir davon erzählte, wie er dummerweise seinen Stahlhaken in ein Pottwalkalb getrieben hatte. Victor war ein traurig dreinblickender Mann, Mitte fünfzig und sehr dünn, der, während er sprach, nervös an seiner Zigarette zog. Er war so ausgezehrt und grau, daß ich mich fragte, ob das Rauchen oder die kärgliche Kost der Grund für seine hagere Figur war. »Einmal als wir auf See waren, um Mantas zu fischen, weit weg von der Insel«, erzählte er mir, »sah ich eine Gischtfontäne und fuhr näher heran. Es war ein Pottwalkalb. Die gesamte Mannschaft meines Bootes sagte: ›Vielleicht sollten wir versuchen, es zu fangen, es ist klein genug.‹ Ich sprang mit dem Haken auf den Wal, und er tauchte ab. Die Mannschaft freute sich, denn ich hatte es geschafft, den Haken anzubringen. Dann zogen wir den Wal an die Oberfläche. Als wir ihn neben dem Boot hatten, stieß ich mit meinem Messer zu, und er begann zu bluten. Plötzlich war da ein Geräusch im Wasser, und als ich hochschaute, sah ich eine Menge Pottwale unter dem Boot, die gekommen waren, um dem kleinen Wal zu helfen. Wie wir die großen Pottwale sahen, bekam es die Mannschaft mit der Angst zu tun, denn wir dachten, sie würden das Boot angreifen und zerstören. Einer der Männer rief: ›Hol den Haken aus dem kleinen Wal!‹ Das fiel mir nicht schwer, und ich löste das Seil, das ich um die Schwanzflosse gebunden hatte. Jetzt war der Baby-Wal frei. Danach warfen wir den Motor an und machten uns in Richtung Insel davon. Die Leute auf der Insel fragten uns, warum wir den Pottwal losgelassen hätten, da er doch viel Geld wert sei. Ich aber antwortete, daß ich vielleicht mein Leben verloren hätte, wenn ich den Kleinen nicht freigegeben hätte, weil die anderen Wale ihm zu Hilfe gekommen waren.«

Victor war seit siebenundzwanzig Jahren auf Fischfang gegangen. Dies war das einzige Mal, daß er versucht hatte, einen Wal zu fangen, und er hatte es danach nicht wieder versucht. Er beschränkte sich auf Mantas, auch wenn er sich dabei schon viele Verletzungen zugezogen hatte, denn die Haut der Mantas war fast so rauh wie die des Walhais. Nahezu an jedem Teil seines Körpers hatte er Verletzungen erlitten. Der einzige Manta, den er in seinem Leben nicht versucht hatte zu fangen, war der weiße Manta, den er nur einmal gesehen hatte, als er von der Insel Siquijor kommend in Richtung Jagna unterwegs war. »Als wir nahe daran waren, sah ich, daß er ganz weiß war. Ich schaute ihn nur an und versuchte nicht, ihn zu fangen, weil der weiße Manta viel kräftiger ist als der gewöhnliche Manta. Dann tauchte der Fisch ganz langsam ab.«

Das war das vierte Mal, daß mir von dem riesigen weißen Manta berichtet wurde. Max Valeroso hatte ihn erwähnt, ebenso wie die beiden alten Fischer Francolino Operio und Amadeo Valeroso. Ich sprach mit Nita, meiner Vermieterin, darüber. »Ja, die Fischer sind davon überzeugt, daß man dem großen weißen Manta kein Leid zufügen darf«, bestätigte sie. »Er ist zu groß und zu stark, außerdem ist er der Führer aller Mantas und auch der kleineren Rochen wie dem Adlerrochen. Wenn der weiße Manta angegriffen wird, dann erfahren es alle anderen Rochen. Sie schwimmen davon und kommen nie wieder. Pamilacan verliert dann seine Fischgründe.«

Dann fügte sie noch hinzu: »Dasselbe erzählen sie von den Walhaien. Sie glauben, es gibt auch einen großen weißen Walhai.«

Damit wurde mir klar, daß ich bei meiner Suche nach Moby Dick ein wichtiges Verbindungsglied übersehen hatte.

Pamilacan war ein Ort, an dem das Übernatürliche viele Formen annahm. Zu Beginn der Mantasaison wurde ein Schamane auf die Insel gerufen. Er kam von Siquijor, einer Insel, die berühmt für die Fähigkeiten ihrer Zauberer war. Die Kosten übernahmen die Fischer auf Pamilacan, die ihm auch Schweine und andere Dinge, die er für seine Zeremonie am Strand benötigte, zur Verfügung stellten. Dort brachte er Opfer dar, hielt Fürbitte bei den Geistern des Meeres und bat sie um einen guten Fang im kommenden Jahr. Die Fürsprache des Schamanen, so versicherte man mir, zeitigte gute Ergebnisse. Von dem ersten, immer hervorragenden Fang erhielt er seinen Anteil als Belohnung. Erst als der Schamane vor etwa zehn Jahren starb und keiner in seiner Familie seine magischen Kräfte geerbt hatte, wurde auf dieses alljährliche Ritual verzichtet. Und seitdem, sagten die Fischer, sei der Fang von großen Mantas zurückgegangen.

In jüngerer Zeit kam das Übernatürliche häufig in christlichem Gewand daher. Das geschnitzte Holzkreuz in der Kirche von Sankt Isidor in Chapel Side war als Treibgut an den Strand gespült worden. An dem Tag, als dies geschah, so berichtete man mir, hätte die Glocke der alten Kirche, die sich in der Mitte der Insel befand, ganz von allein zu läuten begonnen. Dadurch alarmiert, hatten die Bewohner die Küste abgesucht und das Kreuz gefunden. Niemand hatte eine Ahnung, wo es hergekommen sein könnte. Die wahrscheinlichste Erklärung war, daß es von einem Schiffswrack stammte. Die Leute bargen das Kreuz und beschlossen, es zu der zentral liegenden Kapelle zu schaffen, die sie zu einer Kirche erweitern wollten, obwohl es auf der Insel keinen Priester gab. Als sie versuchten, das Kreuz ins Landesinnere zu bringen, waren sie nicht in der Lage, es zu bewegen. Auf wundersame Weise war es sehr schwer geworden. Selbst zehn Männer, so sagte Nita, konnten es nicht heben, obwohl am Strand zwei Männer genügt hatten, um es aus dem Wasser zu holen. Darin sah man ein Zeichen, daß man am Strand, wo das Kreuz angespült worden war, eine neue Kirche bauen sollte. So entstand Chapel Side.

Einen Priester gab es immer noch nicht auf der Insel, doch die Jäger des Walhais waren sehr fromm. Zu Beginn jeder Ausfahrt machten die Boote, auch die von Little Tondo, einen kurzen Stopp in der kleinen Bucht am Spanischen Turm, bevor die Fischer sich an ihr gefährliches Handwerk begaben. Das jüngste Mannschaftsmitglied mußte Kerzen holen, und dann marschierte die gesamte Mannschaft in einer Reihe den Strand hinauf, zwischen den Palmen hindurch zur Kirche. Wenn sie die Kirche betraten, nahm jeder Mann eine Kerze, steckte sie an und stellte sie vor das Kreuz. Dann betete er, küßte das Kreuz und ging an dem halben Dutzend Heiligenbildern vorbei, die hinter dem Altar im Halbkreis aufgereiht waren. Vor jedem kleinen Bildnis bekreuzigte er sich, kniete nieder und betete.

Die Fischer fahren nie hinaus, wenn gerade eine kirchliche Zeremonie stattfindet. Einmal im Monat kommt ein Priester von Bohol herüber und liest die Messe in Sankt Isidor. Wenn der Gottesdienst vorüber ist, holen die Bewohner von Chapel Side das Kreuz aus der Kirche und tragen es einmal um ihre Häuser herum. Man glaubt, wenn jemand eine Reise während der Kreuzesprozession antritt, würde nichts Gutes dabei herauskommen. Selbst der Priester und seine Gehilfen sind davon nicht ausgenommen. Nita erzählte von einem Fall, als einer der Helfer des Priesters schnell nach Bohol zurückwollte. »Um einen Hahnenkampf zu besuchen«, sagte Nita. Er wurde gewarnt, nicht zu gehen und zu warten, bis die Prozession vorüber sei, aber er schlug die Warnung in den Wind und fuhr los. Eine halbe Stunde später war er wieder am Strand von Pamilacan, durchnäßt und reumütig. Kaum eine halbe Meile von der Küste entfernt war sein Boot bei ruhiger See auf mysteriöse Art gekentert.

Ich ordnete den Glauben der Inselbewohner an den Großen Weißen Manta und den Großen Weißen Walhai in diese Art von seltsamen, übernatürlichen Erscheinungen ein. Beiden Kreaturen sagte man die gleichen Eigenschaften nach. Sie waren groß, viel größer als die anderen Vertreter ihrer Art. Sie waren beide auf unerklärliche Art die Führer aller ihrer Artgenossen. Sie hatten Macht über ihr Volk und kommunizierten mit ihm.

Sie waren die »Könige« ihrer Art, und sowohl der König der Mantas als auch der König der Walhaie war schneeweiß. Die Farbe Weiß impliziert geheimnisvolle Kräfte. Diesem Aspekt hat auch Melville viel Raum gewidmet. Er beschäftigt sich damit in einem ganzen Kapitel, das die Überschrift »Weiß« trägt. Er führt dort viele Beispiele für die ehrfurchtgebietende Bedeutung der Farbe Weiß an. Von dem Fest der Wintersonnenwende bei den Irokesen, genannt der Weiße Hund, über den heiligen Weißen Elefanten der Könige von Siam bis zum Weiß von Moby Dick.

Doch eins paßte nicht ins Bild: Die Bewohner von Pamilacan sprachen von dem weißen Manta, als ob es ein *real existierendes* Tier wäre. Die Beschreibungen der großen bleichen Kreatur, wie sie Victor Bano, Max Valeroso und die beiden alten Männer, Amadeo Valeroso und Francolino Operio, geliefert hatten, waren voller Respekt, entsprachen aber den Tatsachen. Sie berichteten, einen weißen Manta mit sieben oder acht Metern Spannweite gesehen zu haben. Diese Augenzeugen waren keine Aufschneider. Sie gaben nicht an, und sie sponnen kein Seemannsgarn. Im Vergleich zu anderen Fischern von Pamilacan, mit denen ich gesprochen habe, waren die Berichte der Männer sehr zurückhaltend, was – wenn man bedenkt, daß sie »Springer« waren, die mit Walhaien und Mantas unter Wasser kämpften – mehr als beachtlich war. Soweit ich es beurteilen kann, schmückten die Fischer von Pamilacan die Wahrheit auch nicht aus. Sie gaben glaubhafte Größen für die Tiere an, die ungefähr dem glichen, was die Vertreter der KKP beobachtet hatten. Kurz und gut, ich hatte bei niemandem einen Hinweis auf »Anglerlatein« gefunden, und somit glaubte ich, daß sie wirklich einem besonders großen, weißen Manta begegnet waren, der im Meer vor Pamilacan schwamm. Vielleicht gab es sogar mehr als nur einen. Doch ich hatte nie jemanden kennengelernt, der behauptete, einen Großen Weißen Walhai gesehen zu haben.

Bis ich Miguel Areno traf.

Seit ich auf der Insel war, hatte ich versucht, mich mit ihm zu verabreden, was sich als sehr schwierig erwiesen hatte. Miguel war der Held der Insel. Jeder, einschließlich Walen, der für so etwas ein gutes Gespür hatte, teilte die Ansicht, daß Miguel der talentierteste, wagemutigste und erfolgreichste »Springer« war. Er besaß ein eigenes Boot und befuhr das Meer im Bereich der südlichen Philippinen auf der Suche nach seiner Beute. Er jagte in den Gewässern vor den Inseln Jagna, Camiguin und Floridel. Niemand wußte, wann er nach Pamilacan zurückkehren würde. Er kam und ging, ganz wie es ihm gefiel. Die beste Gelegenheit, ihn zu treffen, wäre vor einem sonntäglichen Hahnenkampf, sagte mir Walen. Dann würde »Igue«, wie er genannt wurde, für einen Tag auf der Insel sein, bevor er zu einem neuen Jagdausflug verschwände. Walen sagte auch, daß Miguel der beste im »Hinabfliegen« auf einen Manta wäre. Damit ist eine Technik gemeint, bei der der Springer einen sehr tief schwimmenden Manta angreift. Dazu trägt er ein Gewicht bei sich, das ihn schnell genug nach unten zieht, um den Manta an den Haken zu bekommen. Das Gewicht ist so geformt, daß man es unter Wasser als Steuerflosse benutzen kann. Der Springer muß seinen Eintauchwinkel und die Sinkgeschwindigkeit berechnen, die Bahn und die Geschwindigkeit des Mantas abschätzen und die Strömungsverhältnisse unter Wasser in Betracht ziehen, um genau im richtigen Moment auf dem Rücken des Fischs anzukommen. Miguel war bis zu Tiefen von fünfundzwanzig Metern dazu in der Lage. Man sagte, daß niemand sonst, vielleicht mit Ausnahme seines Onkels, Max Valeroso, in seinem Leben so viele Brydewale gefangen habe, und Miguel hat sogar einmal an einem Tag zwei Wale erfolgreich an den Haken gelegt. Es gab für ihn kein Tier, das ihm zu groß gewesen wäre. Man traute ihm zu, als erster Mann auf einen Brydewal zu springen, wenn dieser mit dem ganzen Körper aus dem Wasser schnellte. Das war eine Technik, die sich Miguel überlegt hatte, als er die großen Tiere dabei beobachtete, wie sie aus den Fluten hochtauchten. Beide, Max und Miguel, waren verrückt genug, auf Wale zu springen, wenn sie betrunken waren, und Miguel – so wurde mit gedämpfter Stimme erzählt – hatte sogar einen Brydewal gefangen, nachdem die Regierung es verboten hatte. Das Tier war westlich von Pamilacan gesichtet worden, und Miguel hatte der Versuchung einfach nicht widerstehen können. Er war mit seiner Mannschaft im Boot hinausgefahren und so umsichtig gewesen, den Wal ins offene Meer außer Sichtweite der Insel zu locken. Dann war er auf ihn gesprungen und hatte ihn erlegt. Es war ein zu großes Risiko, das Tier nach Pamilacan zu bringen, denn es bestand die Gefahr, daß jemand den Fang den Behörden meldete. Im Schutze der Nacht schleppte Miguel den Wal in eine kleine, abgelegene Bucht auf Bohol. Auf dem Weg dorthin begegnete er einem anderen Boot, das er für ein Patrouillenboot der Polizei hielt. Er wollte gerade die Leine, die den Wal hielt, kappen, als sich das nahende Boot als Fischerboot zu erkennen gab. Die Besatzung war neugierig, was da in der Nacht geschleppt wurde. Miguel erkaufte sich ihr Schweigen mit einem Stück Fleisch, dann brachte er den Wal an Land, zerlegte ihn und verkaufte das Fleisch auf den Märkten von Bohol, bevor man ihm auf die Schliche kommen konnte. Das war das letzte Mal, daß die Fischer von Pamilacan einen Wal gefangen haben.

Wie Walen es vorausgesagt hatte, erschien Miguel am Sonntag beim Hahnenkampf. Ich verabredete mich mit ihm für den nächsten Morgen in Little Tondo, wo sein Boot am Strand überholt wurde. Der Zustand des Bootes sagte viel über den Besitzer aus. Das Boot war in erstklassiger Verfassung, sauber und gut gepflegt, aber in keiner Weise extravagant. Jeder Ausrüstungsgegenstand – die Seile, Stahlhaken und Netze – befand sich am richtigen Platz und war in gutem Zustand, weder beschädigt noch abgenutzt. Man konnte jederzeit damit in See stechen. Miguel war Anfang dreißig, ein drahtiger, energiegeladener Man, dem seine Arbeit offensichtlich Spaß machte.

Er liebte das Meer, und solange er fit und kräftig genug war, würde er auf Fang gehen.

»Die schönste Zeit in meinem Leben hatte ich mit zwanzig. In diesem einen Jahr habe ich zwanzig Brydewale gefangen.« Wir saßen im Schatten seines Bootes, und ich hatte ihm sein Lieblingsgetränk mitgebracht, eine halbe Flasche Rum, gemixt mit einer kleinen Cola. Er trank es aus einer roten Plastikflasche.

»Mit vierzehn begann ich mit dem Fischfang als Springer mit dem Haken. Bis heute habe ich mehr als hundert Brydewale und siebzig Walhaie gefangen.«

Ich fragte ihn, ob er jemals versucht habe, einen Pottwal zu erlegen. Seine Antwort kam geradeheraus. »Ich habe häufig Pottwale gesehen, nahe bei der Insel. In Gruppen von bis zu zwanzig Tieren und an der Oberfläche. Ich habe nicht versucht, sie zu fangen, denn wenn du einen Pottwal angreifst, kommen ihm die anderen zu Hilfe.«

»Was ist mit einem weißen Manta? Hast du jemals einen gesehen?«

Miguel schüttelte den Kopf. »Nein, aber Max Valeroso hat einen gesehen und vielleicht auch noch einige andere.«

»Und einen weißen Walhai?«

»Den habe ich gesehen«, antwortete Miguel leise. Dann fügte er hinzu: »Und habe versucht, ihn zu fangen. Aber ich hab es nicht geschafft.«

Walen hatte die Worte von Miguel übersetzt, und ich bat ihn, sie noch einmal zu wiederholen, denn möglicherweise hatte ich nicht richtig verstanden. Ja, versicherte mir Walen, Miguel habe gesagt, daß er den weißen Walhai gesehen und versucht habe, ihn zu fangen. Ich wollte es genauer wissen.

Miguel erzählte ganz sachlich. »Es war im Jahr 1990, ich hatte noch kein eigenes Boot, und wir waren auf See und suchten Walhaie. Ich sah etwas hinter dem Boot und sagte dem Steuermann, er solle umkehren. Als wir näher kamen, dachte ich bei mir: ›Oh, was ist das! Das ist ein weißer Walhai!‹

›Kann ich springen?‹ fragte ich den Besitzer des Bootes, und er antwortete: ›Warum nicht.‹ Dann kam der Walhai bis kurz unter die Wasseroberfläche, ich sprang auf ihn, und die Sache war gelaufen. Dann schwamm der Walhai sehr schnell davon. Er tauchte nicht, er blieb knapp unter der Oberfläche, als ob er ins offene Meer wollte. Der Hai war so kräftig, daß das Boot aus der Balance geriet. Es schwankte hin und her, und wir waren kurz davor, in ernste Schwierigkeiten zu geraten. Die gesamte Länge des Seils war abgerollt, und in diesem Moment bekam ich Angst, weil das Tier so kräftig war. Nachdem der Hai noch ein bißchen weiter geschwommen war, löste sich der Haken. Die Kraft des Walhais hatte ihn zerbrochen.

Als wir das Seil wieder im Boot hatten, fragte ich den Besitzer, ob wir nicht den Tag beenden und zurück an Land fahren könnten. Ich fürchtete mich auf einmal vor dem Meer. Als wir an Land waren, erzählte ich den alten Männern, daß ich versucht hatte, den weißen Walhai zu fangen, und sie sagten: ›Verdammt noch mal, Miguel, warum hast du versucht, den weißen Walhai zu fangen? Weißt du nicht, daß man den weißen Walhai in Ruhe lassen muß? Er ist der Führer der anderen Walhaie, wenn man ihn fängt oder verletzt, verschwinden alle anderen Walhaie und kehren nie mehr zurück.‹«

Miguels Geschichte klang völlig aufrichtig. Es war nichts Übertriebenes daran, und ich glaubte ihm.

»Wie groß war deiner Meinung nach der weiße Walhai?« fragte ich ihn.

Miguel dachte einen Moment nach. »Ich schätze, daß das Maul ungefähr zwei Faden breit und der Körper länger war als mein Boot.«

Ich war beeindruckt. Der größte Walhai, der jemals gefangen und genau vermessen worden war, hatte nach Angaben in Büchern eine Länge von knapp unter zwölf Metern. Er war von Fischern vor der Küste Indiens erlegt worden. Ich wußte nicht genau, wie man diesen Walhai gemessen hatte, wahrscheinlich aber von der Schnauze bis zum Schwanz. Doch damit war er nicht sehr viel größer als der größte Walhai, den man dieses Jahr vor Pamilacan gefangen hatte. Dieser war gut elf Meter lang gewesen, und ich hatte nicht den Eindruck, daß die Fischer ihn für etwas Außergewöhnliches hielten. Die von Miguel genannte Größe des weißen Walhais bewegte sich aber in ganz anderen Dimensionen. Dieses Monstrum mußte über fünfzehn, wenn nicht sogar achtzehn Meter lang gewesen sein. Doch ein solches Tier ist nie gesehen worden, außer vielleicht von Miguel Areno. Ich war in der Aufklärung um den Mythos von Moby Dick einen Schritt weitergekommen.

Tonga

»Ohne ein Wort sprang Quiqueg mit dem Ungestüm eines Wilden auf die Reling, von da in den Bug eines der Walboote, die an der Seite hingen, straffte das linke Knie, wiegte die Harpune in der Hand und rief etwa so, wie ich es hier wiedergebe: ›Käp'n, sehn das klein Tropf Teer auf dem Wasser da? Sehn es? Gut Sie denk, es sei Aug-i von Wal. Gut, so!‹ Und scharf zielend, schleuderte er den Stahl, knapp über des alten Bildad breitem Hutrand, quer über die Decks und traf den schillernden Teerfleck, der verschwand.«

Herman Melville, *Moby Dick*

Eine in der gesamten Südsee wohlbekannte Sage erzählt, wie Kea auf dem Rücken des Großen Wales nach Hause gelangte. Sie ist bei den Bewohnern der Fidschiinseln verbreitet und auch bei den Maori in Neuseeland. In Tonga schmücken Bilder dieser Geschichte die Schulräume. In der städtischen Bibliothek von Bürgermeister Kemitite auf Nuku Hiva fand ich eine Tonbandaufzeichnung, die ein Anthropologe im Zuge der Sammlung von mündlich tradierter Geschichte der untergehenden Kultur der Marquesas gemacht hatte. Die Menschen auf den Marquesas sind davon überzeugt, daß Kea von ihren Inseln aus aufgebrochen, zum Land der Langen Weißen Wolke gereist sei und von dort auf dem Rücken von Tunua nui, dem Großen Wal, zurückgekehrt sei. Die Maori meinen, daß es genau andersherum war. Doch in den wesentlichen Elementen besteht kein Unterschied, und der Wal ist das wichtigste dabei.

Kea überquert das Meer mit Hilfe von Meerestieren. In der marquesanischen Version lebt Kea auf der Insel Hiva Oa und reist im Bauch eines Hais zu dem fernen Land Vanoi. Dort angekommen, schneidet er dem Hai mit einem von dessen Zähnen, den er normalerweise dazu benutzte, sich die Haare zu schneiden, den Bauch auf. Kea stellt fest, daß er sich in einem Land der Frauen befindet. Da sie keine Ehemänner haben, gehen sie zum Strand hinunter und schwängern sich selbst mit den Luftwurzeln der Schraubenpalmen. Kea versteckt sich am Strand und zeigt sich später der Anführerin Hina i Vanoi. Sie verlieben sich, Hina nimmt Kea mit zu ihrer Hütte und versteckt ihn dort. Doch schon bald fällt den anderen Frauen auf, daß ihre Anführerin nicht mehr mit an den Strand kommt, und sie argwöhnen, daß sie einen Mann gefunden hat. Hina leugnet es ab. Als eine der Frauen vor der Niederkunft steht, erzählt Hina Kea, daß zwei der niederen Göttinnen, Pohihia und Pohahaa, aus dem Wald zu ihnen kommen werden. Diese werden die Frau aufschneiden, das Baby herausnehmen, und die Frau wird sterben. Kea erklärt Hina genau, wie eine Geburt vollzogen werden kann, ohne daß die Mutter dabei stirbt, und wie man sich richtig um das Neugeborene kümmert. Im entscheidenden Moment greift Hina ein, die Geburt verläuft erfolgreich, und Pohihia und Pohahaa verschwinden für immer im Wald. Von diesem Zeitpunkt an gebären die Frauen von Vanoi auf normale Weise.

Kea und Hina leben glücklich zusammen, bis Kea in Hinas Haar eine einzelne weiße Strähne bemerkt. Sie wiederum erklärt Kea, daß auch sein Haar grau wird. Sie bringt ihn zum Strand und lädt ihn zum Schwimmen ein. Er tut es, doch nichts passiert. Als Hina aus dem Wasser kommt, ist sie wieder jung und frisch. Kea begreift, daß sein Aufenthalt in Vanoi enden muß, denn Hina wird ewig jung bleiben, er aber nicht. Hina ruft ihren Bruder Tunua nui, den Großen Wal, herbei. Der Wal erscheint, und Hina trägt ihm auf, Kea auf seinem Rücken zurück nach Hiva Oa zu bringen. Sie gibt Kea die Anweisung, daß er, wenn ihn der Wal nach Hause bringt, bestimmte Inseln, die auf ihrem Weg liegen, mit dem Fuß anstoßen muß. Das ist notwendig, damit Tunua nui weiß, wann er abbiegen muß, und seinen Weg nach Hause findet.

Kea vergißt, was ihm aufgetragen wurde. Als der Große Wal Hiva Oa erreicht, passiert ihm ein Mißgeschick, und er strandet Kopf voran an der Küste. Die Menschen, die dort leben, töten ihn, schneiden ihn in Stücke und essen ihn. Im fernen Vanoi weiß Hina, was passiert ist, und weint über den Tod ihres Bruders.

Nach einiger Zeit bringt Hina Keas Sohn zur Welt und nennt ihn Te hina tu o Kea. Als der Junge älter wird, besteht er darauf, seinen Vater zu suchen. Diesmal ruft Hina ihren jüngeren Bruder Tunua iti, Kleiner Wal, und bittet ihn, seinen Neffen zu den Marquesas zu bringen. Wieder trägt Hina dem Passagier auf, die Inseln anzustoßen, damit der Wal den Weg zurückfinden wird. Diesmal werden die Anweisungen befolgt. Te hina tu o Kea stößt die Inseln in der richtigen Reihenfolge an, der Kleine Wal bringt ihn an der richtigen Stelle an Land und dreht sich auch vorher um, so daß er mit dem Schwanz voran am Strand zu liegen kommt. Der Junge geht an Land. Die Einheimischen, die den Schwanz des Wals an der Brandungslinie gesehen haben, rennen zum Strand hinunter, um den Wal an Land zu ziehen und ihn zu schlachten, so wie sie es mit Tunua nui gemacht haben. Doch diesmal haben sie sich verrechnet. Sie hängen sich an den Schwanz, doch Tunua iti schwimmt davon und zieht die Menschen mit sich ins Meer. Dort läßt er sie, aus Rache für den Tod von Tunua nui, ertrinken.

Die Geschichte von Kea gibt uns einen Eindruck vom Verhältnis der Menschen auf den pazifischen Inseln zu den Walen, bevor sie Kontakt mit Europäern hatten. Die Sage stammt aus der Zeit, als die Polynesier übers Meer fuhren. Das Land der Vanoi liegt in Neuseeland, und um von den Marquesas dorthin zu gelangen, muß man 4800 Kilometer Ozean überqueren. Die Polynesier navigierten auf diesen riesigen Strecken nach der Sonne und den Sternen, den Formen der Wellen, nach Ebbe und Flut, dem Vogelflug und den Zeichen, die ihnen Fische, Seegras und Treibgut gaben. Sie waren hervorragende Naturbeobachter und kannten das Meer sehr genau. Gleichzeitig waren sie auch Animisten, die unbelebten Objekten und Naturphänomenen eine Seele zugestanden. Andererseits ist es verwunderlich, wie selten Wale in ihrer Kunst und Mythologie vorkommen. Die Erzählung von Kea ist eine von nur einer Handvoll vergleichbarer Walgeschichten. Haie tauchen in ihren Sagen wesentlich häufiger auf als Wale. Bis heute werden auf einigen Inseln die Haie als Götter verehrt, und man hat Hai-Totems. Überall in Polynesien findet man an Halsketten, Ohrringen und Armketten Haizähne. Die traditionellen Tätowierungen auf den Marquesas zeigen Schildkröten, Haie, Fische und Tintenfische, nur ganz selten findet man Wale oder gar Delphine. Dieser Umstand ist verwunderlich. Und wenn Wale in den Sagen auftauchen, dann schwingt ein erstaunlich erbarmungsloser Ton mit. Der Mord an dem Großen Wal geschieht mehr beiläufig, ohne daß die Menschen irgendwelche Gewissensbisse verspüren. In der Maori-Version der Geschichte ist Kea ein mächtiger *tuhunga* oder Schamane. Als er die heimatliche Küste erreicht, spricht er einen Zauber über den Großen Wal, der diesen bewegungslos macht, so daß er dessen Blasloch mit Sand füllen kann. »Der Große Gamboller« erstickt.

Dies fehlende Wissen über Wale ist um so erstaunlicher, weil von den Pottwalen das Objekt stammt, das die Polynesier über alles andere schätzen – das *tabua*.

Einige der schönsten *tabua* sind im Nationalmuseum von Fidschi ausgestellt. Pottwalzähne von makelloser rotbrauner Farbe, wie bestes, frisch geöltes Mahagoniholz. Eine Schleife aus geflochtenen Kokosfasern, glänzend wie schwere Seide, führt durch ein Loch an jedem Ende des Zahns. Wenn man diese *tabua* bei einer Zeremonie übergab, wurde die Schleife in der einen und der Zahn in der anderen Hand gehalten. Es sind Geschenk-*tabua*. Sie waren so von spirituellen Kräften erfüllt, daß einen Häuptling, bekam er ein solches *tabua* mit einer Bitte überreicht, die Ehre verpflichtete, die Bitte zu erfüllen, wenn er das Geschenk annahm. In Fidschi, Samoa und Tonga waren viele *tabua* zugleich der Sitz der Seelen der Verstorbenen. Sie waren auch Hochzeitsversprechen, Geschenke von höchstem Wert, Beweise der Hochachtung und – als grausame Variante der kriegslüsternen Fidschis – Lohn für denjenigen, der einen gegnerischen Häuptling ermordet hatte. Die Grabbeigaben für einen Häuptling auf den Fidschiinseln schlossen eine Muskete oder eine Keule zum Schutz vor Dämonen ein und ein *tabua*. Man erwartete von dem Geist des Häuptlings, daß er das *tabua* in der anderen Welt gegen einen Geisterbaum warf. Wenn er den Baum traf, dann würden seine Frauen erdrosselt und mit ihm begraben werden, damit sie ihrem Herrn auf der anderen Seite dienen konnten. Man weiß nicht, wie der *tuhunga* festgestellt hat, ob der Wurf sein Ziel getroffen hat, doch das *tabua* war unersetzlich, deshalb legte man manchmal eine Kopie aus Holz ins Grab.*

Einige *tabua* des Museums sind überraschend groß; sie müssen aus den Kiefern von Pottwalen stammen, die deutlich größer waren als die meisten, die man heute sieht. Ihre Größe bestätigt die Angaben von frühen Walfängern, die behaupteten, manchmal Pottwalbullen mit einer Länge von vierundzwanzig, ja sogar siebenundzwanzig Metern erlegt zu haben. Solche Giganten kann man heute nicht mehr antreffen, doch vielleicht gab es einmal Pottwale von der Größe eines Moby Dick. Wenn es so war, dann haben sich die Polynesier sicher von diesen Tieren ferngehalten. Sie begnügten sich eher damit, die Zähne aus einem gestrandeten Pottwal zu brechen, und nach einer Sage der Fidschiinseln datiert diese Praxis zurück bis zu dem Urvater. Er hatte drei Töchter, aber keinen Sohn, so beginnt die Geschichte. Als ein Ausgestoßener einer anderen Insel halbtot an den Strand gespült wird, retten ihn die Töchter und verlieben sich in ihn. Ihr Vater verweigert die Heirat mit dem Hinweis, erst müsse der Fremde ein Wunder vollbringen. Eine Zeitlang ist der Ausgestoßene verzweifelt, bis er sich daran erinnert, am Strand einen toten Wal gesehen zu haben. Er geht hin und bricht ihm die Zähne heraus. Einer davon sitzt ziemlich fest,

* Auf der Zwanzig-Cent-Münze der Fidschiinseln ist ein *tabua* abgebildet. Für Ethnologen sei noch angefügt, daß auf den Fidschiinseln eine Vermischung der melanesischen und polynesischen Kultur stattgefunden hat.

und als er sich plötzlich doch löst, schlägt sich der Mann mit seinem zurückschnellenden Arm vier seiner eigenen Zähne aus. Er verbrennt die Überreste des Wals und geht zurück zu dem Urvater. Er behauptet, die Walzähne seien seine eigenen, die er sich herausgerissen und in den Boden gepflanzt hätte, wo sie sich in Walzähne verwandelt hätten. Das erkannte man als Wunder an, und der Ausgestoßene durfte heiraten. Der Urvater bestimmte, daß bei allen zukünftigen Heiratsgaben immer auch Walzähne dabei sein müßten.

Einige Walzähne im Museum waren so groß, daß man sie in Teile aufgespalten und mit Wasserdampf geplättet hat. Danach wurden die Teile zu einem beeindruckenden Brustpanzer zusammengefügt. Diese Brustpanzer wurden hauptsächlich bei Zeremonien getragen, doch frühe westliche Besucher der Inseln haben eingeborene Krieger gesehen, die ihren Körper mit Platten aus Walzähnen im Kampf gegen Pfeile und Speere schützten. Im Museum sind diese Speere ausgestellt. Es sind fürchterlich aussehende Waffen, bis zu vier Meter lang, deren Spitzen die Stachel von Stachelrochen bildeten. Die Fidschis waren beachtenswerte Speerwerfer. Ein amerikanischer Matrose beschreibt 1831, wie ein Häuptling mit Namen Santa Beeta eine Kostprobe seiner Treffsicherheit mit dem Speer gab. Am Bug des Schiffes wurde eine Kokosnuß auf das Ankerspill gelegt, der Häuptling stellte sich achtzehn Meter weit entfernt an die Heckreling. Er beugte sich »gefährlich tief nach hinten, griff den Speer fest in der Mitte und dann, nachdem er sorgfältig gezielt hatte, schleuderte er ihn direkt durch die Mitte der Nuß«. Seine Zielgenauigkeit war so berühmt, daß ein anderes Mannschaftsmitglied sich nicht davon abbringen ließ, nur einen halben Meter neben der anvisierten Kokosnuß zu stehen. Es war nicht verwunderlich, überlegte ich mir, daß die Bewohner der pazifischen Inseln mit ihren Fähigkeiten im Umgang mit Kriegsspeeren und im Speerfischen erstklassige Harpunierer auf den Walfängern abgaben. Melvilles tätowierter Quiqueg kam natürlich aus Polynesien, und in den Straßen von New Bedford sah Ismael »Fidschiinsulaner, Tongatabuaner, Eromanganer, Pandjangiten und Brighgianer«, alles Leute aus der Südsee, die man wahrscheinlich für den Walfang angeheuert hatte.

Fidschi lag auf meinem Weg, einen »Tongatabuaner« zu treffen. Das war Melvilles eigenwillige Bezeichnung für einen Eingeborenen von Tongatapu, der größten Insel des Königreichs Tonga. Handwerker von Tonga hatten die meisten Kriegskeulen mit Walzahninlets geschnitzt, die sich im Museum von Fidschi befanden. Sie hatten auch die Brustplatten zusammengesetzt und viele Ohrringe und Halsketten aus Walzahn gefertigt. Tonganische Handwerker waren auch Spezialisten im Anfertigen der heiligen *tabua*. Sie polierten den Walzahn vorsichtig, ließen Kokosöl einziehen und erhitzten ihn dann langsam über einem Feuer aus Zuckerrohr. Das gab der Oberfläche ihre kräftige rote Farbe. Diese überaus teuren *tabua* wurden sorgfältig in Baumrinde eingewickelt aufbewahrt, so daß sie im Sonnenlicht nicht ausblichen, und sie wurden nur bei besonderen Gelegenheiten herausgeholt. Auch auf Tonga schienen Pottwale häufig gestrandet zu sein, und darüber hinaus war Tonga zufällig auch der letzte Ort, wo Polynesier große Wale mit Handharpunen aus offenen Booten heraus gejagt haben. Ihre Technik war sicherlich auf Melvilles *Pequod* bekannt gewesen. Wenn es heute noch jemanden wie Quiqueg gab, dann hatte ich auf Tonga die beste Chance, ihn zu treffen.

Eine umfangreiche Studie über das Leben auf Tonga war schon eine Generation vor Melvilles *Moby Dick* geschrieben worden. Der Dank dafür gebührt wieder einmal einem Ausgestoßenen, William Mariner. Seine Geschichte liest sich wie eine Abenteuergeschichte für Jungen. Mit vierzehn Jahren verließ er 1805 als Schreiber an Bord der unter dem Kommando von Kapitän Duck stehenden *Port au Prince* London. Das Fünfhundert-Tonnen-Schiff *Port au Prince* hatte Kurs auf den Südpazifik, um dort die spanischen Kolonien Chile und Peru auszurauben und den Schiffsverkehr mit ihrem Heimatland zu unterbinden. Nur wenn die Beute gering ausfiel, würde der Kapitän versuchen, seine Aufwendungen mit einem Abstecher in die südlichen Walgründe wieder hereinzubekommen. Die *Port au Prince* war ein sehr merkwürdiger Walfänger. Die aus neunzig Mann bestehende Besatzung des Schiffes war dreimal so groß wie sonst auf einem Walfänger üblich. Die zusätzlichen Männer wurden für Raubzüge an der Küste und Entermanöver gebraucht. Außer mit Harpunen war sie noch mit vierundzwanzig Neun- und Zwölfpfündern bestückt, dazu kamen noch acht Zwölfpfünder leichterer Bauart auf dem Achterdeck. Mit anderen Worten, die *Port au Prince* war ein von der Krone legitimiertes Piratenschiff.

Ihre Kanonen haben die Geschichte von Tonga verändert. Die *Port au Prince* segelte an der Küste von Chile und Peru entlang – Mariner notierte, daß sie an der Insel Mocha vorbeifuhr, wo fünf Jahre später »Mocha Dick« zum ersten Mal auftauchte –, doch sie machte keine reiche Beute. Im August starb Kapitän Duck, und das Kommando ging auf den Walfänger Mr. Brown über. Er hatte schon die Nase voll von Piratenspielen und erklärte kurzerhand, daß das Schiff gefährlich lecke. Daraufhin wurde Kurs auf die Walgründe gesetzt, um dort eine Insel zu finden, wo man die Reparatur durchführen konnte. Gerade noch rechtzeitig ging die *Port au Prince* vor der kleinen Insel Lifuka im Archipel Ha'apai von Tonga vor Anker. Zu diesem Zeitpunkt meuterte die Mannschaft offen und weigerte sich, das Schiff kielzuholen und zu reparieren, bevor sie nicht Landurlaub bekommen würde. Von diesen Schwierigkeiten abgelenkt, übersah der unglückliche Mr. Brown die verdächtigen Anzeichen, als eine Gruppe tonganischer Krieger das Schiff besuchte und an Bord herumstöberte. Ganz offensichtlich nahmen sie den Neuankömmling in Augenschein.

Schon bald wurde Brown unbewaffnet an Land gelockt und am Strand erschlagen. Zu diesem Zeitpunkt befanden sich ungefähr dreihundert Tonganer an Bord der *Port au Prince*, die so-

Fangboot auf der Jagd

Die Beute – ein über zehn Meter langer Walhai

Der »Springer« stürzt sich auf das zehn Tonnen schwere Tier.

Little Tondo Beach

Die Bevölkerung feiert den Fang eines Walhais, die einzige Zeit, in der es »Bargeld« auf Pamilacan gibt.

Die riesige Schwanzflosse des Walhais überragt die Jäger.

Walen (mit Brille) und Max Valeroso (mit Kappe) beim wöchentlichen Hahnenkampf

Miguel Areno, der Star-»Springer«, bei seinem Bericht über die Begegnung mit dem weißen »König der Walhaie«.

Als Samson zu seinem letzten Stich ausholte, hielt er in seiner Bewegung inne und sah mich an.

Samson Cook spielt in seiner schwarzen Priesterrobe Szenen des Walfangs aus seiner Jugend nach.

Nosa Luis, der Touristenführer für die Walbeobachtungen

Das Flußbett von Vava'u, wo die Buckelwale ihre Jungen gebären

Mit vereinten Kräften wird ein *tena* aus dem Bootsschuppen gezogen

Die *Sili tena* wird auf Kufen den Stand hinuntergeschoben

Die Männer paddeln in die Walgründe hinaus.

Der Steuermann und der Harpunierer sichten Beute unter der Wasseroberfläche.

Der Harpunierer kurz vor dem Sprung, um einen Manta anzugreifen

Die Boote ändern ihren Kurs, um auf den Punkt zuzusteuern, wo der Manta gesehen wurde.

Ein Hammerhai, der wild mit seinen Flossen schlägt, ist gerade harpuniert worden und wird längs des Boots geschleppt.

Ein Pottwal benutzt seine Schwanzflosse als Waffe gegen seine Jäger.

Das ganze über sechs Tonnen schwere Boot wurde in die Luft geschleudert, nachdem der wütende Pottwal ihm einen schweren Schlag von unten verpaßt hatte.

Wenn die herunterfahrende Flosse ein *tena* getroffen hätte, wäre das Boot zu Kleinholz zerschmettert worden.

Ein Pottwal dreht sich, um seine Jäger anzuschauen.

Der Wal tauchte so nah am Boot auf, daß das Spritzwasser seiner Fontäne fast die Jäger erreichte.

Der gewaltige Kopf mit dem offenen Maul erhebt sich neben dem Fangboot.

Im Abendwind segelt die Flotte heim.

Beim Zerlegen des Pottwals wird nicht der kleinste Bissen verschwendet.

Die Männer kamen mit Seilen, die sie um die riesige Trophäe schlangen, und mit Hebeln und durch Schieben rollten sie das Tier langsam auf eine Seite.

Petrus, der altgediente Harpunierer

Rufinus, der Harpunenschmied

Benedictus, dessen Bein durch ein falsch geführtes Seil beim Walfang abgetrennt wurde.

fort über die glücklose Besatzung herfielen und alle massakrierten. Mariner ergab sich den Kriegern und rechnete mit seinem Tod. Statt dessen brachten sie ihn auf Deck, wo ein tonganischer Krieger saß, den er wie folgt beschreibt: »eine kleine, hingehockte, nackte Gestalt von vielleicht fünfzig Jahren, die eine blutgetränkte Seemannsjacke über eine Schulter geworfen hatte. Auf der anderen ruhte eine Keule aus Eisenholz, an der Blut und Hirnmasse klebte. Seine furchteinflößende Erscheinung wurde noch verstärkt von dem dauernden Blinzeln eines Auges und dem Zucken eines Mundwinkels.« Hinter dem Mann lagen aufgereiht zweiundzwanzig Leichen von Mannschaftsmitgliedern. »Sie waren völlig nackt und sorgfältig aufgereiht, doch ihre Köpfe waren so schrecklich zugerichtet, daß man nur zwei oder drei erkennen konnte.« Ein Tonganer, der die Erschlagenen gezählt hatte, nannte dem Häuptling die Zahl, »daraufhin wurden sie sofort über Bord geworfen«.

Mariner, der Schiffszimmermann, und einige von der Gruppe an Land wurden verschont, und er verbrachte die nächsten vier Jahre als unfreiwilliger Gast des Königs von Tonga, den er »Finow« nannte. Das war König Finau Ulukalala, ein Kriegsherr, der in seinem Gürtel ein Walfängermesser zu tragen pflegte, dessen Klinge sechzig Zentimeter lang und acht Zentimeter breit war. Die Kanonen, die er mit der *Port au Prince* in seinen Besitz gebracht hatte, ließen ihn schnell die Macht über Ha'apai und die benachbarte Inselgruppe Vava'u erlangen. Er verschonte das Leben einiger anderer Mitglieder der Piratenmannschaft, die ihm als Kanoniere dienten. Da »Finow« aber den Eindruck hatte, daß der Junge aus königlicher oder doch zumindest aristokratischer Familie in England stammte, wurde Mariner zu seinem persönlichen Günstling. Sozialer Status war auf Tonga immer sehr wichtig. Als Finow an Bord der *Port au Prince* kam, um seine Eroberung zu inspizieren, bemerkte er, daß einer seiner Männer, ein gewöhnlicher Untertan, den Mast hinaufgeklettert war und das wertvolle Eisen dort entfernte.

Diese Anmaßung erboste Finow, und er trat zu einem seiner mit einer Muskete bewaffneten Krieger. Der Krieger zielte und schoß den Plünderer vom Mast. Der Mann stürzte zu Tode. Der Aufprall an Deck war so hart, daß er sich beide Beine brach und sein Schädel zerschmettert wurde. Viel später, als Mariner genügend Tonganisch gelernt hatte, fragte er Finow, »wie er nur so grausam sein könne, den Mann wegen einer solchen Geringfügigkeit zu töten. Seine Majestät antwortete, daß es nur ein kleiner, gewöhnlicher Mann, ein Koch, gewesen sei und es für die Gesellschaft völlig unerheblich sei, ob er lebe oder tot sei.« In der sozialen Rangordnung auf Tonga stand ein Koch ganz unten, während einem Kanubauer die höchste Ehre erwiesen wurde.

Die Kanubauer waren außerdem diejenigen, die die Walzähne bearbeiteten. Ihre Fertigkeit hat sogar einen eigenen Namen: Fono Le, und wurde ausgeführt »mit außergewöhnlicher Perfektion, wenn man bedenkt, mit welch groben Werkzeugen sie arbeiteten. Gewöhnlich war es ein *togi* [ein kleines Beil], das aus einem europäischen Meißel, einem Stück einer alten Säge oder sogar nur aus einem plattgehauenen Nagel hergestellt wurde, den man in ein Griffstück einsetzte«. Nur die besten Keulen wurden verziert, jene, die eine besonders schöne Form hatten oder deren Holz etwas Besonderes war, und solche, die »viele Tötungen« hinter sich hatten. Dann erhielt die Keule nicht nur Verzierungen aus Walzahn, sondern wurde auch mit einem eigenen Namen geehrt. Wenn von einer der entfernteren Inseln ein Kanu mit der Nachricht kam, daß ein toter Pottwal am Riff gestrandet sei, dann »ließen alle Häuptlinge sofort ihre Kanus zu Wasser bringen«, schreibt Mariner und berichtet, wie er mit hinausfuhr, um zu sehen, was passieren würde. Sie fanden den Wal »in schrecklichem Zustand. Er war halb verwest, und der Gestank war unerträglich.« Doch das schreckte die ärmsten der Untertanen nicht ab, sich ein Mahl daraus zu bereiten. Aber das Wichtigste war, die Zähne herauszubrechen, die gesammelt und zu Halsketten verarbeitet wurden. »Sie waren ein annehmbarer Schmuck auf ihrer braunen Haut und wurden sowohl wegen ihrer Seltenheit als auch wegen ihrer Schönheit hoch geschätzt.«

An anderer Stelle berichtet Finow Mariner von einem Fall, als ein großer Pottwalkadaver an eine kleine Insel gespült wurde, auf der nur zwei Personen, ein Mann und eine Frau, lebten. Finow war sofort dorthingeeilt, um sich in Besitz der Zähne zu bringen, mußte aber feststellen, daß diese schon entfernt worden waren. Man fragte den Mann, der auf der Insel lebte, und er lief gleich zu seiner Hütte, stürmte hinein und brachte einen Korb heraus. Doch der Korb enthielt nur zwei Zähne. Der Mann verdächtigte seine Frau, die Zähne genommen und versteckt zu haben, doch als er sie danach fragte, verneinte sie es. In seiner Verzweiflung flehte der Mann Finow an, er möge doch bedenken, daß es für ihn als einfachen Mann keinen Sinn hätte, die Zähne zu behalten. Wenn er sie irgendwo verkaufen wollte, dann würde man sofort fragen, wo er sie herhabe, und der erste Häuptling, der sie zu Gesicht bekäme, würde sie ihm sofort abnehmen. Finow war der Sache überdrüssig und gab seinen Gefolgsleuten den Befehl, der Erinnerung der Frau damit auf die Sprünge zu helfen, daß man ihrem Mann den Schädel einschlug. So geschah es auch, aber erst als die Keule auch über ihrem Kopf schwebte, änderte sie ihre Meinung. Sie führte Finow zu einem Versteck, in dem sich ein weiterer Zahn befand. Das war Majestätsbeleidigung, und Finow befahl, die Frau auf der Stelle zu erschlagen. Einige Jahre später wurden die anderen Zähne mit Hilfe eines *tuhunga* gefunden, der sie mit seinen hellseherischen Fähigkeiten aufspürte. Zu diesem Zeitpunkt war Mariner schon vertraut genug mit den Sitten auf Tonga, um darauf hinzuweisen, daß Finow nach den Maßgaben der Gesellschaft gehandelt hatte, in der er lebte. Der Besitz von Walzähnen war das ausschließliche Privileg der Aristokratie, wenn ein Gewöhnlicher sie also für sich behielt, dann war er ein

Dieb, und in Tonga stand auf Diebstahl die Todesstrafe. »Auf Fidschi stellten Walzähne, wenn das überhaupt möglich war, ein noch größeres Gut dar«, fügt der junge Engländer hinzu, »denn es wäre gefährlich für einen Mann, es sei denn, er ist ein großer Häuptling, einen Walzahn in seinem Besitz zu haben. Und wenn er von einer anderen Insel kam, dann konnte er sich noch nicht einmal als Häuptling sicher fühlen. Der Besitz eines solch wertvollen Gegenstandes würde sein Leben in Gefahr bringen.«

Eines Tages, Mariner kam gerade mit seinem Kanu vom Fischfang, sah er die Segel eines vorbeifahrenden europäischen Schiffes. Er paddelte hin, kletterte an Bord und wurde beinahe sofort wieder ins Wasser geworfen, weil einer der Wachposten ihn für einen räuberischen Eingeborenen hielt. Zu diesem Zeitpunkt war der achtzehnjährige Engländer von der Sonne dunkel gebräunt und trug sein langes, zu einem Knoten gebundenes Haar unter einem Turban. Seine einzige Kleidung bestand aus einem Baströckchen.*

Auf diese Art, so zumindest schreibt Melville, hat sich seine Figur Quiqueg der Walfängerbruderschaft als sehr hartnäckiger Freiwilliger angeschlossen. Quiqueg war der Sohn des »Königs von Kokovoko« und wollte die Welt jenseits der engen Grenzen seiner kleinen Insel kennenlernen. Als der Kapitän eines vor Anker liegenden Walfängers sich weigerte, ihn anzuheuern, paddelte Quiqueg hinaus zur Meerenge, die die Schiffe passieren mußten. Er schaffte es, an eines der Schiffe heranzukommen, stieß sein Kanu weg, das kenterte und sank, und kletterte an Deck, wo er sich an einen Eisenring klammerte, bis der Kapitän bereit war, ihn anzuheuern. »Kokovoko«, so legt Melville nahe, existiert nur in der Phantasie, »eine Insel weit entfernt in südlicher und westlicher Richtung. Sie ist auf keiner Karte verzeichnet; wirkliche Orte sind das niemals.« Doch dies tat den Spekulationen keinen Abbruch, ob das Vorbild für Quiqueg aus Melvilles eigenen Reiseerlebnissen stammte. Mehevi, der

* Später wurde er dann ein erfolgloser Börsenhändler.

»König der Taipi«, ist einer der Kandidaten. Ein anderer, viel wahrscheinlicherer Kandidat ist der Maori-Harpunierer auf der Bark *Julia* aus Sydney, die Melville, nachdem sein Abenteuer im Tal der Taipi beendet war, in Nuku Hiva zwischen dem 1. und 15. August 1842 an Bord genommen hat. Die *Julia* war in Wirklichkeit der australische Walfänger *Lucy Ann* unter dem Kommando von Kapitän Vinton. Ihre Mannschaft war nicht komplett, und Vinton hielt Ausschau nach Leuten. Melville beschreibt in seinem Buch *Omoo oder Abenteuer im Stillen Ozean* die darauffolgende Reise so genau, daß sie eindeutig auf eigenes Erleben zurückzuführen ist. Der einzige Harpunierer an Bord war ein »Wilder aus Neuseeland oder *Mowree,* wie ihn seine Landsleute üblicherweise nannten«. Der Name des Maori war Bembo, und er hielt sich die meiste Zeit »auf dem Bugspriet auf, wo er mit einem Knochenhaken angelte«. Er war ein sehr erfahrener Seemann und hatte einmal zeitweilig sogar das Kommando über die *Julia,* als Kapitän Vinton krank war. »Um ehrlich zu sein, man hat nie einen Besseren gesehen«, meinte Melville. Aber Bembo war launisch, und die Mannschaft trat ihm mit Vorsicht, ja sogar mit Furcht gegenüber. Er war ein harter Kerl und bekannt dafür, schnell die Beherrschung zu verlieren. Man erzählte sich die Geschichte von der Begegnung mit einem Wal, bei der Bembo seine beiden Harpunen geworfen und den Wal verfehlt hatte. Das Boot nahm einen zweiten Anlauf und wieder verfehlte Bembo, der König der Harpunierer, den Wal mit beiden Harpunen. Die Mannschaft machte ein paar gehässige Bemerkungen, die Bembo so auf die Palme brachten, daß er beim dritten Mal »auf den Wal sprang und man ihn einen kurzen Moment lang auf dem Rücken des Wals sehen konnte. Dann war auf einmal alles Gischt und Raserei, und beide gerieten außer Sicht.« Die Männer im Boot drehten ab und ließen die Harpunenleine so schnell wie möglich aus dem Boot laufen, bis sie plötzlich strammsaß. Von dem Wal gezogen, schoß das Boot plötzlich durchs Wasser. »Wo war der Mowree?« fragt

Melville an dieser Stelle rhetorisch. »Seine braune Hand umklammerte den Dollbord, und er wurde aus der unter dem Bug brodelnden See ins Boot hineingezogen. So ein Kerl oder Teufel, ganz wie man will, war Bembo.«

Melville behauptet nicht, selbst gesehen zu haben, wie ein Mann mit der Harpune in der Hand auf den Rücken eines Pottwals springt. Es war ein beliebtes »Seemannsgarn« der Walfänger und neben allem eine beeindruckende Geschichte. Später sollte ich eines Besseren belehrt werden.

Im Moment interessierte mich nur, daß Bembo an Bord der *Julia* ging, als diese zu Beginn ihrer Walfahrt in der Rangeran-Bucht vor Neuseeland vor Anker ging. In dieser Bucht gingen die meisten der Maori-Harpunierer an Bord der Schiffe und kamen so von Mitte bis Ende des neunzehnten Jahrhunderts auf die polynesischen Inseln. Das war auch genau der Weg, den ein junger Halbmaori namens Albert Edward Cook nahm. Er führte 1890 auf Tonga den einheimischen Walfang ein, der über ein Jahrhundert dort Bestand hatte, bis er von einem Nachfolger Finows, dem heutigen König von Tonga, Taufaahau Tupou IV., verboten wurde. Und es war Albert Edward Cooks Enkel, den ich dort treffen wollte. Er war Tongas letzter Harpunierer.

Das erste, was mir an Samson Cook auffiel, war sein nahezu steinerner Gesichtsausdruck. Sein Gesicht war hager, mit regelmäßigen Zügen, einer markanten Nase und ausgeprägten Wangenknochen. Zwei tiefe Furchen zogen sich beiderseits der Nase zu seinen Mundwinkeln herab. Der breite, schmallippige, geschlossene Mund gab ihm das Aussehen eines Patriarchen. Seine Haut hatte die Farbe von Milchkaffee – das Resultat seiner Abstammung, einer Mischung aus Maori, tonganischen und europäischen Genen. Mit seinen siebenundsechzig Jahren hatte er schon fast sein gesamtes Kraushaar verloren, und wenn er seinen Kopf zurücklehnte und einen mit seinen zusammengekniffenen brauen Augen ansah, dann wirkte er fast finster.

Ihn umgab das, was man Charisma nennt. Er hatte große, breite Hände und kräftige Finger, und obwohl er nicht mehr als knapp einen Meter siebzig maß, erweckte er den Eindruck eines viel größeren, beeindruckenderen Mannes. Samson hatte kein Gramm zuviel am Körper, sein mächtiger Brustkorb war imponierend, und er bewegte sich auf kräftigen Beinen, allerdings mit einem leichten Hinken, vorwärts. Er ging mit den schnellen, dynamischen Schritten eines Mannes, der keine Zweifel kennt und in Eile ist, die nächste Arbeit zu erledigen. Als ich ihm zum ersten Mal begegnete, trug er einen sehr altertümlichen schwarzen Gehrock, schwarze Hosen und schwarze Schuhe. Und er hielt eine Bibel in der Hand. Samson Cook, der Harpunierer im Ruhestand, war Laienprediger in der Wesleyanergemeinde von Tonga geworden.

Sofort kam mir Vater Mapple aus der Walfängerkapelle in New Bedford in den Sinn. Vater Mapple ist Melvilles faszinierende Figur eines Seemannspriesters, der den Walfängern und ihren Familien in einer Kapelle predigt, an deren Wänden sich Gedenktafeln für die auf See gebliebenen Männer von Walschiffen befinden. Seine Predigt hält er von einer Kanzel, die wie ein Schiffsbug gebaut ist und auf die er mit Hilfe einer Strickleiter gelangt, die er, oben angekommen, hinter sich heraufzieht. Vater Mapples Sprache ist durchsetzt von Begriffen und Scherzen aus der Seefahrt, und er ist wahrscheinlich einem wirklichen Kirchenmann nachempfunden, dem Pater Edward Taylor, der zu dieser Zeit ein berühmter Prediger in Boston war. Samson Cook war zwar so ähnlich gekleidet wie Vater Mapple, aber das war auch alles. Er hielt keine flammende Predigt, sondern sprach mit einer sanften, bedächtigen Stimme und schwerem tonganischem Akzent.

Samson wohnte in einer kleinen Hütte am Strand von Nuku'alofa, der Hauptstadt von Tonga. Das Häuschen befindet sich auf halber Strecke zwischen dem neuen Handelshafen und einem im Zuckerbäckerstil nachempfundenen viktorianischen

Gebäude, dem Königspalast. Dieser wurde Stück für Stück vorgefertigt aus Neuseeland herübergebracht. Auf dem Bürgersteig vor Samsons Haus stand ein großes zusammenklappbares Holzgestell. Auf drei Brettern lagen riesige weiße Muschelschalen. Samson erzielte einen kleinen unregelmäßigen Verdienst mit dem Verkauf von Muscheln an Touristen, die manchmal weit genug am Strand entlangliefen, um an seinem Haus vorbeizukommen. Wenn man an dem niedrigen Lattenzaun vorbei das Grundstück betrat und die blau gestrichene Sperrholztür aufdrückte, kam man in den vorderen Raum, der nicht höher als ein Meter achtzig war. Darin befanden sich Stapel großer Muscheln und Schneckenhäuser, weitere Gestelle und auf einem wackligen Tisch verstreut noch mehr kleine hübsche Muscheln. Eine zweite Tür führte in Samsons Wohnbereich, wo ein niedriges Bett als Sofa diente. Dort gab es noch einen Holztisch, ein weiteres Bett, auf dem einige alte Zeitschriften lagen, und einen Holzstuhl. Ein Vorhang trennte den kleinen dunklen Raum ab, wo Samsons Priestergewand an einem Nagel hing und ein paar zusätzliche Kleidungsstücke und seine persönlichen Habseligkeiten in zwei oder drei Pappkartons verstaut waren. Er war Witwer, und abgesehen davon, daß eine Tochter ihm Lebensmittel vom Markt mitbrachte, sorgte er im wesentlichen für sich selbst. Alles war sauber, hübsch hergerichtet und in tadelloser Ordnung. Auf einer Anrichte stand ein Stapel verschiedener Teller, eine Abwaschschüssel und zwei Kaffeebecher hingen an Haken. Es gab kein fließendes Wasser, doch nicht weit entfernt von der Hintertür befand sich ein Wasserhahn, und ein paar gefährlich aussehende Drähte führten zu der Steckdose, in die Samson den Stecker seines Wasserkessels steckte.

Unter dem einzigen Fenster waren die Arbeitsgeräte seiner früheren Profession mit Stricken befestigt. Es gab mindestens ein Dutzend davon – Harpunen und Walspeere. Sie waren erst vor kurzem mit neuen, schweren Schäften aus rötlichem Holz versehen worden. Samson hatte seine Ausrüstung gut in Schuß gehalten, denn die Kipphaken und die blattförmigen Speerspitzen schimmerten im hellen Glanz von poliertem, scharfem Stahl.

Samson gab mir mit einer Geste zu verstehen, daß ich mich auf das alte Bett setzen solle. Er selbst lehnte sich wieder in seinem Stuhl am Tisch zurück, legte den Kopf nach hinten und bedachte mich mit einem seiner typischen, fast bedrohlichen Blicke. »Mein Großvater war Albert Edward Cook«, sagte er mit bedeutungsvollen Pausen zwischen jedem Wort, und es war klar, daß er auf seinen Großvater und seine Herkunft sehr stolz war. »Er kam von Neuseeland mit dem Segelschiff. Als das Schiff wieder abfuhr, blieb er. Er heiratete auf Ha'apai eine einheimische Frau. Ilise. Sie war meine Großmutter. Er brachte allen anderen bei, wie man Wale fängt. Vorher wußte niemand, wie man Wale fängt. Er war ein sehr kluger Mann, sehr klug«, und dabei wiegte Samson bewundernd den Kopf.

Albert Edward hatte hauptsächlich Buckelwale gejagt. Sie kommen zu einer bestimmten Jahreszeit nach Tonga, um sich in den warmen, geschützten Gewässern der Ha'apai Gruppe und des weiter nördlich gelegenen Vava'u Archipels zu paaren oder ihre Jungen zu gebären. In den achtziger Jahren des achtzehnten Jahrhunderts erlebte der Walfang in Tonga eine kurze Blüte. Ausländische Schiffe hatten in diesen Jahren vor Vava'u dem Buckelwal wegen des Trans nachgestellt, da die Pottwalbestände stark dezimiert waren. Wahrscheinlich war das der Grund, warum Albert Edward nach Tonga gelangte. Als die Walfänger weiterzogen, war Edward geblieben. Man erzählte, er wäre noch nicht einmal zwanzig gewesen und zum Teil walisischer Abstammung, nach anderen Auskünften sollen seine Vorfahren aus Devon gekommen sein. Manche behaupteten sogar, er sei ein Nachkomme des großen Kapitän James Cook gewesen. Wie auch immer, er war der geborene Organisator und Anführer. Er baute sich sein eigenes Schiff, eine kleinere

Version der Walboote, wie sie in Neuengland gebaut wurden, und begann zusammen mit seiner Familie, die Wale vor der Küste zu jagen. Dazu benutzte er Handharpunen, die er nach amerikanischem Vorbild auch selbst herstellte. »Er war ein sehr kluger Mann«, wiederholte Samson und machte erneut eine anerkennende Geste. »Er baute die Boote, er zeigte seinen Söhnen, was zu tun war, und er beobachtete die Wale ganz genau. Schon bald hatte er zwei Boote. Ein Boot für die Jagd und ein Boot in Bereitschaft, falls Hilfe benötigt würde.«

»Hat es jemals einen Unfall gegeben?« fragte ich.

»Nein, niemals«, erklärte Samson. »Albert Edward Cook«, und dabei dehnte er das letzte Wort, »hat nie einen Fehler gemacht. Er war zu vorsichtig. Er sagte, das Leben eines Mannes ist mehr wert als ein toter Wal, und er hat immer Vorsicht walten lassen. Manchmal hat eine Schwanzflosse das Boot umgeworfen. Manchmal mußte das Boot drei, vier oder sogar sechs Stunden gerudert werden. Doch niemand verlor jemals sein Leben.«

»Wann war die Zeit für die Waljagd?«

»Im Juni begannen wir mit der Suche, dann, wenn die Wale vom Nordpol oder Europa kamen, um Junge zu kriegen.« – Samson wußte also, daß die Wale wanderten, aber natürlich kommen sie in Wirklichkeit von der Antarktis nach Tonga – »Von Juli bis Oktober sind Wale hier. Im November ist Schluß. Dann werden die Jungen geboren.«

Im Alter von sieben Jahren war Samson zum ersten Mal mit seinem Großvater auf Walfang. Das ganze Geschäft war fest in der Hand seiner Familie, sechs bis acht Männer in einem Boot, und der Harpunierer oder Steuermann war immer ein Cook. Sie jagten *tofu'a*, den Buckelwal, *tofu'a a lei*, den Pottwal und *punga punga*, den Killerwal. Doch fast ausschließlich waren sie auf den *tofu'a* aus. »Die palangi [die Weißen]«, erklärte Samson, »mochten die Zähne des *tofu'a a lei*.« Und als ich hörte, daß die Pottwalzähne, die die Weißen für den Handel mit den Eingeborenen mitgebracht hatten, später dann von den Tonganern zurückgekauft wurden, mußte ich lächeln.*

»Hast du viele Pottwale erlegt?«

Samson schüttelte den Kopf. »Nein. Vielleicht ein oder zwei im Jahr. Nur kleine. Wegen der Zähne und der Knochen. Das Fleisch ist nicht gut, zu dunkel. Große Pottwale sind gefährlich.«

In den dreißiger Jahren des zwanzigsten Jahrhunderts legte Albert Edward Cook die Geschicke seines Unternehmens in die Hände seiner beiden Söhne Albert und Ned. Sie verlegten ihre Geschäfte näher nach Tongatapu. Zuerst auf eine kleine Insel vor der Küste, dann, als sie herausfanden, daß Walfleisch bei den Einwohnern sehr beliebt war, an den Strand der Hauptinsel. Fleisch war ein rares Gut auf Tonga, und so fingen sie zwischen zehn und dreißig Wale pro Jahr. Der Tran wurde für Lampen und zum Kochen gebraucht und das Fleisch in den *umu* genannten Erdöfen gegart. Die Haut wurde fritiert und als knuspriger Leckerbissen gegessen. »Man konnte genau sagen, in welchem Haus Waltran in den Lampen verbrannt wurde«, erinnerte sich Samson. »Man roch es, wenn man in der Nacht vorbeiging. Manchmal konnte man auch das Walfleisch im Erdofen riechen.«

Die Cooks sind ihrer Tradition immer verbunden geblieben. Sie standen treu zu den Fangmethoden ihres Gründers und benutzten immer die gleiche Ausrüstung. Lediglich im Jahre 1937 unternahmen sie einen Versuch mit jenem neuen Gerät, durch dessen Verbreitung das ehrliche Harpunieren auf kurze Entfernung zur Walschlächterei wurde – die Harpunenkanone. Es kam zu einer Katastrophe. Die Kanone explodierte und der Spezialist, der sie bediente, ein Maori, verlor beide Beine.

* In den späten zwanziger Jahren des achtzehnten Jahrhunderts fuhren die bêche-de-mer-Händler, viele von ihnen Nordstaatler, von Insel zu Insel und erwarben getrocknete Seegurken, die sie mit immensem Profit in China verkauften. Sie bezahlten die Insulaner mit Walzähnen, die sie von Walfangkapitänen erhielten, oder drehten ihnen Walroßzähne oder Nachbildungen aus Elfenbein an.

Das Beispiel der Familie Cook fand Nachahmer, nicht so sehr wegen des Profits, sondern um an das begehrte Walfleisch zu gelangen. Andere Leute bauten drei oder vier weitere Walboote, wobei sie die der Cooks kopierten, und manchmal wurde ein Mitglied der Familie Cook gebeten, als Harpunierer an Bord zu kommen. Samsons Bericht erweckte bei mir den Eindruck, daß diese Unternehmungen ziemlich unprofessionell waren. Auf Vava'u haben die Einheimischen versucht, Dynamitstangen an die Harpunen zu binden. Diese Methode verlangt ein sehr genaues Timing. Die Zündschnur des Dynamits mußte genau berechnet sein und kurz, bevor die Harpune geschleudert wird, entzündet werden. Jene Methode wurde verworfen, als ein Harpunierer mit seiner auf diese Weise präparierten Harpune einen Wal traf, der Wal aber nach unten tauchte, und die Harpune von der Leine wieder aus seinem Körper gerissen wurde. Sie kam direkt unter dem Boot nach oben und explodierte. Das Boot wurde zerstört. Die Mannschaft konnte sich retten, und niemand verlor sein Leben, aber die Männer hatten sich, im wahrsten Sinne des Wortes, selbst eine Falle gestellt.

Während Samson sprach, entspannte er sich. Er ging mehr und mehr in dem auf, was er erzählte. Seine kräftigen Hände bewegten sich hin und her, um das Tauchen und Drehen eines Wals zu verdeutlichen, wie die Harpunenleine im Kielwasser des Wals über Bord geworfen wird, das Hissen eines Segels und wie der Ausguck dem Steuermann Zeichen gibt. Seine Augen begannen angesichts seiner Erinnerungen zu strahlen. Manchmal drehte er seinen Körper und hob einen Arm in die Höhe, um etwas zu betonen. Wenn er aufgeregt war, sprach er mit einer höheren Stimme, die in Momenten der Ruhe wieder zu ihrem tiefen Klang zurückfand. Wenn seine Geschichte eine natürliche Zäsur erreicht hatte, verstummte er wie zufällig, verschränkte die Arme und lehnte sich für einen Moment des Schweigens wie ein professioneller Geschichtenerzähler in seinem Stuhl zurück. Ich konnte sehen, daß er glücklich war, stolz auf seine Vergangenheit, auf seine Familie und darauf, was er in seinem Leben geleistet hatte.

In seiner Stimme lag kein Triumph und keine Grausamkeit. Wale waren für ihn nichts anderes als Tiere, die man im Meer fing, ähnlich den Schweinen, die man für ein Festessen schlachtete. Sie waren Nahrung.

Samson hat immer mit den Menschen gefühlt, die zum Strand kamen und um Walfleisch baten. Walfleisch war billig, ein Schilling für ein großes Stück, und wenn die Leute zu arm waren zu bezahlen, dann gab ihnen die Familie Cook das Fleisch umsonst. »Die Menschen brauchen Nahrung«, erklärte Samson. »Wir gaben ihnen das Fleisch. Nehmt! Nehmt!« Dabei wedelte er mit seinen Armen, als ob er sie segnen wollte. Damals gab es keine Kühlmöglichkeit, und der ganze Wal mußte innerhalb eines Tages verteilt werden. Danach schleppte man die Knochen hinaus auf See und ließ sie ins Meer versinken. Wenn der Walfang je wieder erlaubt würde, wüßte Samson, was er täte. »Ich bin jetzt ein Mann Gottes. Dem gnädigen Jesus gefällt es, den Menschen zu helfen. Ganz einfach einen Wal zu fangen. Wenn du einen Wal fängst, dann sagst du es den Leuten. Du gibst den Menschen Fleisch. Kein Geld. Die Menschen kommen und sagen: ›Mr. Cook! Ich bin hungrig.‹ Okay. Umsonst. Hol einen Korb. Umsonst, der Wal ist umsonst. Komm mit dem Korb. Fülle ihn mit Walfleisch. Hast du eine Tasche, fülle die Tasche. Du hast einen Lieferwagen, dann nimm dir Fleisch. Umsonst für die Menschen. So macht das Jesus.«

Je mehr Samson erzählte, desto mehr freute er sich und schwelgte in der Vergangenheit. Dann erzählte er, fast von seinen Gefühlen überwältigt, von dem unvergeßlichen Tag, als er mit seinem Vater, seinem Onkel und seinen Brüdern im Walboot war und sein Onkel ihn nach vorne rief und sagte, er solle die Harpune werfen. »Weißt du, da bin ich noch ein Kind, ein kleiner Junge gewesen. Fünfzehn Jahre alt. Nur ein Kind, ein kleiner Junge. Kein starker Mann. Das erste Mal einen Wal zu harpunieren. Zum ersten Mal hielt ich die Harpune. Ich war sehr, sehr glücklich. Die Harpune war aus Holz und sehr schwer. Ich hielt sie in den Händen. Mein Onkel rief meinem Vater zu: ›Rudern, rudern!‹ Alle meine Brüder ruderten. Wir kamen näher. Mein Onkel sagte: ›Wirf, Kuki!‹« Der kleine Samson warf die Harpune und erlegte schließlich den Wal. Es war kein großer – »neun, vielleicht zwölf Meter« –, doch Samsons Leben war von diesem Moment an für immer verändert. »Mein Vater war sehr glücklich, seinen Sohn, seinen kleinen Sohn zu sehen, der die Harpune wirft. Seitdem war ich kein Kind mehr – meine Mutter war auch sehr glücklich. Mein Sohn, schau, er kann den Wal erlegen. Sie war sehr glücklich. Der kleine Junge war jetzt ein erwachsener Mann. Es war das erste Mal, und ich war sehr glücklich. Das erste Mal …« Samson verstummte. Die Erinnerung daran, wie er seinen Schritt in die Welt der Erwachsenen getan hatte, füllte seine Augen mit Tränen. Er wandte sich ab.

Als dieser stämmige, starke Mann sich nach vorne beugte und sich die Tränen mit dem Ärmel aus seinen Augen wischte, begriff ich, wie eng die Verbindung dieser primitiven Jäger mit den großen Walen war. Es war bei Samson das gleiche wie bei einem jungen Prärieindianer, der seinen ersten Büffel erlegt, dem Ainu auf Hokkaido, der seinen ersten Bären getötet, oder einem jungen Massaikrieger, der seinen ersten Löwen zur Strecke gebracht hat. Ihre Beute ist auch der Beweis ihrer Mannbarkeit. Der Tod des Tiers bestätigt das enge Verhältnis von Jäger und Gejagtem. Doch zuerst muß der Jäger bei der Jagd sein Leben einsetzen. In Jagdgemeinschaften war die damit verbundene spirituelle Erfahrung genauso wichtig wie die Sicherung der Ernährung, und genau dies war bei der kommerziellen Waljagd mit Harpunenkanonen und Fabrikschiffen völlig verschwunden.

Als Samson seine Fassung wiedergewonnen hatte, bat ich ihn, mir seine Fertigkeiten im Umgang mit der Harpune zu zeigen. Er war dazu bereit, doch weil seine Wohnung so klein war, schlug er vor, in den Hinterhof zu gehen. Dort befand sich ein offener Verschlag, in dem altes Holz gestapelt war, die Kochgrube, in der Samson sein Essen zubereitete, und in der Mitte ein Flecken Gras, auf dem ein Turm aus Muscheln aufgeschichtet war. Sie waren von der Sonne ausgebleicht und erinnerten mich an einen Haufen Totenschädel.

Ich schlenderte herum, während Samson die komplizierten Knoten löste, mit denen seine Harpunen und Speere an der Wand befestigt waren. Als die Tür aufging, erschien zuerst die glänzende Spitze einer waagerecht gehaltenen Harpune, dann folgte Samson. Er trug die Harpune ehrfürchtig und ging mit seltsamen, fast erhabenen Schritten. Er hatte immer noch seinen altertümlichen Gehrock an und erinnerte an einen Priester, der die Hostien reicht. Er lief an mir vorbei, stellte sich neben den hohen Muschelturm und setzte den schweren Holzschaft auf den Boden. Vorsichtig lehnte er die lange Harpune gegen die Muscheln. Dann drehte er sich zu meinem Erstaunen wortlos um und ging zurück ins Haus. Zwei oder drei Minuten später kam er mit der zweiten Harpune heraus, die er auf die gleiche andächtige Weise trug und neben die erste stellte. Dann ging er wieder, ohne ein Wort zu sagen, ins Haus und holte eine weitere Harpune. Es folgten zwei weitere und schließlich der erste Speer. Alle Geräte wurden gegen den Muschelturm gelehnt, bis dieser mich an einen *obo* erinnerte, die Türme aus heiligen Steinen, in die die Mongolen und Tibetaner ihre Gebetsfähnchen stecken. Nur waren die Gebetsfähnchen in diesem Fall ein Dutzend drei Meter lange Harpunen, deren Haken zum Himmel deuteten. Als er den letzten Speer nach draußen brachte, blieb Samson plötzlich stehen und schaute mir in die Augen. Sein Gesicht nahm einen Ausdruck an, den ich vorher bei ihm noch nicht bemerkt hatte. Es sah aus, als ob er in eine Konzentration versunken war wie ein Meister fernöstlicher Kampftechniken, der sich auf einen Kampf vorbereitet. Der Blick traf mich nur eine Sekunde lang, dann lehnte Samson den letzten Speer gegen den Muschelstapel und zeigte mir, wie das Ende der Walleine mit speziellen Knoten an der Harpune befestigt wurde.

Er umfaßte die Harpune mit beiden Händen und trat zurück auf den Flecken Gras, hockte sich hin, die Knie halb gebeugt, und machte einen halben Schritt nach vorne. Von einem Moment zum nächsten war es, als ob er in eine andere Welt eintauchen würde. Es geschah so plötzlich, daß ich eine Gänsehaut bekam. Samson schaute nach links, dann nach rechts, machte einen weiteren halben Schritt und richtete sich auf. Er hielt nach Walen Ausschau und hatte schließlich einen entdeckt. Er drehte den Kopf und rief einer imaginären Bootsmannschaft zu: »Rudern! Rudern!« Er schaute wieder nach vorne, sein Körper pendelte von links nach rechts, er trat einen Schritt zur Seite, wiegte seine Harpune in seinen Händen, und dann stellte er sie senkrecht, so daß die scharfe Spitze zum Himmel wies. »Rudern! Rudern! Los, los, los!« Er schrie jetzt lauthals. Ich sah, daß er die Harpune in die klassische Position gebracht hatte. Die rechte Hand lag am Ende des schweren Schafts und die linke weiter oben zur Stabilisierung. Eine Harpune wirft man nicht wie einen Speer, obwohl man es heutzutage häufig so in Illustrationen zum Walfang sieht. Die schweren Harpunen wurden wie ein Baumstamm nach oben geschleudert, so daß sie am höchsten Punkt ihrer Flugbahn nach vorne überkippten. »Rudern! Rudern! So ist es gut!« rief Samson erneut seiner Mannschaft zu. Er befand sich schon längst nicht mehr auf dem Grasstück hinter seinem Haus. Er war draußen auf dem Meer bei der Verfolgung eines Wales. Mit einem lauten Schrei stieß er die Harpune in die Luft. Sie beschrieb einen Bogen und fuhr vor mir in den Boden. Samson drehte sich um und warf seine Arme hoch. Die Zipfel seines schwarzen Gehrocks tanzten wie wild. »Zurück! Zurück! Zurück!« rief er und gestikulierte wild.

Er rannte zu den Speeren, nahm einen und rief wieder seiner

Mannschaft etwas zu. In seiner imaginären Welt muß ihm jemand geantwortet haben, denn er drehte sich um und schleuderte den Speer, eine tödliche Waffe, flach über den Rasen. Der Speer huschte an mir vorbei. Samson sprang auf und griff nach dem Seil, holte den Speer für einen zweiten Wurf ein, einen dritten und vierten. Samson war schweißgebadet. Selbst als alter Mann war er noch stark genug, um dreißig Pfund schwere Harpunen und Speere mit einer dämonischen Kraft zu schleudern. Er hatte sich verwandelt, anders konnte man es nicht ausdrücken. Er schwitzte aus allen Poren und atmete schwer. Er holte den Speer ein viertes und letztes Mal ein, drehte sich und mit ausgestreckten Armen und einem letzten Schrei warf er. Dann, ganz plötzlich, hielt er inne, holte tief Luft und ließ die Schultern sinken. Er war erschöpft, und was andere vielleicht als einen tobenden, alten Mann wahrgenommen hätten, war für mich etwas viel Elementareres: Ich war Zeuge eines Jagdrituals geworden, eines nachempfundenen Schamanenkampfes. Zehn Minuten lang war Samson Cook kein Prediger der Wesleyanergemeinde von Tonga gewesen, sondern ein *tohunga*.

So begab ich mich mit großer Ehrfurcht vor der einheimischen Waljagd nach Vava'u im Norden. Ich wollte Buckelwale sehen und eine Schilderung des Buckelwalfangs überprüfen, die zu der Zeit verfaßt worden war, als Samsons Großvater mit dem Walfang auf Tonga begonnen hatte: *Die Fahrt der Cachalot. Rund um die Welt auf der Jagd nach Pottwalen* geschrieben von dem englischen Abenteurer und Weltenbummler Frank Bullen. Wie sechzig Jahre zuvor Melville so war auch Bullen dem Reiz des Meeres, dem Jagdfieber, der Gefahr und den exotischen Orten verfallen. Im Vorwort seines Buches schreibt er, daß er »eine Walfahrt in der Südsee aus der Sicht eines Seemanns beschreiben wird«. Offensichtlich hat er niemals Moby Dick gelesen, denn er fährt fort: »Da noch keiner der großen Schriftsteller die wunderbaren Möglichkeiten erkannt hat, die in den weltumspannenden Reisen der Walfänger liegen, hat es der Autor unternommen, seine Erfahrungen niederzuschreiben.« Doch der Walfang mit Handharpunen von Segelschiffen aus lag schon in den letzten Zügen, als Bullen sich auf die altersschwache *Imperial*, einen abgehalfterten Walfänger, begab. In seinem Buch heißt das Schiff *Cachalot*.

In Bullens Bericht findet man ähnliche Begebenheiten, wie Melville sie über das Leben an Bord eines Walfängers erzählt, Anmerkungen über das Verhalten der Wale, die Risiken des Walfangs und die Unfälle. Bei Bullen gibt es keinen Weißen Wal, wohl aber einige Begegnungen mit »Kämpfern«. Im Indischen Ozean macht der Ausguck der *Cachalot* einen »Einzelgänger« aus, einen Pottwalbullen, der gemütlich seines Weges zieht und das Schiff nicht beachtet. Die Boote werden in Erwartung einfacher Beute zu Wasser gelassen. Doch als die Harpunierer zuschlagen, schreibt Bullen weiter, »ereilte uns eine Überraschung. Als wir in den Wind drehten, um von dem Wal wegzukommen, rief Louis [der Harpunierer]: ›Ein Kämpfer, Sir. Machen wir uns davon!‹ … Der Wal griff uns an, und wenn er nicht das Boot des Zweiten Maats, das gerade zu uns gestoßen war, gesehen und seine Aufmerksamkeit darauf gerichtet hätte, hätten wir wohl nur eine geringe Chance gehabt zu entkommen. Er wuchtete sich aus dem Wasser und griff unsere Kameraden mit einer Kraft und Wildheit an, die beeindruckend anzusehen war.« Es entwickelt sich ein fürchterlicher Kampf zwischen dem wütenden Wal und den beiden Booten, der durch den Zweiten Maat beendet wird, der eine Granate in den Rachen des Tiers feuert. Zu diesem Zeitpunkt hatte der Wal mit seiner Schwanzflosse schon eines der Boote zerschmettert, wobei ein Ruderer ums Leben gekommen war.

Dieser »Kämpfer« hatte von einer früheren Verletzung einen verformten Unterkiefer. Kurz hinter der Kehle stand dieser im rechten Winkel ab, und der Bruch war dick überwachsen mit Seeschnecken und Entenmuscheln. Der Schiffsarzt Beale hatte fast ein Jahrhundert früher schon gebrochene Kiefer bei sonst völlig gesunden Pottwalen festgestellt. Bullen hatte genauso wie Beales Berufskollege Bennett dessen *Naturgeschichte des Pottwals* studiert und Melville natürlich auch. Bullen liefert ein einfach gestricktes Buch ab. Nahezu jedes Kapitel hält atemberaubende Abenteuer bereit – man entkommt nur knapp einem großen Hai, Stürmen, Streitereien an Bord und so weiter. Einige davon stellen allerdings die Gutgläubigkeit des Lesers auf eine harte Probe. Bei einer Gelegenheit, nachdem ihr Walboot gesunken ist, sitzen Bullen und seine Mannschaft aufgereiht wie Seemöwen auf dem Rücken eines toten Wals. Während sie auf ihre Rettung warten, essen sie rohes Walfleisch und trinken das Regenwasser, das sich in den Vertiefungen des Walkörpers sammelt. Aber Bullen war auch ein guter Beobachter. Er beobachtete eine Herde von Pottwalen, als »diese wie auf ein Zeichen hin ihre mächtigen Köpfe aus dem Wasser hoben, diese Haltung einige Zeit beibehielten und dabei sanft auf den glitzernden Wellen schaukelten wie bewegliche, schwarze Felsblöcke. Plötzlich ließen sie sich zurücksinken, hoben ihre breiten Schwanzflossen in die Luft und schlugen dann langsam wie eine Maschine im gleichen Rhythmus aufs Wasser.« Dies ist eine absolut genaue Beschreibung von dem, was die Meeresbiologen heute als »spy-hopping« und »lobtailing« bezeichnen.

Bullen war ein großer Bewunderer der polynesischen Seefahrer. Als die *Imperial* Honolulu erreichte und eine Reihe von hawaiianischen Freiwilligen in ihre Dienste nahm, wurde er zum Vierten Maat befördert. Der Kapitän nahm zwei der »Kanaken«, wie Bullen sie nennt, in seine Bootsmannschaft auf. Samuela und Polly waren Walfänger, und Samuela wurde Erster Harpunierer. Auf der Insel Futuna wurden weitere Polynesier aufgenommen, und Bullen schreibt, daß sie »willige, ausdauernde und fröhliche Schüler waren. Es gab noch einen weiteren bewundernswerten Charakterzug an ihnen: Alles war bei ihnen

Gemeingut. Egal, wie wenig einer von ihnen auch bekam, es wurde ohne Zögern mit denen geteilt, die nichts hatten.« Als die Fahrt in Neuseeland endete und seine Kanaken die Heimreise antreten, stellt Bullen fest, daß es ihm überaus schwerfällt, ihnen auf Wiedersehen sagen zu müssen. »Man konnte sich keine intelligenteren, besseren und vertrauenswürdigeren Helfer als diese Menschen wünschen.« Als die *Imperial* vor dem Vava'u-Archipel vor Anker lag, während ihre vier Walboote das Meer um die Inseln nach Walen absuchten, gerät Bullen in Anbetracht der sich vor ihm ausbreitenden Schönheit wieder einmal ins Schwärmen. Man fand »jede nur denkbare Landschaft, jede Form einer Meerenge, einer Bucht oder Flußmündung, Riffe, die aus dem Meer ragten, Unterwasserriffe, die in unbeschreiblicher Schönheit funkelten; eine ständige Brise, die Kühlung verschaffte, und darüber wölbte sich ein ewig gleicher Baldachin in strahlendstem Blau. Wenn wir bei Sonnenuntergang zum Schiff zurückkehrten, ohne auch nur im entferntesten eine Walfontäne gesehen zu haben, fühlte ich mich wie in einem Traum.«

In diesem Fall stimmt die vollmundige Beschreibung mit der Wirklichkeit überein. Vava'u ist zauberhaft schön. Die Vegetation der mehr als fünfzig verstreuten Inseln strahlt in einem tiefen Grün, das sie umgebende Meer leuchtet im Türkis und Dunkelblau der Touristenbroschüren, und jeden Morgen sorgen die Passatwinde für eine kühle Brise. Die einzige Stadt, Neiafu, liegt an einem natürlichen Hafen, von dem behauptet wird, er sei der schönste zwischen Kalifornien und Neuseeland, und den Mannschaften der Hochseejachten, die hier ihre Vorräte auffüllen, fällt es auch heute noch schwer, wieder abzureisen. Einer von Willam Mariners Mitgefangenen der *Port au Prince* hat genauso empfunden. Der Kapitän eines europäischen Schiffes bot an, ihn zurück nach England zu bringen, doch der Mann antwortete, er sei alt und zöge es vor, seine letzten Tage in der angenehmen Umgebung von Vava'u zu verbringen. Die

Vava'u-Inseln haben eine sinnliche Ausstrahlung und verzaubern die Menschen.

Ich blieb wegen der Wale auf Mounu, einem Juwel von einer Insel, die man in zehn Minuten umrunden konnte. Von Zeit zu Zeit trug der Wind merkwürdige Geräusche herüber, ein dumpfes, gleichmäßiges Klatschen. Es waren vielleicht ein Dutzend Schläge, dann Stille, dann wieder ein Dutzend Schläge. Manchmal wiederholten sich die klatschenden Geräusche immer und immer wieder und dauerten bis zu einer halben Stunde an. Diese Geräusche stammten von den Buckelwalen, die ihre mächtigen Schwanzflossen hoben und immer wieder auf die Wasseroberfläche schlugen. Manchmal tobten sie wie Kinder in einem Swimmingpool herum und hieben mit ihren drei Meter langen Brustflossen auf das Wasser, daß die Gischt hochspritzte. Oder sie ließen das Meer erzittern, indem sie sich steil aus dem Wasser katapultierten und mit einem mächtigen Donner und einer hoch aufschäumenden Wasserfontäne wieder zurückfallen ließen. Niemand weiß genau, warum sie diese Späßchen machen. Ist es einfach nur Verspieltheit? Sind es Drohgebärden rivalisierender Bullen? Teilen die Wale damit ihre Anwesenheit mit? Oder versuchen sie auf diese Art, die Parasiten auf ihrer Haut loszuwerden? Diese Walart zeichnet sich durch ihr akrobatisches Verhalten aus, und da sie zumeist im klaren flachen Wasser bleiben, kommen die Meeresbiologen nach Vava'u, um das Verhalten der Buckelwale zu studieren, und die Filmteams, um Aufnahmen von ihnen zu machen.

Nosa war der typische Südseeinsulaner. Er hatte die Gewohnheit, ein ärmelloses Unterhemd zu tragen, so daß man seinen muskulösen Oberkörper bewundern konnte, auf dem eine Kette mit dem traditionellen polynesischen Angelhaken aus geschnitztem Knochen hing. In seinem rechten Ohrläppchen befand sich ein kleiner Ohrring, und außerdem hatte er einen Goldzahn, der immer, wenn er lachte, was häufig vorkam, aufblitzte. Er war Mitte zwanzig und hatte, nachdem er mit der

Schule fertig gewesen war, als Barkeeper angefangen, danach war er bei einer Tauchschule beschäftigt. Zu seinem jetzigen Job war er vor vier Jahren gekommen, als auf Vava'u das Whale-Watching begann. Jetzt war er Bootsführer auf Mounu und brachte Touristen und Wissenschaftler zum Walebeobachten an dieselben Stellen, wo seine Onkel versucht hatten, Wale mit Harpunen und Dynamit zu erlegen. Nosa hatte seine Fertigkeiten im Aufspüren der Wale von seinem Boß, einem Neuseeländer, gelernt und war inzwischen wirklich gut darin. Einmal mehr hatten die Inselbewohner des Pazifiks die Gebräuche der Fremden übernommen.

Die Beziehung zwischen den Insulanern und den großen Walen ist immer noch zwiespältig. Als ich Nosa von Samson Cook und den großen Tagen des Walfangs erzählte, begannen seine Augen zu glänzen. Er schlug auf das Steuer des Bootes und meinte vergnügt »Mann, das Fleisch war bestimmt gut!« Er brachte auch Hochseeangler hinaus aufs Meer, um Großfische zu fangen – mahi mahi und Thunfisch –, und ich hatte den Eindruck, daß für Nosa kein Unterschied zwischen einem Wal und jedem anderen genießbaren Meerestier bestand. Trotzdem wußte Nosa sehr viel über die Wale in der Gegend. Er wußte, wann und wo er nach ihnen Ausschau halten mußte, und es war fast unheimlich, wie er ihre Bewegungen vorausahnte. Die Wale schwammen oft in Gruppen zu dritt, eine Kuh mit Kalb und ein Begleiter. Wenn Nosas Kunden mit den Walen schwimmen wollten, riß er plötzlich das Boot herum und fuhr in eine ganz andere Richtung, stellte den Motor ab und sagte den Leuten, sie sollten ins Wasser springen und warten. Fünf Minuten später änderten die Wale ihre Richtung und schwammen an der Stelle vorbei, die Nosa ausgewählt hatte. Die »Buckligen«, wie sie manchmal auch genannt wurden, wurden im neunzehnten Jahrhundert nicht übermäßig bejagt. Sie waren im Wasser zu schnell – Bennetts Schiff, die *Tuscan*, verwechselte vor der Küste von Kalifornien Buckelwale mit Pottwalen und versuchte sie zu verfolgen, mußte aber aufgeben, da sie zu schnell waren. Auch konnte man aus Buckelwalen im Vergleich zu Pottwalen nur sehr wenig Waltran gewinnen, und sie kamen auch nicht an die Oberfläche. Harpunierte Buckelwale gingen häufig unter und waren damit verloren. Wenn das Meer flach genug war, dann konnten die Walfänger warten, bis die Zersetzungsgase den Körper aufgetrieben hatten und er wieder an die Oberfläche stieg. Dennoch wußten die Walfänger um die »Gesänge« der Buckelwale, lange bevor Wissenschaftler diese in den siebziger Jahren des zwanzigsten Jahrhunderts aufgenommen haben. Ein Walfangkapitän aus den Nordstaaten schrieb von ihrem »kummervollen Stöhnen«, und die Tonganer nennen es Buckelwal-»Gerede«. Nosa selbst hat Buckelwale gesehen, die sangen, wenn sie gemütlich unter Wasser auf dem Rücken trieben oder wenn sie auf Wanderschaft waren. Sie tun es in fast allen Lebenslagen. Seine Beobachtungen standen damals in Widerspruch zu der wissenschaftlichen Theorie, die besagte, daß Buckelwale nur singen, wenn sie aufrecht und unbeweglich im Wasser treiben. Später haben die Forscher unter dem Eindruck solcher Augenzeugen ihre Meinung geändert, was Nosa etwas skeptisch gegenüber den Wissenschaftlern werden ließ. »Wie können sie sagen, sie wüßten etwas über Wale, wenn sie so viel Zeit in der Universität und auf Konferenzen zubringen? Wenn sie die Wale kennenlernen wollen, dann müssen sie herkommen und mit ihnen schwimmen. Hier!« Dabei drehte er sich mit seinem Steuermannssitz um die eigene Achse, schüttelte den Kopf und lachte lauthals.

Als ich zusammen mit Nosa die Wale beobachtete, konnte ich mein Wissen aus den Walbüchern von Beale und Bennett durch bewegte, farbige Bilder bereichern. Die Buckelwalkühe hielten sich mit ihren Kälbern in den geschützten, warmen Gewässern der Buchten und Meerengen auf. Ihre helle Unterseite schimmerte im Wasser, so daß man ihre Wege im blauen Meer gut verfolgen konnte. Mit ihren langen Flossen erweckten sie oftmals den Eindruck von Unterwasserflugzeugen. Die Kälber haben zuerst so kleine Lungen, daß Mutter und Kind häufig an die Oberfläche kommen müssen, um zu atmen. Wale machen sich dann mit einem charakteristischen ersten Ausblasen bemerkbar, ein so bezeichnendes Geräusch, daß erfahrene Walfänger behaupten, selbst in rabenschwarzer Nacht könnten sie jede Walart an diesem Geräusch erkennen. Die Kuh und das Kalb schwimmen dann für ein halbes Dutzend Atemzüge dicht an der Wasseroberfläche, mal ober-, mal unterhalb, bevor sie mit der ihnen eigentümlichen Krümmung des Rückens, der sie ihren Namen verdanken, abtauchen. Wenn sie sich auf ein tieferes Tauchen vorbereiten, dann kommt der langsame, weit ausholende Schlag mit der Schwanzflosse, eine Bewegung, die das Kalb nachzumachen versucht, doch manchmal, wenn es nicht gelingt, fällt das Jungtier mit einem liebenswerten Platschen seitlich ins Wasser zurück. Zum Spielen verlassen die Kälber, die ebenso neugierig wie menschliche Kinder sind, die Seite ihrer Mutter und kommen zum Boot geschwommen. Im Mittelalter behaupteten norwegische Seeleute, daß Buckelwale, die »fröhlichen Wale«, so neugierig waren, daß sie direkt vor ein Schiff schwammen, um es genauer anzusehen, und dann wütend wurden, wenn das Schiff sie rammte. Nosa sagte mir, daß Katamarane besonders attraktiv für diese Tiere sind. Einmal sei ein erwachsener Buckelwal direkt unter Nosas Boot aufgetaucht, hatte den Rumpf angehoben, bis er aus dem Wasser ragte, und dann sei das Tier unverletzt davongeschwommen. »Da schlägt dein Herz schon etwas schneller.« Nosa grinste und deutete auf seinen mächtigen Brustkasten. »Jeder hat da ein bißchen Angst, denke ich.«

Die jüngste Generation erwachsener Wale im Gebiet von Vava'u schien überraschend sorglos zu sein. Oft ließen sie es zu, daß die Beobachtungsboote bis auf ein paar Meter an sie herankamen, und selbst wenn sie wegschwammen, schienen sie nicht erschreckt. Während ich beobachtete, wie die Walkälber ganz nah an die Boote herankamen, fragte ich mich, ob diese jungen Wale die Boote als Teil ihrer natürlichen Umgebung wahrnehmen. Nosa hoffte das. »Sie sind wie wir. Sie sind Säugetiere. Nachdem ich seit vier, fast fünf Jahren mit Walen arbeite, denke ich, daß die Menschen keine Wale töten sollten. Die Leute auf Tonga denken, man soll Wale töten, weil die meisten von ihnen noch nie einen Wal gesehen haben. Wenn sie sähen, wie schön sie sind, dann würden sie bestimmt nicht ihren Tod wollen.«

Er machte eine Pause und suchte nach den passenden Worten. »Ich weiß nicht, wie ich das sagen soll: Es ist so wunderbar. Ich finde, die Wale sind so schön.« Er machte eine Bewegung mit seiner großen Hand, zuckte mit den Schultern und zeigte ein bewunderndes, selbstsicheres Lächeln.

»Ich muß eingestehen«, schrieb Bullen am Ende seines Aufenthalts, »daß es mir viel schwerer fiel, Vau Vau zu verlassen als seinerzeit England.« Er war immer noch betört von der Schönheit der Inseln und der Freundlichkeit der Menschen. Als die *Splendid* die Anker lichtete und in See stach, halfen die Leute von Vava'u an der Ankerwinde. Sie hatten gefragt, ob sie das Walfleisch der Buckelwale haben könnten, wenn der Speck entfernt worden sei, und sie bekamen es. Aber insgesamt war die Fahrt der *Splendid* ein Mißerfolg gewesen. Bullen verstand nicht, warum sie nur so wenige Wale gefangen hatten, obwohl die Walgründe um Tonga viele Jahre lang von keinem Walfänger besucht worden waren. Samson Cook, der einheimische Harpunierer, hätte es ihm sagen können. »Wale bekommen immer nur ein Junges«, hatte er mir erklärt. Die Reproduktionsrate der Walpopulation ist sehr niedrig. Die Zahl der Buckelwale war schon zu Bullens Zeit stark zurückgegangen, und mit dem Auftauchen der Fabrikschiffe in der Südsee zwanzig Jahre später standen sie kurz vor der Ausrottung. Diese Schiffe schlachteten Tausende von Buckelwalen, und als geringfügigen Nebeneffekt entzogen sie auch Männern wie Samson Cook ihre Lebensgrundlage. Seine geographischen Kenntnisse waren nicht die besten, doch ihm war ziemlich klar, was passiert war. »Durch Deutschland, Rußland, England, Amerika, Japan – wurden zuviele Wale getötet. Auf Wiedersehen, Wal, macht den Wal fertig.« Und er begriff, daß man die Walbestände schützen muß. »Laßt den Wal in Ruhe. Vielleicht gibt es beim nächsten Mal wieder mehr Wale. Weiß man aber nicht. Jetzt haben sie aufgehört, sie zu jagen, und nun gibt es wieder viele Wale.«

Doch was war mit Moby Dick? Samson hatte Pottwale gesehen mit weißen Flecken am Körper. Nosa konnte einzelne Buckelwale an den Zeichnungen der Flossen und des Bauches wiedererkennen. Doch weder Nosa noch Samson war jemals ein Tier begegnet, das auch nur entfernt an Moby Dick erinnerte. Noch nicht einmal gehört hatten sie davon. Trotzdem verließ ich Tonga zufrieden mit dem, was ich erfahren hatte. Nosa war ein Beispiel dafür, wie die Nähe zu einem Tier das Verständnis für ein anderes Lebewesen entwickelt, und Samson hatte mir einen anderen Aspekt des Mythos von Moby Dick im Pazifik vor Augen geführt. In Melvilles Buch gibt es eine berühmte Szene, in der die drei heidnischen Harpunierer, der Indianer Tashtego, der große »Neger« Daggoo, und Quiqueg, der tätowierte Südseeinsulaner, sich auf die Verfolgung und Tötung des Weißen Wals einschwören. Sie trinken aus den hohlen Harpunenschäften, während Ahab zusieht. Melville wollte die Szene symbolträchtig und hochdramatisch anlegen. Doch er hat darüber hinaus auch das enge Verhältnis zwischen den Eingeborenen und dem Großen Wal gezeigt. Für einige Menschen im Pazifik war ein »Kämpfer« ein nicht seltener Gegner, den man aus Rache oder um des Verdienstes willen jagte. Samsons Erinnerungen hatten gezeigt, daß ein Wal ein Wesen ist, das die spirituelle Seite seiner Jäger herausforderte, selbst wenn die materielle Seite dabei nicht zu kurz kam. Wenn die Wale verschwänden, dann wären auch die Menschen nicht mehr das, was sie sind.

Lamalera

»War es nicht so, o Timor Tom, du weitberufener Leviathan, der du, narbig wie ein Eisberg, so lange in jener Meeresstraße am Saum des großen Asien haustest, die dir den Namen gab, du, dessen hohen Strahl man oft vor Ombais Palmenbucht erblickte?«

Herman Melville, *Moby Dick*

»Nennt mich Ismael.« Ich las wieder einmal die ersten Worte von Melvilles Roman, während ich hoch über einem Sandstrand vulkanischen Ursprungs saß. Es war eine Stunde nach Tagesanbruch, und man konnte immer noch das Krähen der Hähne weit unten hören. Über meinem Sitzplatz auf der Klippe breitete sich die Krone eines Banyanbaumes aus, und ich konnte zwischen dessen Zweigen hindurch die Hunde am halbkreisförmig sich hinziehenden Strand herumtoben sehen. Ihre Pfoten hinterließen Spuren im feuchten, von der Ebbe geglätteten Sand. Der Horizont verschwamm im morgendlichen Licht. Bis auf ein paar Stellen, wo die Strömung die Oberfläche kräuselte, glänzte das Meer dunkelviolett. Die hohen, von den ersten Böen der südöstlichen Monsunwinde dahingetriebenen Wolken spiegelten sich als helle Flecken im Wasser. Hinter mir war die Sonne gerade über den Berggipfel der Insel Pantar geklettert und kündigte einen weiteren, sehr heißen Tag an. Ich spürte schon, wie ich zu schwitzen begann. Letzte Nacht war es heiß und schwül gewesen. Zwei oder drei Mal war ich von heftigen Regenschauern geweckt worden, die auf das Wellblechdach des kleinen Schulleiterhauses niederprasselten.

Ich befand mich im Dorf Lamalera, dem letzten Ort auf der Welt, wo die Männer noch regelmäßig den Pottwal mit Handharpunen jagten. Unten am Strand konnte ich die schilfgedeckten Dächer der Schuppen sehen, in denen die Fischer ihre Boote unterstellten. Die Tropensonne hatte die Dächer so ausgebleicht, daß sie eine eisengraue Farbe angenommen hatten.

Gelbe Flecken zeigten, wo in letzter Zeit Reparaturen vorgenommen worden waren. Aus der offenen Seite jedes Bootsschuppens ragte etwas heraus, was man als einfache Trittleiter bezeichnen könnte. Dies war die Plattform des Harpunierers, die über den Bug des Fischerbootes hinaus nach vorne ragte. An dieser Stelle steht der Harpunierer mit seiner über vier Meter langen Harpune und greift den Wal an. Von hier oben konnte ich elf Bootsschuppen zählen. Noch einmal so viele befanden sich außerhalb meines Blickfeldes hinter der vorspringenden Klippe. Außer den Hunden befand sich im Moment niemand am Strand. Was wie feine Nebelschleier, die sich über die Dächer der Schuppen erhoben, aussah, waren Rauchschwaden von den Kochfeuern der Fischer, die sich ihre Mahlzeit zubereiteten. In einer Stunde würden sich die Männer am Strand versammeln. Mannschaft für Mannschaft würde sich bei ihrem Boot einfinden und es bereitmachen, um in See zu stechen und Wale zu jagen. Ich wollte mich ihnen anschließen.

Lamalera liegt fast am Ende eines langgestreckten Bogens aus Inseln, der das südliche Indonesien bildet. Diese weit auseinandergezogene Inselgruppe nimmt ihren Anfang an der Malaiischen Halbinsel und erstreckt sich ein paar hundert Kilometer vor der Australischen Küste. Wenn man von Timor einmal absieht, hat es den Anschein, als würden die Inseln immer kleiner, je weiter man sich vom Anfang des Bogens entfernt. Streng geographisch betrachtet, trifft das nicht ganz zu, doch wenn man an ihnen entlangfährt, hat man unweigerlich diesen Eindruck. Um nach Lamalera zu gelangen, braucht man Geduld. Als ausländischer Besucher kommt man meistens auf einem der großen internationalen Flughäfen an, wahrscheinlich Jakarta oder Denpasar auf Bali. Von da geht es dann mit einer Propellermaschine weiter nach Maumere auf der Insel Flores. Diese Maschine fliegt nur zwei- oder dreimal in der Woche. Auf die Flugreservierung kann man sich nicht verlassen, und zu Zeiten der Pilgerfahrt nach Mekka ist sie gänzlich unmöglich. Ich fand mich in einem Flugzeug wieder, das bis auf den letzten Platz mit rückkehrenden Pilgern besetzt war. Vor dem Abflug im Warteraum des Flughafens öffneten alle ihre Koffer, holten mit strahlendem Gesicht weiße Kaftans heraus und zogen sie zusammen mit der traditionellen Kopfbedeckung und den dazugehörigen Bändern an. Als die Maschine zum Landeanflug in Maumere ansetzte, breitete sich erneut geschäftige Unruhe aus. Spiegel wurden hervorgezogen, und die Männer begutachteten gegenseitig, ob ihre Kopfbedeckung und der Kaftan richtig saßen, bevor sie mit stolzgeschwellter Brust das Flugzeug verließen. Am Zaun des Flughafengeländes standen Hunderte von Freunden und Verwandten, die die zurückkehrenden Pilger mit Beifall empfingen.

Meine eigene Reise dauerte noch zwei weitere Tage. Von Maumere hatte ich die Wahl, einen Wagen zu mieten oder mit dem öffentlichen Bus nach Larantuka auf der anderen Seite von Flores zu fahren. Mit dem Jeep würde es vier Stunden dauern, in dem überfüllten Bus sechs. Ich entschied mich für den Jeep. Der brachte mich nach Larantuka, einen Ort, den man nicht anders als gottverlassen nennen kann. Es gab zwei Straßen. Eine davon führte am Strand entlang. In der Stadtmitte befanden sich dreißig kleine Geschäfte, bei denen der Verkauf einfach durch ein Fenster in der Wand stattfand. Man konnte dort Eisenwaren, billige Kleidung, Schuhe und ein paar Lebensmittel erstehen. Außerdem gab es noch ein Schreibwarengeschäft, in dessen staubigem Schaufenster Stifte und Schulbücher lagen und wo der unvermeidliche Photokopierer stand, den man brauchte, um Behördenformulare zu kopieren. Dazu kam noch ein einziges, schäbiges Restaurant, das sinnigerweise den Namen »Nirvana« trug und so zwischen den heruntergekommenen Geschäften versteckt war, daß man es ohne weiteres übersehen konnte. Doch dann hätte man hungern müssen, denn die drei Hotels der Stadt waren nur einfache Pensionen, in denen keine Mahlzeit angeboten wurden. Die Straßenhändler verkauften keine gekochten Nahrungsmittel, nur verstaubtes Gemüse, angestoßenes Obst und einige verfault aussehende Fische. Die zweite Straße verlief im Abstand von fünfzig Metern parallel zur ersten, und dort gab es überhaupt keine Geschäfte. Hier befanden sich eine Schule sowie eine Reihe von schmutzigbraunen Häusern, und ein paar hundert Meter weiter liefen die beiden Straßen zusammen. Von diesem Punkt an war Larantuka eine Ein-Straßen-Stadt. Um diesen Ort noch weniger einladend erscheinen zu lassen, waren am Tag meiner Ankunft Blutflecken auf der Straße zu sehen. Eine Woche zuvor war durch einen Hund die Tollwut ausgebrochen. Die Provinzregierung hatte ein Notfallteam geschickt, aber nicht etwa Mediziner, um die Bevölkerung zu impfen – drei Menschen waren mittlerweile gestorben –, sondern Männer mit Gewehren, die alle Hunde erschießen sollten. Leider waren die Männer nicht allzu erfahren im Umgang mit Waffen gewesen, und einige schwerverletzte Hunde wurden erst auf der Straße getötet.

Für die Menschen auf den äußeren Inseln ist Larantuka eine pulsierende Metropole. Es ist der Ausgangspunkt für die Fähren. Der dreckige Hafen beherbergt eine kleine Flottille von heruntergekommenen Schiffen, die die Meeresstraßen zu den nahegelegenen Inseln mit so exotischen Namen wie Solor, Adonara und Lembata befahren. Auf manchen Strecken verkehren die Boote täglich, ja sogar zweimal am Tag. Nun, wie auch immer, auf direktem Weg kam man nur einmal in der Woche nach Lamalera. Die Strecke wurde von zwei kleinen Schiffen befahren, aber weil beide Kapitäne zum Markt am Freitag dort sein wollten, fuhren beide jede Woche am gleichen Tag. Und wenn man wieder zurück wollte, dann war das nur am Mittwoch möglich.

Wie in anderen kleinen Hafenstädten gab es auch in Larantuka gute Samariter, die den Reisenden halfen. Mein Samariter hieß Camillus. Er bewohnte zusammen mit seiner Frau sowie drei Söhnen und drei Töchtern ein Häuschen etwa anderthalb

Kilometer außerhalb der Stadt. Ein kleines, fast völlig in den Sträuchern verstecktes Schild wies darauf hin, daß sich hier das Büro der Lamaholot-Tour und Tourismus-Agentur befände. Das ebenerdige Gebäude, das etwas von der Straße zurückgesetzt war, bestand aus einem großen vorderen Raum, in dem sich drei Gartenstühle aus Plastik, ein ebensolcher Tisch und ein einfacher Holzschreibtisch befanden. Die Arbeitsfläche des Schreibtisches und auch die Schubladen waren leer. Daneben gab es noch eine große Schultafel, auf der mehrere Zeilen in japanischer Schrift geschrieben standen. Camillus versuchte, auf eigene Faust Japanisch zu lernen, da er glaubte, dort seine zukünftigen Kunden anwerben zu können. Im Moment hatte er überhaupt keine Kunden. Er war Mitte fünfzig und wirkte besorgt wie der Filialleiter einer Bank, dessen Bücher von einem argwöhnischen Buchhalter geprüft wurden. Camillus war einen Meter sechzig groß und trug eine starke Brille, hinter deren Gläsern seine Augen mit dem Blick eines traurigen Beagles hervorschauten. Seine Frau war ein Glücksfall. Sie war halb Holländerin, halb Javanesin und sorgte mit aufrichtiger Hingabe und Teilnahme für ihn. Sie hielt sich in dem kleinen Wohnbereich hinter dem Büro auf und kochte ihm reichhaltige, gute Mahlzeiten, die aber nicht dazu führten, daß seine hagere Gestalt etwas Fett ansetzte. Außerdem paßte sie auf den vergeßlichen Camillus auf. Sie suchte für ihn die Stifte, die er irgendwo verlegt hatte, erinnerte ihn, seine Lesebrille einzustecken, und als wir uns auf den Weg nach Lamalera machten, hielt sie ein Lunchpaket für die Fähre bereit.

Camillus stammte aus Lamalera. Er sprach Lamaholot, den einheimischen Dialekt, und Englisch und sollte mein Dolmetscher sein. Genauso wichtig war, daß er mit der komplizierten Sozialstruktur von Lamalera vertraut war, die auf einem potentiell konfliktträchtigen Familiensystem beruhte. Camillus' Vater hatte einer der angesehensten Familien angehört, während Camillus selbst nicht sein ganzes Leben auf der Insel verbracht hatte. Er war Angestellter der staatlichen Tourismusbehörde gewesen, und ich habe nicht herausgefunden, warum er seine Arbeit dort aufgegeben und sein eigenes Unternehmen aufgemacht hatte. Nun setzte er alles daran, sein Heimatdorf bekannt und zu einer Attraktion für Touristen zu machen. Das war, wie ich schnell feststellen konnte, eine schwierige Aufgabe, doch Camillus war völlig davon besessen. Er war einer der gutherzigsten Menschen, die man sich vorstellen kann, und so aufrichtig und ehrlich, daß sich seine Augen mit Tränen füllten, wenn er von etwas sprach, das ihm naheging.

Außerdem war Camillus ein gläubiger Christ, und sein Vater hatte auf Lamalera Religionsunterricht erteilt. Als wir im Haus des Schulmeisters auf Lamalera zusammen einen Raum bewohnten, wurde ich manchmal in der Nacht von ihm geweckt, weil er im Schlaf sprach. Was er dann von sich gab, waren häufig Worte aus Gebeten, und oft richtete er sich plötzlich im Bett auf, rief laut »Santa Maria« und sank dann in tiefem Schlaf zurück auf das Bett.

Camillus entschied, daß wir am Freitag die spätere der beiden Fähren nehmen, weil sie nicht so überfüllt sei. Die erste Fähre mußte ein spektakulärer Anblick gewesen sein, denn schon das Deck unseres kleinen hölzernen Bootes war bis auf den letzten Quadratmeter mit Passagieren belegt. Man saß unter einer blauen Plastikplane, die Schatten spenden sollte: Mütter mit Kindern, heimkehrende Schüler und schwer einzuordnende Reisende, die nach Lamalera zurückkehrten, nachdem sie Verwandte auf Flores besucht oder in Larantuka eingekauft hatten. Camillus kannte den Kapitän, und so durften wir beide in den Steuerraum. Er sah aus wie eine Schachtel mit Schiebefenstern aus einfachem Glas, von denen die meisten zerbrochen waren. Darin befand sich ein altertümliches Steuerrad mit vielen Speichen. Beim Steuern saß der Kapitän auf einem hochbeinigen, zweckmäßig konstruierten Holzstuhl, der wie ein zu groß geratener Kinderstuhl wirkte. Doch er war immer noch nicht hoch genug für den Kapitän, daß er durch das vordere Fenster blicken konnte, deshalb hatte man ein paar Bretter über die Armlehnen genagelt. Er saß etwas wacklig auf diesem Gebilde und hielt das riesige Steuerrad, während seine nackten Füße auf der eigentlichen Sitzfläche des Stuhls standen. Um dem Maschinisten Befehle zu erteilen, mußte der Kapitän sich nach vorne beugen und an etwas ziehen, was wie ein Läufer beim Schach aussah. Es war ein Stück Holz, das an einer Leine befestigt war, die durch ein Loch im Deck nach unten führte. Dann erklang im Bauch des Schiffes eine Glocke, wobei die Anzahl der Schläge die gewünschte Geschwindigkeit angab oder signalisierte, daß der Leerlauf eingelegt werden sollte. Genauso wurde bestimmt, ob es rückwärts oder vorwärts gehen sollte. Dieses Prinzip war so zufällig, die Reaktion auf die Befehle so langsam und der Stuhl des Kapitäns so wacklig, daß ich annahm, die Fähre nach Lamalera verkehre nur bei glatter See. Das geringste Schwanken des Bootes hätte den Stuhl des Kapitäns umgeworfen.

Mit einer Reihe von hellen Glockentönen legten wir in Larantuka ab. Ich war überrascht, wie leise der Dieselmotor lief. Dann mußten noch einige Vorbereitungen getroffen werden, und der Helfer des Maschinisten tauchte auf. Es war ein Junge von sechzehn Jahren, der eine Klappe im Boden des Steuerraumes aufstieß. Das Brüllen und Klappern des alten Motors, zusammen mit einer Extraportion Dieselqualm, drang jetzt in die Kabine. Das Betanken war eine einfache Sache. Ein großes Faß, das lose auf dem Deck vertäut war, wurde geöffnet, und mit Hilfe einer alten Handpumpe wurde der Treibstoff durch einen Plastikschlauch irgendwo in den Schiffsrumpf gepumpt.

Zuerst tuckerten wir die Meerenge zwischen den Inseln Flores und Adonara entlang, dann Richtung Osten die Straße von Solor hinunter. Es war ein typischer Tag für Anfang Mai, ein klarer Sonnentag zu Beginn der Trockenzeit. Von Südost wehte eine milde Brise, und am Himmel zogen nur vereinzelt ein paar Wolken dahin. Zu unserer Rechten lagen die Berghänge von Solor, die einstmals dicht mit Sandelholzbäumen bewaldet gewesen, doch inzwischen wegen des Profits vollständig abgeholzt waren. Unterholz und Büsche hatten den Wald ersetzt. Normalerweise waren die Hänge von Solor mit grüner Vegetation überzogen, doch nicht in diesem Jahr. Es hatte schon lange nicht mehr geregnet, und demzufolge herrschte eine schreckliche Trockenheit. Es war das Jahr des El Niño. Die Hänge waren rissig und kahl, und die Hügel von Adonara zu unserer Linken sahen genauso schlimm aus. Camillus sagte mir, daß es eine Mißernte gegeben hätte und die Menschen in abgelegenen Dörfern an Hunger starben. Sie aßen schon die Rinde von den Bäumen und gruben nach Wurzeln, von denen sich sonst die Schweine ernährten.

Unsere Fähre schipperte seit drei Stunden vor sich hin, zwischendurch hatten wir einen kurzen Stopp in dem kleinen Hafen Waiwerung eingelegt, um Passagiere abzusetzen und aufzunehmen. Das war ein interessantes Manöver. Der Kapitän drehte das Steuerrad mal nach links, dann wieder nach rechts, sprang immer wieder von seinem hohen Stuhl, rannte erst auf die eine Seite des Steuerhauses, dann auf die andere, um zu sehen, wo sich das Schiff befand. Dann rief er im entscheidenden Moment einem Matrosen zu, die Heckleine auszuwerfen, um das Schiff festzumachen. »Leggo!« rief er, und dazu erklang die Glocke.

Als wir zwei Stunden später die Landspitze der Insel Lembata umfuhren, riß das Ruderseil. Gerade war der Kapitän noch dabei, den Kurs auszurichten, im nächsten Augenblick schon drehte sich das Steuerrad abwechselnd in beide Richtungen. Unser gänzlich außer Kontrolle geratenes Boot beschrieb langsam weite Kreise. Wenn das Unglück zwanzig Minuten früher passiert wäre, wären wir an den Felsen gelandet. Der Kapitän stieg von seinem Stuhl und rief nach den allgegenwärtigen Mechanikern. Die beiden begannen sofort, das Deck hinter dem

Steuerhaus freizuräumen. Es war überfüllt mit Passagieren, Koffern, Säcken und Gepäck aller Art und dazu noch mit einigen Bündeln lebender Hühner, die an den Füßen zusammengebunden waren. Die beiden legten das Deck frei, entfernten die Planken und enthüllten einen großen quadratischen Eisenblock, in dem sich die Steuervorrichtung befand, an der das Ruder befestigt war. Der Eisenkasten schwang gefährlich hin und her. Der Mechaniker mußte ihn in die Finger bekommen und festhalten, während der Kapitän versuchte, die beiden Enden des zerrissenen Ruderseils wieder zusammenzubinden. Das Seil wurde zusammengeknotet und alles wieder an seinen Platz gebracht. Bevor die Planken wieder zurückgelegt wurden, konnte ich mindestens vier weitere Knoten in dem zerfransten Seil sehen, die von früheren Zwischenfällen dieser Art stammen mußten.

Eigentlich hätte es nur noch zwei Stunden bis nach Lamalera dauern dürfen, doch wir machten noch zweimal halt. Jedesmal nahmen wir Passagiere und Fracht von kleinen Ansiedlungen an der Küste auf. Die Passagiere saßen wie Kormorane auf Pfählen, die mitten im Wasser standen, und warteten auf uns. Ihre Freunde brachten sie dann in einfachen Kanus zu uns heraus, während die Fähre im Leerlauf vor sich hintuckerte. Die Fracht war eine Sache für sich. Das erste Frachtstück war ein billiger Schrank aus Sperrholz, der auf einem Einbaum balanciert zum Schiff gebracht und dann mit Muskelkraft auf das Steuerdeck des Schiffes gewuchtet wurde, als ob es keinen anderen Platz dafür gegeben hätte. Die zweite Fracht waren fünf Säcke mit Kopra, getrocknetem Kokos, was wohl das Exportgut der kleinen Küstenansiedlung war. Die Säcke befanden sich in einem der primitivsten Einbäume, die mir je zu Gesicht gekommen sind. Es war ein einfacher Baumstamm, der kaum bearbeitet war. Unglücklicherweise war der Stamm nicht dick genug gewesen, so daß derjenige, der den Einbaum hergestellt hatte, die Bordwände mit zwei Streifen geflochtener

Palmwedel um ungefähr zehn Zentimeter erhöht hatte. Die Wände waren natürlich nicht dicht und der Einbaum mit den Säcken total überladen. So kenterte das Kanu auf halbem Weg zu unserer Fähre. Drei der Koprasäcke schwammen auf dem Wasser und wurden von einem zweiten Kanu, das schnell zu Hilfe kam, in Sicherheit gebracht. Unser hilfreicher Kapitän gab den beiden Neuankömmlingen zwei selbstgefertigte Taucherbrillen, die er von einem Haken im Steuerhaus nahm. Dann wartete die Fähre eine weitere halbe Stunde, weil die beiden herumschwammen und den Meeresgrund absuchten, bis sie die beiden fehlenden Säcke gefunden, heraufgeholt und klitschnaß an Bord gehievt hatten.

Vor Lamalera kam uns eine Gruppe kleiner schotenförmiger Boote entgegen, die wild hin und her schwankten. Jedes dieser Gebilde war mit zwei jungen Männern besetzt. Sie paddelten wie wahnsinnig in der Hoffnung, die Fahrt zum Strand und zurück zweimal zu schaffen und so doppelt soviel Geld zu verdienen. Von uns wurde erwartet, daß wir ihnen unser Gepäck und uns selbst anvertrauten. Lamalera hatte weder einen Hafen noch eine Anlegestelle, und jeder Ankömmling mußte seinen Weg durch die Brandung an den Strand machen. Hinter dem geschwungenen Strand erhob sich ein steiler Berghang. Vereinzelt lagen riesige Felsblöcke herum, die den Abhang hinuntergerollt waren. Die meisten davon waren aschgrau, einige aber auch dunkelrot wie Lava. Auf dem schmalen Stück Land zwischen dem Strand und dem Fuß des Abhangs drängten sich hinter den Bootsschuppen zwei Reihen von kleinen Häusern. Je ein Weg führte nach rechts und nach links. Der Pfad zur Rechten beschrieb eine sanfte Biegung die Bergflanke hinauf. Unterhalb davon konnte man die Schilf- und Metalldächer weiterer Häuser sehen. Der linke Pfad stieg wesentlich steiler an und endete in einer Reihe von Stufen, die in eine kleine Klippe geschlagen waren. Oben auf der Klippe sah man die ersten Häuser einer etwas höher auf einem kleinen Plateau gelegenen Ansiedlung.

Ganz unerwartet erinnerte mich dieser Anblick an ein typisches griechisches Dorf an der felsigen Festlandsküste, nur waren in Indonesien die Felsen dunkel und gelbbraun und nicht weiß. Es gab kein ebenes Stück Land, keine Anzeichen von Ackerbau, keine Straße. Der Mittelpunkt von Lamalera war ganz allein der halbmondförmige Strand aus vulkanischem Sand, ungefähr fünfhundert Meter lang. Als Camillus und ich an Land gingen, waren fünf Männer dabei, mit Holzplanken ein großes, dunkles, ziemlich furchteinflößendes Ding aus dem Weg und an den Rand des Strands zu rollen. Es war der abgetrennte Kopf eines kleinen Pottwals.

Das Haus von Guru Ben, dem Schulmeister, bei dem wir wohnen sollten, stand am Rand der kleinen Klippen. Um dorthin zu gelangen, mußten wir die Stufen hinaufsteigen und den Pfad verlassen. Danach kletterten wir über große Felsblöcke und folgten der Spur, die andere vor uns hinterlassen hatten, und den vereinzelten roten Flecken, die von zertretenen Betelnüssen stammten. Wir kamen an zwei oder drei schwarzen Schweinen vorbei, die mit Stricken durch Löcher in den Ohren angebunden waren. Jedes Tier befand sich auf einer freien Stelle zwischen den Felsen und war offensichtlich glücklich damit, obwohl diese Orte mehr Nistplätze für Seemöwen als Schweineställe waren. Hinter Guru Bens Haus befand sich ein kleiner freier Platz mit einem Banyanbaum und einer Plattform aus Bambusstäben, auf der ich sitzen und verfolgen konnte, was sich unten am Strand tat. Der junge Bootsführer, der uns an den Strand gebracht hatte, hatte uns gesagt, daß gerade erst vor einigen Tagen zwei Wale gefangen worden seien. Er behauptete, dies sei ein gutes Zeichen, denn die eigentliche Walfangsaison hätte noch nicht begonnen. Die beiden Wale waren schon aufgeteilt worden und von meinem hochgelegenen Beobachtungsplatz konnte ich etwas erkennen, das wie eine große weiße Halskette aussah und von der Brandung hin und her gespült wurde. Es war das Rückgrat eines Wales, von dem das Fleisch völlig entfernt worden war. Die Männer, die sich mit dem Walschädel abgemüht hatten, waren jetzt mit ihrer Arbeit fertig, und alles, was noch daran erinnerte, war der Geruch. Er war überwältigend. Überall hingen Stücke von Walfleisch zum Trocknen, und die tropische Hitze tat ihr Bestes. Der Gestank, der zum Haus des Schulmeisters hinaufzog, kündete von Verwesung und Tod. Ich hoffte, ich würde mich daran gewöhnen. Der Gestank war manchmal so stark, daß er richtig in der Nase stach.

Camillus bestand darauf, daß wir so schnell wie möglich dem Dorfvorsteher, dem *kapala desa*, von Lamalera B. einen Höflichkeitsbesuch abstatteten. Lamalera B. war der offizielle Name der Ansiedlung unten am Strand, Lamalera Bawa, was Niederlamalera bedeutet. Der Name der Schwestergemeinde auf dem Plateau war Lamalera A. für Atas, Oberlamalera. Die beiden Ansiedlungen hatten eigene Dorfvorsteher, eine getrennte Wasserversorgung, separat geführte Einwohnerlisten und natürlich, was besonders ins Gewicht fiel, eine unterschiedliche Höhe über dem Meeresspiegel. Jedes Dorf hatte sogar seinen eigenen Schamanen. Einige Tage später konnte ich eine außergewöhnliche Versammlung sämtlicher Fischer beider Dörfer verfolgen. Die kommende Walfangsaison sollte besprochen werden, welche Boote teilnehmen durften, wie der Fang verteilt würde und was sonst noch damit zu tun hatte. Die Fischer – es waren keine Frauen darunter – versammelten sich am Strand und ließen sich in Form eines Hufeisens nieder. Die Männer aus Lamalera A. bildeten den westlichen Teil des Hufeisens, die aus Lamalera B. den östlichen. Einige starrten finster über die Entfernung zu den anderen hinüber. Etwas zurückgesetzt saßen Seite an Seite die beiden Vorsteher. Sie waren ganz offensichtlich darum bemüht, neutral zu bleiben. Bei ihnen befanden sich die beiden Schamanen. Von den Kontrahenten, die ihre unterschiedlichen Meinungen über die freie Fläche zu den anderen hinüberschrien, wurde die Auseinandersetzung so hitzig geführt, daß Camillus mit dem Übersetzen nicht mehr nachkam. Nachdem jeder seinen Unmut losgeworden war, sprachen die beiden Vorsteher und versuchten, die Versammelten zu beruhigen. Dann standen sie zu meinem Erstaunen auf und gingen, von den beiden Schamanen begleitet, zum Wasser hinunter. Jeder trug etwas, das wie eine weiße Röhre aussah. Es waren große Wirbelknochen aus dem Rückgrat eines Pottwals. Diese Knochen wurden vorsichtig auf den Sand gelegt, und dann steckten die vier Männer ihre Köpfe zusammen.

»Was machen die da?« flüsterte ich Camillus zu.

»Sie beten zu ihren Vorfahren, damit die Ergebnisse dieses Treffens von allen anerkannt werden und es keinen Streit mehr gibt.«

»Was ist mit den Walknochen? Welche Funktion haben die?«

»Mit ihnen wird das Abkommen besiegelt, und sie dienen dazu, mit unseren Vorfahren, den Walen, Verbindung aufzunehmen.«

Camillus' Kenntnisse über die Verhältnisse auf der Insel waren nicht auf dem neuesten Stand. Der *kapala desa* von Lamalera hatte seit Camillus' letztem Besuch im Dorf gewechselt. Der Mann, zu dem er mich brachte, hatte das Amt nach dreiundzwanzig Jahren abgegeben. Er und sein älterer Freund, der auf einen Schwatz vorbeikam, sahen die Zukunft von Lamalera recht düster. Das Dorf ginge langsam zugrunde. Die jungen Leute verließen die Insel. Schon bald gäbe es nicht mehr genug Männer, um die Fangboote zu bemannen, oder ausgebildete Bootsbauer, um sie zu reparieren. Auch früher schon waren die Männer von Lamalera weggegangen. Sie waren bekannt dafür, fleißig und von der Missionsschule gut ausgebildet zu sein. Sie arbeiteten als Zimmerleute und Spengler in den Städten oder waren wie Camillus Lehrer oder Beamte geworden. Heutzutage aber verließen die jungen Leute die Insel, weil es keinen Grund mehr gab hierzubleiben. Lamalera war eine Sackgasse. Dem Dorf war eine Straße versprochen worden, die niemals gebaut worden ist. Als die Quellen versiegt waren, hatte man ihnen eine neue Wasserversorgung versprochen. Nicht ist passiert. Sie sollten Elektrizität bekommen, doch es gab noch immer keinen Generator. »Keine Elektrizität, kein Wasser, keine Straße – Versprechungen, Versprechungen, Versprechungen«, meinte der ehemalige *kapala desa* und zuckte mit den Schultern. »Der einzige Hoffnungsschimmer ist der Tourismus.«

»Tourismus?« Die Touristen kamen zur Walsaison. Ungefähr vierzig oder fünfzig jedes Jahr. Seit einiger Zeit nahmen die Fischer eine Gebühr von ihnen, wenn sie als Zuschauer bei den Walfangfahrten mitgenommen werden wollten. Mit dem Geld konnte eine Reihe der Boote wieder in Ordnung gebracht werden. Vor zwei Jahren hatte es nur noch siebzehn seetüchtige Boote und sechs mehr oder weniger verrottete gegeben. Jetzt waren drei davon wieder gut in Schuß und bereit, in See zu stechen, wann immer es eine Mannschaft dafür gäbe.

Als sie über den Walfang sprachen, tauten die beiden Männer auf. Ihre Erinnerungen waren außerordentlich präzise. Sie konnten sich gut an jeden Tag erinnern, an dem ein bestimmter Wal gefangen worden war. Sie wußten die Namen der an dem Fang beteiligten, erfolgreichen Boote. Die Namen der Boote waren ungewöhnlich und für einen Fremden häufig verwirrend. Die beiden alten Männer rasselten sie herunter wie die Namen ihrer Kinder: *Dolu Tena, Holo Sapang, Teti Heri, Kebako Puka, Soge Tena, Praso Sapang*. Der Ältere erinnerte sich an den Tag, als er sich in einer Harpunenleine verfangen hatte und über Bord gegangen war. »Unter Wasser zog ich meine Kleidung aus, um mich von der Leine zu befreien und kam dann völlig nackt an die Oberfläche. Die *Soge Tena* nahm mich auf, und man gab mir etwas zum Anziehen. Ein alter Mann namens Larga ist mit mir über Bord gegangen. Er blieb eine halbe Stunde unter Wasser und ertrank.«

»Wann war das?« fragte ich.

»Im Juni 1978. Der Wal war schwanger. *Baka Tena* und *Soge Tena* haben sich ihn geteilt.«

Im März 1993 war man um Haaresbreite einer schrecklichen Katastrophe entgangen. Ein Pottwal von besonderer Kraft und Zähigkeit hatte vier Boote mit sich gerissen, insgesamt vierunddreißig Männer, und das wäre beinahe das letzte gewesen, was man von ihnen gesehen hätte.

»Zuerst harpunierte die *Kebako Puka* den Wal, dann die *Teti Heri*«, erinnerte sich der alte Mann. »Doch sie wurden nicht mit ihm fertig. Die *Kelulus* und die *Kena Puka* kamen hinzu, um zu helfen. Auch sie harpunierten den Wal, doch das Tier war so stark, daß es alle vier Boote weit hinaus auf See zog. Nach einiger Zeit erkannte die *Teti Heri* die Gefahr und kappte die Leine. Zwei Tage und zwei Nächte später kam die *Teti Heri* alleine zurück nach Lamalera. Die anderen Boote konnten sich nicht befreien und blieben verschwunden. Der Wal schwamm immer weiter bis die *Kebako Puka* und die *Kelulus* vollgelaufen waren. Die Mannschaften kappten die Leinen und schwammen hinüber zur *Kena Puka*, die sie aufnahm. Jetzt waren drei Bootsbesatzungen in einem Boot, das immer noch von dem Wal gezogen wurde.

Schließlich kappte die *Kena Puka* die Leine, und der Wal war frei. Glücklicherweise wurde die *Kena Puka* von einem Kreuzfahrtschiff bemerkt, das sie nach Kupang auf Timor schleppte. Die Männer waren vier Tage und Nächte ohne Wasser und Nahrung auf See gewesen. Sie haben ihre Kleidung gegessen.«

»Was ist mit den beiden Booten passiert, die vollgelaufen sind?« fragte ich.

»Die mußten wir aufgeben. Später hat uns die Regierung Geld geschickt, damit wir sie ersetzen konnten.«

»Hätte die *Kena Puka* mit eigener Kraft von Timor zurückfahren können?«

»Vielleicht. Aber die Mannschaft war so geschwächt, daß eine Fähre das Boot und die Mannschaft nach Larantuka brachte und sie von dort hierher zurückfuhren. Während der ganzen Zeit haben die Frauen Tag und Nacht weinend und betend am Strand ausgeharrt und auf Nachricht gewartet. Niemand ist dabei umgekommen, und jedes Jahr bei den Feierlichkeiten zum Beginn der Walsaison am 1. Mai danken wir Gott für ihre Rettung.«

Zusammen mit Camillus ging ich den Weg am Strand entlang zurück zu Guru Bens Haus, während uns der Klang von Hammerschlägen auf Metall begleitete. Wir trafen auf zwei Männer, die mit Vorschlaghämmern auf einen Klumpen rotglühenden Metalls einschlugen. Ungefähr ein Dutzend alter Männer saß auf einer grobgezimmerten Bank und schaute zu. Das Ganze hatte einen festlichen Charakter, und mir wurde ein Glas *tuak*, Palmwein, angeboten. Jemand reichte höflich ein Tablett mit rundlichen, rosafarbenen Stücken herum, offensichtlich etwas zu essen, und gab mir zu verstehen, daß ich eines nehmen sollte. Ich nahm das kleinste Stück und steckte es in den Mund. Es war ein roher Tintenfischtentakel in Palmweinessig eingelegt. Das Fleisch war so zäh, daß ich nur die vorstehenden Saugnäpfe abbeißen konnte. Sie schmeckten wie Reifengummi. So unauffällig wie möglich nahm ich den Rest aus dem Mund und ließ ihn in einem Busch verschwinden, der zum Glück in Reichweite war. Alle paar Minuten stand einer der alten Männer auf und nahm den Platz neben zwei langen Bambusröhren ein, die aufrecht im Boden eingegraben waren. Aus dem offenen Ende jeder Röhre ragte ein dünner Bambusstock heraus. Der Alte nahm sich die beiden Stöcke und begann, wild damit zu pumpen. Sie dienten als Griffe eines primitiven Blasebalgs. Am anderen Ende der Stöcke befanden sich Ballen aus Lumpen oder Hühnerfedern, die einen Kolben formten. Während sie auf und ab glitten, preßten sie Luft durch ein Ventil in das Holzkohlefeuer. Wie sie so die Stöcke auf und ab bewegten, riefen sie in mir das Bild eines eifrigen Skilangläufers mit seinen Skistöcken wach.

Über das Feuer gebeugt stand ein großer, sehr sehniger und hagerer Mann mit kurzgeschnittenem, weißem Haar. Er erhitzte ein Stück Metall. Ich kannte die Form des Metallstücks. Der hagere Mann stellte eine Harpunenspitze her.

Sein Name war Rufinus Keraf. Er war ein berühmter Harpunierer gewesen, der sich inzwischen zur Ruhe gesetzt hatte. Nur ein Mann, der mit einer Harpune umgehen kann, weiß auch, wie man eine gute Harpune herstellt. Die Herstellung war zum Teil ein Ritual und zum anderen Schmiedekunst. Das Rohmaterial stellte ein Stück einer alten Blattfeder eines Autos dar. Die beiden kräftigen Helfer mit den Vorschlaghämmern besorgten die Roharbeit. Das Metall wurde erhitzt und geschmiedet, wieder erhitzt und geschmiedet, zusammengefaltet, dann noch einmal erhitzt und ausgetrieben, bis Rufinus damit zufrieden war. Dann steckte er das kleine Metallstück in eine Baumwurzel, die er als Griffstück benutzte, und brachte das glühende Metall mit einem kleineren Hammer in die richtige Form. Es bekam eine Spitze, eine Ecke wurde zu einem Widerhaken der Harpune, und zuletzt entstand die Schneide. Dazwischen gab es immer wieder Pausen, in denen das Metall im Feuer aufgeheizt wurde. Die alten Männer arbeiteten mit aller Kraft am Blasebalg. Ein junger, grimmig dreinschauender Mann, wortkarg und mit nacktem Oberkörper, übernahm die Arbeit, wenn Rufinus eine Pause brauchte. Es war sein Neffe, ein Harpunierer, der die Arbeit des Schmiedens lernte. Nach einer Stunde harter Arbeit war die Harpunenspitze soweit, daß sie den letzten Schliff erhalten konnte. Rufinus schmierte eine grüne Paste aus zerstoßenen Blättern darauf und steckte das Metallstück zurück in die Esse. Die feuchte Paste zischte und bildete Tropfen. Einen Augenblick lang schillerte das Metall in allen Farben, dann wurde es schwarz.

»Die Paste macht die Harpune stark«, erklärte einer der alten Männer. »Sie ist für die *Dolu Tena*. An dem Tag, als die zwei Wale gefangen wurden, verlor der Harpunierer der *Dolu Tena* die vier eigenen Harpunen und dann noch vier weitere, die von der *Nara Tena* stammten. Sie wurden alle an einen jungen Wal verloren. Das war sehr mutig, denn er hatte eine weiße Mutter.«

»Weiß?« fragte ich mit plötzlich erwachtem Interesse.

»Nun, zum Teil weiß, zum Teil schwarz«, antwortete er. »Wenn du wissen willst, was passiert ist, frag Nadu.«

Nadu, das war Bernardus Bataona, ein netter junger Mann, der auch gleich seine Ehrlichkeit bewies, indem er sagte, daß der alte Mann etwas falsch verstanden hatte. Der Wal, an den sie ihre wertvollen Harpunen verloren hatten, war eine Walkuh in Begleitung ihres Kalbes gewesen. Doch es war auch ein »gefleckter« Wal in der Nähe gewesen. Alle hatten ihn gesehen.

Nadu erzählte mir, er sei gerade mit seinem kleinen Einmannboot zum Fischen hinausgefahren, als er den Ruf »Baleo! Baleo!« hörte. Mit diesem Ruf alarmierte man das Dorf, wenn unerwartet eine Gruppe Pottwale so nah vor der Küste auftauchte, daß man sie jagen konnte. Ein Baleo war ein recht außergewöhnliches Ereignis. Einige Fischer haben ihr ganzes Leben lang nichts dergleichen erlebt. Normalerweise hielten die Boote des Dorfes vor der Küste Ausschau nach Walen, und nur höchst selten verirrte sich eine Gruppe von Pottwalen in die Bucht selbst. Der 22. April war so ein Tag gewesen.

»Überall tauchten Wale auf«, sagte Nadu. »Es waren so viele, daß ihre Rücken aussahen wie die Felsen, die bei Ebbe aus dem Wasser ragen. Die Wale kamen aus dem Westen und aus dem Osten. Unser Boot, die *Dolu Tena*, war nicht im Wasser, aber wir schoben es, so schnell es ging, hinein. Die *Nara Tena,* die *Praso Sapang,* die *Holo Sapang* und die *Demo Sapang* waren schon zu Wasser gelassen. Wir näherten uns einem Wal, und unser Harpunierer erwischte ihn. Der Wal drehte und kam sehr dicht an unsere rechte Bootsseite heran. Es war sehr gefährlich. Dann tauchte das Tier ab, aber plötzlich sah unser Harpunierer auf einmal wieder einen Wal auf der rechten Seite. Er dachte, es wäre derselbe, und verpaßte ihm eine zweite Harpune, doch das war ein großer Fehler. Der erste Wal war inzwischen auf der linken Seite, und der auf der rechten war ein zweiter. Wir hatten also zwei Wale harpuniert. Einer wollte nach Osten schwimmen, der andere nach Westen, und unser Boot würde auseinanderbrechen.

Wir riefen zur *Praso Sapang* hinüber, und sie eilten uns zu Hilfe. Wir gaben ihnen die Leine von dem zweiten Wal, damit sie sich um diesen kümmerten. Unser Wal war sehr stark, und wir hatten große Probleme. Also riefen wir nach der *Nara Tena* um Hilfe, doch der Wal zog uns so schnell, daß die *Nara Tena* nicht nah genug herankam, um ihn zu harpunieren. Sie gaben uns ihre Harpunen und drehten ab. Dieser Wal war die Mutter, und ihr Kind schwamm bei ihr. Sie zog uns auf die Landzunge zu, schlug dann aber eine andere Richtung ein, und wir bemerkten, daß sie müde wurde. Also riefen wir wieder der *Nara Tena* zu, uns zu unterstützen. Doch als die *Nara Tena* herankam, traf sie der Wal mit der Schwanzflosse und zerstörte den Bug. Jetzt konnte sie uns nicht mehr helfen. Sie kappte ihr Tau. Da wir keine Harpunen mehr hatten, banden wir ein Messer an ein Ruder und versuchten, den Wal zu erstechen. Doch der Wal hielt seine Schwanzflosse in unsere Richtung, und deswegen war es schwer, an ihn heranzukommen. Dann fuhr er mit der Flosse unter unser Boot und beschädigte es. Wasser drang ein, viel Wasser. Die *Nara Tena* kam zu uns herüber, und sie sagten uns, wir sollten das Tau kappen, weil 1993 einige Männer das gleiche Problem hatten und vom Wal hinausgezogen wurden. Einige von der Besatzung wollten das Tau kappen, andere nicht. Der Wal schwamm jetzt an der Oberfläche und war sehr müde. Alle aus der Mannschaft dachten, daß etwas nicht in Ordnung sei. Daß wir etwas nicht richtig gemacht hätten und daß wir um Gottes Segen beten müßten. Nachdem wir gebetet hatten, holten wir das Tau ein, und der Harpunierer sprang ins Wasser und hangelte sich am Tau entlang, um den Wal zu töten. Doch als er bei dem Wal war, begann das Tier sich wieder zu bewegen. In seinem Körper steckten acht Harpunen zusammen mit den Leinen. Nun dachten wir, das sei ein sehr wertvoller Wal. Der Harpunierer hangelte sich jetzt zu der dicksten Leine – es war die teuerste – und schnitt sie ab. Wir hatten die Harpune verloren, aber die Leinen gerettet. Dann ruderten wir das Boot näher heran, schnitten alle Leinen ab, und der Wal schwamm weg.«

»Weißt du etwas über einen weißen Wal?« fragte ich. »Mir wurde gesagt, es wäre auch ein weißer Wal dabeigewesen.«

»Nein«, antwortete er. »Die Mutter und das Kind hatten eine normale Farbe. Aber die ganze Zeit war ein Wal mit weißen Flecken in der Nähe. Wir glauben, es war der Mann, der Vater des Kindes, und darum kämpften die Wale so tapfer. Es war ein großer Wal, fünfzehn Meter lang, länger als unser Boot. Er war um das Maul herum weiß und hatte weiße Flecken auf dem Kopf und um die Ohren. Der Rest des Körpers war schwarz. Die anderen Boote haben das auch gesehen.«

Die *Dolu Tena* war also keinem wirklich weißen Wal begegnet, sondern etwas anderem, einem grauen Walbullen, der über seine Familie wachte.

Wenn die Leute in Lamalera glaubten, daß bereits ein teilweise weißer Wal sich durch seinen besonderen Mut auszeichnet, konnte es keinen besseren Ort für meine Suche geben. Die Gewässer, wo Nadu und seine Gefährten mit dem Wal gekämpft und verloren hatten, lagen südlich von Lamalera, zwischen Lembata und Timor. Sie sind Teil des Golfs von Ombai. In *Moby Dick* erwähnt Melville drei berühmte »Kämpfer« unter den Walen. Er hatte darüber in seinen »Walbibeln«, den Büchern von den Schiffsärzten Beale und Bennett, gelesen. Sie führen drei Pottwale an, deren wütende Ausbrüche unter Walfängern berüchtigt waren und von denen man glaubte, sie wären fast nicht zu fangen. Der erste war »Mocha Dick«. Der zweite war »Neuseeland-Tom«, ein streitwütiges Tier, dem man häufig in den Gewässern vor Neuseeland begegnete. Der dritte war der sehr gefürchtete »Timor-Jack«, dessen Namen Melville wegen des besseren Klangs der Alliteration in »Timor-Tom« abänderte. Der Golf von Ombai war »Timor-Jacks« Revier, wo er eine Reihe von Fangbooten auf den Meeresgrund befördert hatte.

Die Walfänger beteten. Sie standen auf beiden Seiten ihres Bootes, das im Schuppen aufgebockt war. Es handelte sich um neun Männer unterschiedlichen Alters, und ihre Gesichter waren dem offenen Meer zugewandt. Zwei von ihnen konnten nicht älter als fünfzehn Jahre sein. Der ernst dreinblickende Harpunierer und sein Helfer waren Anfang dreißig. Die anderen waren alte Männer, wobei in Lamalera ein Mann als alt galt, wenn er sein fünfzigstes Lebensjahr erreicht hatte. Alle waren hager. In Lamalera habe ich niemals einen fetten oder übergewichtigen Menschen gesehen. Das Leben dort ist durch Mangel und harte Arbeit geprägt.

Der Harpunierer führte die Zeremonie durch. Zuerst nahm er die Bedeckung vom Bugspriet des Bootes und legte sie vorsichtig zur Seite. Die Bedeckung bestand aus geflochtenen Blättern von ausgebleichter, brauner Farbe und war ungefähr dreißig Zentimeter lang. Offensichtlich hatte sie keinen praktischen Nutzen, denn sie schützte den Bug des Schiffes nicht. Es war eher ein symbolischer Akt, denn alle anderen Boote in den Schuppen trugen eine ähnliche Hülle, mit der in der gleichen, fast rituellen Art verfahren wurde. Als nächstes holte der Harpunierer eine alte Limonadenflasche aus dem Boot, die mit einem Korken verschlossen war. Er öffnete sie, um das Boot und die Mannschaft mit Weihwasser zu besprenkeln. Dann bekreuzigte er sich, sprach ein Gebet und schlug abermals das Kreuz. Hinter ihm wiederholte die Mannschaft das gesamte Ritual. Sie drehten sich zum Boot und entfernten die Stützpfosten, die es in der Waage hielten. Dann bückten sich alle neun zum Boot herunter. Sie knieten wie in Startposition, eine Schulter gegen den Rumpf, ein Arm gerade nach unten gestreckt und die Hand in den Sand gepreßt, um nicht umzufallen. Mit zwei kurzen Grunzlauten gab einer der älteren Männer das Signal. Die Mannschaft stemmte sich gegen das Boot. Es bewegte sich nicht vom Fleck. Die Männer verstärkten ihre Anstrengungen und schaukelten das Boot von der einen Seite auf die andere, um es freizubekommen. Knirschend bewegte sich der Rumpf auf den zerborstenen Ästen, die man unter den Kiel gelegt hatte, damit er nicht in den weichen Sand sinkt, nach vorne. Dann glitt das Boot mit einem Ruck zehn Schritte weit vor und blieb stecken. Die Männer machten eine Pause, richteten sich auf, um ihre Rücken zu strecken, und schauten nach rechts und links.

Nacheinander wurden die Boote aus den Schuppen geschoben. Die Leiterplattformen für die Harpunierer sahen aus wie die Hörner prähistorischer Tiere. Jedes Boot war anders. Ein Kenner konnte wesentliche Unterschiede in der Bauweise ausmachen: ein niedriger Bug, eine besondere Biegung des Rumpfes oder eine andere Eigenheit des jeweiligen Bootsbauers. Dem weniger geübten Beobachter fielen andere Unterschiede ins Auge. Jedes Boot war entsprechend der Tradition und des Geschmacks des Eigentümers verziert. Einige Holzrümpfe trugen nur ein stilisiertes Auge, den Oculus, am Bug, oder die oberste Planke des Rumpfes war einfarbig – meist weiß – gestrichen. Hinzu kam der Name des Bootes in Rot auf gelbem Grund. Die *Kelulus* war eines der Boote, die nur eine weiße Planke hatten, während der restliche Rumpf lederbraun war. Ihr Oculus war in ein geschmackvolles Gemälde von gelben und grünen Früchten eingebettet, was dem Boot etwas Festliches verlieh. Kurze rosafarbene und weiße Bänder hingen von den Plankennähten herab. Die *Teti Heri* sah ziemlich mitgenommen aus. Ihr Anstrich war verblichen und abgeblättert. Die *Kopo Paker* hatte einen hübschen, in frischem Grün gestrichenen Rumpf, ein braunes Krokodil hinter dem Oculus und auf dem Bug ein kleines Maul mit scharfen weißen Zähnen. Auf zwei Booten waren Seeungeheuer abgebildet. Einmal der mit Reißzähnen bewaffnete Kopf eines Seedrachens, der gerade den Mond verschluckt, und das andere Mal eine Seeschlange mit Köpfen an beiden Enden des Körpers, die sich aus dem blauen Ozean reckt und um den Vulkan schlängelt, der sich hinter Lamalera erhebt. Diese

Bilder stellen Insignien der Familien, Phantasiegebilde oder lokale Sagen dar.

An diesem Tag waren es vierzehn Boote, die das sanfte Gefälle des Strands hinuntergeschoben wurden. Die Leute trafen sich alle am Ufer und reihten sich an der besten Stelle, wo man sie zu Wasser bringen konnte, auf. Die Kinder, die zu klein waren, um mit auf Fang zu gehen, und die sehr alten Männer hoben die Äste hinter dem Boot auf, trugen sie nach vorne und warfen sie wieder vors Boot. Nun bückte sich die Mannschaft wieder und drückte mit ihren Schultern gegen das Boot. Sie strengte sich an und stemmte sich gegen das Gewicht. Nackte Füße gruben sich in den schwarzen Sand. Es war eine Knochenarbeit, und heute abend würde es noch schlimmer werden, wenn das Boot zurück war und von der geschwächten Mannschaft den Strand hinauf in den Bootsschuppen gehievt werden mußte. Ich fragte mich, warum sie keine Winde am Strand installierten und sich damit die Arbeit einfacher machten. Oder warum noch niemand ein paar Stangen Dynamit genommen und die Felsen, die teilweise die Landungsstelle blockierten, in die Luft gejagt hatte. Doch das war nicht die Art, wie die Männer in Lamalera dachten. Seit undenkbaren Zeiten hatten sie an jedem Tag der Fangsaison ihre sechs bis sieben Tonnen schweren Boote per Muskelkraft den Strand hinunter und bei ihrer Rückkehr wieder in den Schuppen gebracht. Vielleicht lag in dieser Anstrengung ein symbolischer Wert. Vielleicht würden sie ohne diese Anstrengung keine Beute auf dem Meer finden.

Die Boote dümpelten im Wasser. Das regelmäßige Auf und Ab der Wellen erforderte ein genaues Timing. Die Mannschaft des ersten Bootes stand knietief im Wasser und hielt das Boot, das sich mit jeder Welle hob und senkte, fest. Der Harpunierer kletterte ins Boot und nahm seinen Platz am Bug ein. In seinen Händen befand sich ein langer Bambusstab, dessen Ende er tief in den Sand gebohrt hatte, und er bemühte sich, den Bug nach vorne ausgerichtet zu halten. Die Männer am Rumpf erkannten die Chance. In der kurzen Pause zwischen zwei kleineren Wellen schoben sie ihr Boot an und sprangen hinein, bevor es sich aufbäumte und zurückgeworfen wurde. Sie schnappten sich ihre Paddel und führten sie ins Wasser. Der *lama uri*, der Steuermann, war der letzte, der an Bord kam. Er setzte sein Steuerpaddel am Heck ins Wasser und übernahm die Kontrolle. Die Paddler brachten das Boot über die Wellen hinaus in die ruhige See vor der Brandung. Der Harpunierer legte seine Stange aus der Hand und nahm sich auch ein Paddel. Bis zu den Fanggründen waren es fünf Meilen.

Die Mannschaft der *Sili Tena*, die zur Familie Bataona gehört, bestand darauf, daß Camillus und ich schon ins Boot stiegen, bevor es zu Wasser gebracht wurde. Ich saß da und fühlte mich nutzlos, während sich die Mannschaft abmühte, das Boot durch die Brandung zu bringen. Aber es war besser, sie ihre Arbeit tun zu lassen, als sie mit dem Versuch, zu helfen, noch zu behindern. Für sie war dieser Vorgang Routine, die sie jeden Tag erledigten. Aber es gab trotz ihrer Anstrengung keine Gewähr dafür, daß sie etwas fingen. Das Boot zu Wasser bringen, die Suche nach Beute und das abendliche Landen der Boote waren die immer wiederkehrenden Abläufe ihres Arbeitslebens.

Ich betrachtete mir das Boot genauer. Es war ein Relikt aus einer anderen Zeit, so schien es mir. Es gab kein Deck. Der niedrige Rumpf war aus kurzen Planken gefertigt. Schnüre aus Palmfasern oder alte Angelleinen hielten sie zusammen. Damit war eine Planke an der anderen befestigt oder wurde von weiteren Schlingen an einer Reihe von schlecht gearbeiteten Spanten und Streben aus einheimischen Hölzern an ihrem Platz gehalten. Das Boot war knapp über zehn Meter lang und in der Mitte gut zwei Meter breit. Man hatte keine überflüssige Arbeit auf Verzierungen verwendet. Die Planken waren roh und gesplittert. Kein Schiffszimmermann hatte sich die Mühe gemacht, die Dwarsbalken, auf denen wir jetzt ziemlich unbequem saßen, abzuhobeln. Das Ganze sah ziemlich provisorisch und behelfsmäßig aus. Doch dieser Eindruck täuschte. Wenn man genauer hinsah, zeigte sich, daß der gesamte Rumpf sehr sorgfältig gearbeitet war. Die Teile waren perfekt zusammengefügt, obwohl keines dem anderen glich. Dieses Boot war stabil genug, um den Kampf mit dem größten Tier auf der Welt, das man überhaupt jagen konnte, aufzunehmen. Die Boote von Lamalera hatten nichts mit den wendigen Fangbooten der europäischen und amerikanischen Walfänger gemein. Diese hatten sich auf ihre Schnelligkeit und Beweglichkeit verlassen, und die geringste Berührung mit der Schwanzflosse eines Pottwals hatte sofort zu einem Leck in ihren zwei Zentimeter dicken Zedernplanken geführt. Auch die Boote von Lamalera waren verwundbar – kein Holzboot könnte den Schlag einer Pottwalschwanzflosse unbeschadet überstehen –, doch bei ihnen stand etwas anderes im Vordergrund: Sie waren auf das Überleben ausgelegt. Sie hielten den schweren Schlägen eines wütenden Wals stand, selbst wenn sie bis zur letzten Planke durchgeschüttelt wurden und Stücke des Rumpfes verloren, konnten sie sogar nach notdürftigen Reparaturen auf See den Kampfplatz verlassen und nach Hause zurückkehren. In der Sprache Indonesiens nannte man die Boote *peledeng*, doch die Einwohner von Lamaholot bezeichneten sie als *tena*.

Die Abschlußplanke neben mir wies seltsame Einkerbungen an ihrer Oberseite auf. Sie hatte Risse und Scharten, als ob sie mit einer riesigen Raspel bearbeitet worden wäre. Einer der vor mir sitzenden Männer bemerkte meinen Blick, beugte sich zur Seite und machte mir mit bedeutungsvollen Gesten klar, warum die Planke so mitgenommen war. Ein Pottwal hatte sie mit seinem Unterkiefer bearbeitet.

»Hollahe! Hollahe! Hollahe!« sang die Mannschaft. Bei jedem Paddelschlag beugten die Männer ihren gesamten Oberkörper nach vorne und führten die Paddel mit einer kurzen, ruckartigen Bewegung durchs Wasser. Immer wenn sie das Blatt an sich vorbeiführten, drückten sie den Ellenbogen nach innen und schlugen mit dem Griff gegen die Bordwand. Es klang wie ein gigantisches Metronom. »Hollahe! Hollahe! Hollahe!« Zuerst der ruckartige Paddeleinsatz, dann eine Pause, in der sich die Männer aufrichteten, während das Boot nach vorne glitt, dann wiederholte sich das Ganze mit einem weiteren Paddelschlag, es folgte der Schlag gegen die Bordwand, das Herausziehen des Paddels aus dem Wasser und danach eine weitere Pause. Die Frequenz der Paddelschläge blieb nicht gleich. Ungefähr alle zwanzig Schläge rief der Vorsänger den Refrain schneller: »Hollahe! Hollahe! Hollahe!« und die Mannschaft machte eine Reihe von schnell aufeinanderfolgenden Paddelschlägen ohne Pause dazwischen. Ich nahm mir ein Paddel und machte mit. Es dauerte kaum zehn Minuten, dann hatte ich keine Kraft mehr im Arm. Doch die Männer von Lamalera, die von klein auf an das Schwingen und Eintauchen der Paddel gewöhnt waren, konnten dies Tempo Stunden um Stunden aufrechterhalten.

»Hollahe! Hollahe! Hollahe!« Das Lied schallte über das Wasser. Dreizehn weitere *tena* fuhren im selben Rhythmus des Paddelschlags, und die Männer sangen das gleiche Lied, während sie hinausfuhren. Wir paddelten eine halbe Stunde, bis wir die erste leichte Brise spürten und die Männer ihre Paddel weglegten. Die jüngeren Mannschaftsmitglieder standen auf und begannen, die Seile zu lösen, mit denen der vertäute Mast und das Segel in der Mitte des Bootes festgemacht waren. Das Segel war nicht aus Tuch, sondern aus Palmwedeln. Sie waren zu Matten geflochten, dreißig Zentimeter im Quadrat, die jeweils aneinandergeheftet waren wie bei einer großen Steppdecke. Der Mast bestand aus zwei langen, dicken Bambusstämmen, die oben zusammengebunden waren. Die Mannschaft setzte die beiden unteren Enden in die Halterungen an einem Dwarsbalken. »Satu, dua, tiga!«, eins, zwei, drei und der Mast wurde aufgerichtet, bis er v-förmig über dem Boot aufragte. Der Harpunierer befestigte die vordere Halteleine, der Steuermann die hintere, und nun stand der Mast von alleine. »Satu, dua, tiga!« und die Seeleute zogen das Palmwedelsegel auf, das sich wie ein Rollo abrollte. Ein paar abgebrochene Stücke der Palmwedel wurden von der leichten Brise weggeblasen und landeten, vom Rückenwind getrieben, sanft auf den Wellen. Das Segel hing fast unbewegt, nur eine kleine Ausbuchtung zeigte uns, daß etwas Wind ging. Einer befestigte die Falleine. Die Männer begaben sich wieder auf ihre Plätze, die Paddel wurden verstaut, und alle saßen stumm da, die Köpfe gesenkt. Einer der alten Männer sprach ein Vaterunser. Die Mannschaft wiederholte gemeinsam: »Amen«. Dann streckte sich jeder und machte es sich gemütlich, nachdem man sich gegenseitig formell einen »Guten Tag« gewünscht hatte. Der alte Mann auf der Ruderbank hinter mir drehte sich eine Zigarette und reichte seinen Tabaksbeutel nach vorne zu einem Gefährten. Der Steuermann im Heck nahm eine Position ein, in der er nach hinten und zur Seite blicken konnte. Einer der älteren Männer stand auf, hielt sich an einem Mastfuß fest und schaute wie ein Ausguck über das Meer. Der Harpunierer kontrollierte seine Harpunen, lehnte sich mit dem Rücken an den anderen Mastfuß und beobachtete das Meer vor sich. Er hatte die schärfsten Augen. Die *Sili Tena* glitt dahin. Die Walfänger hatten ihre Positionen eingenommen. Es fehlte nur noch die Beute.

Diese Vorbereitung war in allen Booten der kleinen Flotte die gleiche. Die Schiffe bildeten einen Halbkreis, dessen lichte Weite mindestens eine Meile betrug. Die Harpunierer hatten normalerweise auch die Stellung eines Kapitäns. Sie entschieden, wann das Boot den Kurs wechseln oder umkehren sollte, wann man das Segel einholte, weil vollkommene Flaute herrschte, und wann wieder gepaddelt werden mußte. Rein formell gesehen, hatten sie keine Befehlsgewalt. Es war aber einfach so, daß der einzige Zweck des Tagewerks darin bestand, den Harpunierer nahe genug an die Beute zu bringen, damit er zuschlagen konnte. Es dauert Jahre, Harpunierer zu werden.

Am Strand hatte ich kleine Jungen, sechs oder sieben Jahre alt, gesehen, wie sie mit Bambusstöcken spielten. Sie kletterten auf die Felsen und standen dann dort in der konzentrierten Haltung des *lama fa*, des Harpunierers. Sie warfen den Stock, sprangen wie ein Harpunierer hinterher in den Sand, holten sich ihren Stock wieder, kletterten auf den Felsen und wiederholten den ganzen Vorgang immer und immer wieder. Jedes Kind spielte für sich alleine die Rolle des einsamen Harpunierers, des Helden ihrer imaginären Welt. Möglicherweise wurden sie zwanzig Jahre später zu wirklichen Helden. Dazu mußten sie schon als Jungen, deren erste Aufgabe darin bestand, mit einem Bambusrohr das Wasser aus der leckenden Bilge zu schöpfen, hinausfahren. Danach wurde ihnen erlaubt, sich um die Seile zu kümmern und das Segel zu bedienen. Nach weiteren fünf oder sechs Jahren war vielleicht eines Morgens der *lama uri*, der Steuermann, krank und nicht dabei, wenn das Boot zu Wasser gebracht wurde, dann konnte der junge Mann das Steuer übernehmen. Noch ein paar Jahre später hatte er es vielleicht bis zum Assistenten des Harpunierers gebracht. Dann war er für die Ausführung der Anweisungen des Harpunierers verantwortlich, die dieser während der Jagd dem Steuermann gab, und hatte sich um die Harpunenschäfte zu kümmern, mußte dem Harpunierer die richtige Harpunenspitze reichen und sich um die Leine kümmern, die über die Bordwand lief, wenn der Pottwal die Flucht ergriff. Schließlich mochte der Tag kommen, an dem ihn der Besitzer des Bootes aufforderte, selbst die Harpune in die Hand zu nehmen. Dann endlich war der Tag gekommen, wo er seine Chance bekam, selbst einen Wal zu erlegen, mit demselben Wurf und demselben Sprung, den er als kleines Kind am Strand auf einem Felsen geübt hatte.

Auf der *Sili Tena* holte der alte Mann neben mir eine dünne Angelschnur mit einem kleinen Haken hervor. Er befestigte eine Faser eines Palmblattes daran und warf die Schnur aus. Ein paar Minuten später holte er einen Fliegenden Fisch ein, der den Köder geschluckt hatte. Vorsichtig nahm er den Fisch vom Haken und benutzte ihn als Köder an einem größeren Haken mit dickerer Schnur. Wieder warf er die Leine aus, und sie schwamm im Kielwasser des Bootes. Er hoffte, einen Schwertfisch oder vielleicht einen Thunfisch zu fangen. Doch das war nur eine kleine Abwechslung. Die *Sili Tena* hoffte auf größere Beute. Die Männer lehnten sich zurück und warteten.

Wie vorherzusehen war, herrschte Stille. Vierzehn *tena* verteilten sich nahezu bewegungslos auf der glatten Oberfläche des Meeres. Ich hatte damit gerechnet, daß dieselbe atemlose Stille herrschen würde wie im Wald, wenn Jäger auf das Wild warteten. Und genau wie die Jäger nach Geräuschen des Waldes horchten, lauschten die Mannschaften der *tena* auf die Botschaften des Meeres. Unter Wasser und an der Meeresoberfläche breiten sich Geräusche klarer und weiter aus als an Land. Im Hintergrund hörte ich das leise Tuckern eines Motors. Erstaunt fragte ich, welches Boot einen Motor hätte. Keines hatte einen. Man sagte mir, das Geräusch käme von einem großen Öltanker, *minyak kapal*. Er war außer Sichtweite, weit hinter dem Horizont, vielleicht zwanzig Meilen entfernt. Doch die Fischer wußten, daß er dort war und sich auf seiner üblichen Route zwischen Australien und Japan befand.

Um uns herum war das vereinzelte Hüpfen und Platschen der Fliegenden Fische zu vernehmen. Sie sprangen aus der spiegelglatten Oberfläche des Wassers, manchmal einzeln, häufiger aber zwei oder drei gleichzeitig. Jedes Tier nahm seine eigene Richtung, flatterte mit den »Flügeln« und versprühte das Wasser um sich. Ein sanftes Platschen begleitete die Landung.

Während ich sie beobachtete, wurde ihr Flug plötzlich durch einen tiefen Strudel unter Wasser gestört. Die mächtige Bewegung stammte von einem Schwertfisch.

Auf einmal ertönte, hundert Meter entfernt, eine hohle, dumpfe Erschütterung. Ein Teufelsrochen mit eineinhalb Metern Spannweite war wie ein fliegendes Bettuch aus dem Wasser geschossen und wieder ins Meer zurückgefallen. Zwei Minuten später hörte man ein tieferes Platschen, lauter, klarer und schärfer. »Pari«, ein Manta, murmelte einer aus der Mannschaft mit einem Anflug von Befriedigung in der Stimme. Mantas sind nach den Pottwalen die beliebteste Beute der Harpunierer. Jedes Geräusch der Meerestiere war für die Mannschaft so eindeutig zuzuordnen wie Vogelrufe für einen Ornithologen.

Plötzlich erhob sich ein aufgeschreckter Schwarm Fliegender Fische aus dem Wasser. Mehr als zwanzig schossen in die Höhe und hinter ihnen, gut über einen Meter aus dem Wasser heraus, erhob sich die muskulöse, silberne Silhouette eines Thunfisches, dessen lange, dünne Rückenflosse und scharfe Schwanzflosse wie Messerschneiden wirkten. Der große Fisch schnellte hoch über die Wasseroberfläche, beschrieb einen weiten Bogen und verschwand mit dem mächtigen Platschen seiner fünfzig Kilogramm.

Das Meer lebte. Knapp unter der Oberfläche trieben lange Planktonstränge, dreimal so dick wie ein Python, langsam dahin. Das Wasser war eine dünne, braune, organische Suppe. Eine Flossenspitze schwamm vorbei und verschwand wieder auf ihrer ziellosen Suche: ein kleiner Hai.

Jetzt war ein lautes Geräusch zu vernehmen, als ob eine Herde von Pferden durch einen Fluß galoppieren würde. Dieses Geräusch hielt gleichbleibend und unverändert an, daß ich mich fragte, welches Tier so unbefangen sein könnte, seine Gegenwart auf diese Weise kenntlich zu machen. »Lumba, lumba«, war die Erklärung. Eine jagende Delphinschule von mindestens fünfzig Tieren, die sprangen, das Wasser aufpeitschten und dabei kurze Grunzlaute ausstießen wie eine Horde Wildschweine im Unterholz. Das Geräusch hielt etwa zwei Minuten lang an, während die Tiere hin und her schwammen, – und dann, ganz plötzlich, waren sie weg.

»Uuummmph«, tief und mächtig, ein deutliches Ausstoßen von Luft, und eine Gischtsäule erhob sich keine fünfzig Meter von uns entfernt aus dem Meer. Es folgte das langsame Auftauchen eines großen, achtzehn Meter langen Körpers. »Kelaru«, erklärte der alte Mann neben mir. Bartenwal. Es war ein Finnwal oder ein Blauwal. Auf den ersten Blick ist das schwer zu sagen. Diese Tiere ernähren sich von Plankton. Mit tiefen Atemzügen schwamm der große Wal an der Oberfläche und kümmerte sich nicht um die Boote. Die Mannschaften würdigten ihn keines zweiten Blicks, denn sie jagen keine Bartenwale. Sie jagen nur Zahnwale: Pottwale, Pilotwale und Killerwale. Camillus hatte mir schon erzählt, daß eine der Familien von Lamalera glaubt, ihre Vorfahren seien auf dem Rücken eines Bartenwals nach Lamalera gelangt. Dieser Familie war es verboten, Bartenwale zu jagen, und in einem Akt der Solidarität beachteten auch die anderen Familien dieses Tabu. Der große Bartenwal, den ich inzwischen als Blauwal identifiziert hatte, nahm ein halbes Dutzend tiefer Atemzüge und tauchte dann langsam ab, wobei er seine breite Schwanzflosse hob, als er unter der Wasseroberfläche verschwand. Zehn Minuten später kam er fast an der gleichen Stelle wieder hoch, beschrieb ein paar Kreise, holte Luft und weidete den Krill ab. Er blieb fast eine Dreiviertelstunde an dieser Stelle, offensichtlich war er ein Einzelgänger.

Plötzlich stieß der Harpunierer einen tiefen Laut aus. Er hatte etwas gesehen. Die Bootsmannschaft erwachte zum Leben. Der Harpunierer stand kerzengerade auf dem Boot und schaute angestrengt auf einen Punkt steuerbords, ungefähr dreißig Meter entfernt. Die Mannschaft war jetzt hellwach und griff nach ihren Paddeln. Doch der Harpunierer hob warnend die Hand, bedeutete ihr, abzuwarten und sich still zu verhalten. Die Männer brauchten ihn nicht in Position zu paddeln, denn die Beute, was immer es war, schwamm in Richtung Boot. »Io«, Hai, sagte der Harpunierer leise. Sein Assistent beugte sich nach unten und suchte die passende Harpunenspitze aus. Er befestigte sie an dem Bambusschaft mit dem richtigen Gewicht und der richtigen Länge und reichte das Gerät dann dem

Harpunierer, der inzwischen ein Stück auf die Plattform hinausgeklettert war. Nicht ganz bis nach vorne, denn es war zu erwarten, daß der Hai dicht am Boot vorbeischwimmen würde. Der Harpunierer hob die Harpune; er hielt sie fast senkrecht.

Dann stieß er zu. Das Wasser wurde mächtig aufgewühlt. Die Harpunenleine rollte dröhnend über die Bordwand ab. In der Hand des Harpunierers befand sich nur noch der Bambusschaft. Die metallene Harpunenspitze hatte sich, wie erwartet, gelöst. Alles war nach Plan gelaufen.

Der Hai gab schnell auf. Innerhalb von ein paar Minuten kam er direkt vor dem Bug des Bootes an die Wasseroberfläche. Der Harpunierer war bereit. Er wartete einen Augenblick, dann stieß er mit der Harpune zu, an der sich jetzt eine neue Spitze befand, und sicherte das Tier mit einer zweiten Leine. Jetzt hatte der Hai keine Chance mehr zu entkommen. Er ruckte vor und zurück, tauchte kurz, aber die Halteleinen gaben ihm kaum Spielraum. Die Bootsmannschaft hatte ihre Plätze auf den Ruderbänken verlassen und war bereit, mit Hand anzulegen. Der Hai wehrte sich und riß dabei zuerst den Kopf, dann den Schwanz aus dem Wasser. Ich stellte fest, daß es ein Hammerhai war – die Mannschaft hatte es schon vom ersten Augenblick an gewußt. Es war ein ziemlich großes Exemplar, ungefähr drei Meter lang. Das Tier war noch sehr beweglich und immer noch gefährlich. Der Harpunierer und sein Assistent zogen den Hai an der Bootswand entlang Richtung Heck. Die peitschende Schwanzflosse wühlte das Wasser auf. Die Mannschaft zeigte weder Eile noch Panik. Ein gut gezielter Lanzenstoß schwächte das Tier noch weiter. Als sich der Hai mittschiffs befand, wurde er an den Harpunenleinen näher zum Boot gezogen, und zwei aus der Mannschaft beugten sich hinaus. Das Boot legte sich zur Seite, und ich begriff, wozu der Bambusstamm, der mit drei Querhölzern am Schiffsrumpf angebracht war, gut war. Rein technisch gesehen war es ein Ausleger, der das Boot vor dem Kentern bewahren soll. Doch seine wesentliche Funktion bestand, wie ich jetzt sehen konnte, darin, den wertvollen Bootsrumpf vor den Attacken eines Hais, eines Mantas oder eines Wales zu schützen. In diesem speziellen Fall war er auch hilfreich, als es darum ging, den Hammerhai an Bord zu hieven. Als das Boot ein Stück beidrehte, lehnten sich zwei Männer hinaus und packten den Hammerhai am Kopf. Sie mußten exakt den richtigen Moment abpassen, sonst hätten sie möglicherweise eine Hand zwischen den zuschnappenden Kiefern verlieren können. Sie benutzten den ausladenden Kopf des Hais wie einen Griff und zogen ihn halb über den Ausleger ins Boot hinein. Der Harpunierer nahm ein langes schmales Messer und durchtrennte das Rückgrat. Der Hai sackte zusammen und wurde endgültig ins Boot geholt. Er rutschte in die Bilge, doch sein Körper war so groß, daß er nicht zwischen die Spanten des Rumpfes paßte. Die Mannschaft der *Sili Tena* war offensichtlich zufrieden mit sich. Der Fang bedeutete Nahrung für ihre Familien.

»Gibt es hier viele Haie?« fragte ich den Assistenten des Harpunierers. Er schüttelte den Kopf.

»Auch nicht, wenn man einen Wal gefangen hat? Werden sie nicht durch das Blut im Wasser angelockt?«

»Früher kamen oft Haie, wenn wir dabei waren, den Wal zu zerlegen«, wandte einer der älteren Männer ein. »Aber heute nicht mehr. Wir sehen keine Haie, selbst wenn das Wasser voller Blut ist. Nicht, seit die ausländischen Fischerboote da sind. Die arbeiten weit draußen, mit langen Leinen, und nun sind die Haie weg.«

»Und wie steht es mit Walhaien?«

»Manchmal treffen wir auf welche. Sie sind einfach zu fangen. Wir nennen sie Io bodo', den dummen Hai, weil sie nicht fliehen.«

»Und Pottwale? Gibt es jetzt mehr oder weniger als früher?«

»Letztes Jahr hat das ganze Dorf nur neun Pottwale gefangen und davon sechs an einem einzigen Tag. Es war kein gutes Jahr. Aber wir haben viele Pottwale gesehen, wir konnten sie nur nicht fangen. Wir hatten kein Glück.«

»Wenn über Pottwale gesprochen wird«, so hatte mir Camillus glücklicherweise vorher erklärt, »dann wird die Mannschaft sie nicht Wale nennen. Das bringt Unglück. Entweder sprechen sie nicht direkt über Wale, oder sie benutzen andere Bezeichnungen dafür. Manchmal nennen die Männer sie einfach ›Fische‹ oder ›unsere Ahnen‹ oder etwas anderes in dieser Richtung. Es gibt noch viele andere Begriffe, die an Bord nicht benutzt werden dürfen. Sie sagen nie, daß sie Kurs auf das Land oder das Dorf nehmen, sie sagen Richtung Kirche oder weg von der Kirche. Paddeln wird als ›mit dem Löffel essen‹ bezeichnet. Die Fischer sind davon überzeugt, so reden zu müssen, wenn sie einen Wal fangen wollen. Wenn sie nicht die richtigen Worte wählen, oder wenn es Streit oder Unstimmigkeiten zwischen den Männern im Boot gibt, dann merkt das der Wal und bleibt weg.«

Der Hammerhai war, abgesehen von den Fliegenden Fischen, der einzige Fang der gesamten Flotte an diesem Tag. Die Mannschaft eines in der Nähe befindlichen Bootes griff auf den Ruf ihres Harpunierers hin zu den Paddeln und beschleunigte ihr Boot in die von ihm angegebene Richtung. Doch die Beute war weggetaucht, bevor sie nahe genug heran waren. Die älteren Mannschaftsmitglieder der *Sili Tena* sagten, es sei ein Manta gewesen.

Gegen ein Uhr machten wir uns auf den Rückweg. Als ob sie auf den Befehl eines einzelnen Kommandeurs hörten, drehten alle *tena* gleichzeitig bei und nahmen Kurs auf den langen, mühsamen Weg zurück zum Strand. Seit neun Uhr herrschte eine leichte Brise, und in der Tropensonne sah die Flotte mit ihren sattgelben Segeln beeindruckend aus. Doch das Glück war nicht mit uns, und als die Flotte noch drei Meilen von zu Hause entfernt war, legte sich der Wind. Schlimmer noch, die Gezeiten hatten gewechselt, und die vierzehn Boote mußten gegen die auslaufende Ebbe gepaddelt werden. Auf der *Sili Tena* holte die Mannschaft das nutzlos gewordene Segel ein, verstaute den Mast und griff zu den Paddeln. Seit fast acht Stunden hatten die

Männer nichts gegessen oder getrunken, und noch mindestens eine Stunde harter Knochenarbeit lag vor ihnen. Doch sie waren gelassen und nahmen es unbeirrt hin. Erst begann einer der älteren Männer, dann stimmte der nächste das lange, wehmütige Lied an, das den Rhythmus für die Paddler vorgab. Jedermann an Bord des *tena* kämpfte gegen die Strömung, indem er ohne Unterlaß das Paddel ins Wasser tauchte, und ließ nicht nach, bis wir in Sichtweite des Ufers gekommen waren. Hier, westlich vom Dorf, schützte uns eine Landzunge vor den schlimmsten Kräften der Strömung, und das Boot kroch manchmal beängstigend nah an den Felsen weiter Richtung Heimat. Die Wellen brachen an den Felsen und bildeten Strudel. Ein paar Mal glaubte ich schon, es würde uns erwischen. Doch unser *lama uri* verstand sein Geschäft. Sein Gesicht war zerfurcht wie eine Walnuß, doch er war widerstandsfähig und wettererprobt wie sein lederner Buschhut, den er wahrscheinlich von einem Touristen erhalten hatte. Jedes Mal, wenn eine Welle die *Sili Tena* fast gegen einen Felsen drückte, schaute ich ihn mit hochgezogenen Augenbrauen an. Er grinste mit seiner Zahnlücke verschwörerisch zurück, bewegte sein Steuerpaddel und vermied die nächste, unausweichlich erscheinende Kollision. Ich mußte selbst grinsen, als er eine halbe Meile vor dem Strand das Boot an einer Stelle, wo es gefährlich auf und nieder hüpfte, zum Stillstand brachte, während wir, um es dort zu halten, mit halber Kraft weiterpaddelten. Der Harpunierer und sein Assistent wollten an Land schwimmen. Sie hatten ein paar Kinder am Strand gesehen, die kleine, an Palmen angebrachte Behälter einsammelten, mit denen der Saft für den *tuak* aufgefangen wurde. Die beiden Männer sprangen ins Wasser, kauften zwei Flaschen Palmwein und schwammen, ihre Errungenschaft über dem Kopf haltend, zurück zum Boot. Der *tuak* wurde unter der Mannschaft verteilt, der Gesang hob wieder an, und eine halbe Stunde später landeten wir mit der *Sili Tena* am Strand von Lamalera.

Die Menschen waren ans Wasser gekommen, um uns dabei zu unterstützen, das Boot an Land zu bringen. Etwa ein Dutzend Helfer schoben die *Sili Tena* langsam den Strand hinauf, zurück in den Schuppen. Danach rannten sie wieder zum Wasser und halfen dem nächsten Boot bei der Landung. Die morgendliche Mühsal wiederholte sich, doch jetzt waren dreimal soviel Leute nötig, um die leichte Steigung zu meistern. Angesichts dieser Mühen versuchte ich abzuschätzen, was die Leute dafür bekamen. Der Hammerhai der *Sili Tena* war in Windeseile zerlegt und unter der Mannschaft verteilt worden. Nicht das kleinste Stückchen war übriggeblieben. Ein kleines Mädchen mit einem Blechtablett lief den Strand entlang nach Hause. Darauf lag der Kopf des Hais. Die anderen Boote hatten nur die Fliegenden Fische heimgebracht, die sie als Köder benutzt hatten. Die unansehnlichen schlaffen Fische wurden jetzt vorsichtig von den Haken gelöst und zum Essen mit nach Hause genommen. Ich schätzte, daß die gesamte Flotte nicht mehr als sechzig Fliegende Fische gefangen hatte. Das war alles, was sie nach acht Stunden auf dem Meer und dem Einsatz von mehr als hundert Männern aufweisen konnten.

Der Schmied der Harpunenspitzen erhielt seinen Anteil am Fang. So ist es Brauch. Heute war dies Rufinus Keraf, der ehemalige Harpunierer, den ich tags zuvor in seiner Schmiede beobachtet hatte. Vor seinem Haus hatte Rufinus zwei Walrippen aufgestellt, die einen ausgebleichten weißen Bogen bilden. Drinnen baumelten hölzerne Modelle von Mantas von den Dachbalken und der getrocknete Kopf eines großen Hais, die Kiefer sperrangelweit offen.

Aus der Nähe wirkte Rufinus noch hagerer als in der Schmiede. Seine Wangen und Schläfen waren eingefallen, und seine Haltung war noch gebeugter, als es mir zuerst schien. Wenn er sprach oder seinen Kopf bewegte, geschah das langsam, und er wirkte erschöpft. Ich vermutete, daß er an Malaria erkrankt war, die im Dorf sehr häufig vorkam. Als wir uns neben den beiden Walrippen niedergelassen hatten, brachte uns sein Neffe Vincensius zwei Gläser *tuak*, und Rufinus erzählte mir von seinem Leben. Er war sechzig Jahre alt und im Alter von zehn Jahren zum ersten Mal auf Walfang gegangen. Damals war sein Vater Harpunierer auf der *Kebako Puka* gewesen. Mit zwanzig war Rufinus schon Assistent seines Vaters gewesen, und fünf oder sechs Jahre später fragten ihn die Eigner der *Tene Ana*, ob er nicht Harpunierer auf ihrem Boot werden wollte. Diesen Posten behielt er, bis sich sein Vater zur Ruhe setzte und Rufinus die Verpflichtung fühlte, das Erbe seines Vaters als Harpunierer auf der *Kebako Puka* anzutreten. Das bedeutete, daß er Harpunierer auf zwei Schiffen gewesen war und diese Position nahezu dreißig Jahre innegehabt hatte. Das war eine beachtenswerte Leistung, und damit war Rufinus der erfahrenste Walfänger auf Lamalera.

Endlich konnte ich die Frage stellen, die mir schon lange auf der Zunge lag. »Hast du während deiner Zeit als Harpunierer jemals einen weißen Pottwal gesehen?«

Rufinus hörte etwas schwer, und im ersten Moment glaubte ich, er hätte die Frage nicht verstanden. Doch er dachte nur nach.

»Ich selbst habe den weißen Pottwal nur einmal gesehen, als ich auf der *Kebako Puka* war«, antwortete er. »Der weiße Wal war mit einer Gruppe anderer Wale zusammen. Er kam, als wir einen normalen Wal, einen schwarzen, harpuniert hatten. Er beobachtete uns. Der weiße Wal folgte uns, als wir den toten Wal an Land brachten. Er blieb bei uns, bis wir nahe beim Dorf waren. Dann schwamm der weiße Wal weg.«

»Wie groß war dieser weiße Wal?« fragte ich.

»Sehr groß. Wir haben nicht den Mut, so ein Tier zu harpunieren. Er war weit über fünfzehn Meter. Er war größer als der größte Wal, den ich je erlegt habe, und der war ungefähr sechzehn Meter lang und drei Meter hoch, als wir ihn an den Strand brachten. Seine Zähne waren so groß wie Bierhumpen. Wir brauchten Leitern, um auf ihn hinaufzukommen, und drei Tage, um ihn zu zerlegen und das Fleisch an die Leute zu verteilen. Und selbst dann war noch etwas übrig. Der weiße Wal war noch größer.«

Rufinus sprach so, als ob er viel mehr über den weißen Wal wußte, als er aus dieser einen Begegnung hat erfahren können.

»Wie verhält sich der weiße Wal normalerweise?« fragte ich. »Was macht er?«

Rufinus wußte Bescheid und antwortete sofort.

»Er schwimmt zusammen mit den anderen Walen und paßt auf sie auf. Normalerweise ist er unter Wasser, und man sieht ihn nicht. Manchmal schwimmt er an die Oberfläche, aber er bleibt lieber in der Tiefe. Er ist nie als erster da, sondern immer erst später. Zuerst kommen all die anderen Pottwale, und dann, später, kommt der weiße Wal. Wenn man einen Wal harpuniert, kommt der weiße Wal und schaut sich die Sache an.«

»Warum, glaubst du, tut er das?«

»Er sieht sich die Sache an, und vielleicht spricht er mit den anderen Walen. Ich denke, sie sind Meerestiere, die sprechen können. Vielleicht sprechen sie über etwas, vielleicht darüber, das Boot zu zerstören. Wer weiß?«

»Ist der weiße Wal gefährlich?«

Auch jetzt zögerte Rufinus keinen Moment. »Nur manchmal«, gab er zurück. »Die anderen Wale können gefährlich sein. Sie können Schwierigkeiten machen oder es zu einem Unfall kommen lassen. Doch der weiße Wal hat die Kontrolle. Er ist der Führer der gewöhnlichen Wale. Er greift nur an, wenn es nötig ist.«

Das war der erste Bericht eines Augenzeugen über einen *völlig* weißen Pottwal, und er kam von einem Mann, den ich für vertrauenswürdig hielt. Doch da war noch etwas. Rufinus nahm die Existenz eines weißen Wals als etwas völlig Normales hin. Es schien, als ob der weiße Wal allgemein bekannt sei und lediglich niemand sich vorher die Mühe gemacht hätte, danach zu fragen. Ich hatte das Gefühl, Rufinus wunderte sich, was das ganze Drumherum eigentlich sollte. Es gab den großen weißen Wal, er verhielt sich in einer bestimmten Weise, und Rufinus entschuldigte sich fast, daß er ihn nicht öfter gesehen hatte.

»Du bist dir auch ganz sicher, daß es einen weißen Wal gibt, nur einen und keine anderen?« fragte ich Rufinus zum letzten Mal und hoffte, ihn mit meiner Skepsis nicht zu verärgern.

»Ja. Ein weißer Wal. Immer der gleiche, ein großer«, antwortete er. Sein Neffe Vincensius hatte die ganze Zeit höflich und respektvoll zugehört. Jetzt rutschte er nervös hin und her und sagte dann etwas in bestätigendem Tonfall.

»Was hat er gesagt?« fragte ich Camillus.

»Vincensius sagt, er hätte vor weniger als drei Wochen auch einen weißen Wal gesehen. Der Junge ist ein einfaches Mitglied der Mannschaft von der *Sika Tena*. Das war, als die *Dolu Tena* einen schwarzen Pottwal harpuniert hatte, dann aber die Leine kappen mußte. Der weiße Wal kam hinzu und begleitete den verletzten schwarzen Wal hinaus ins offene Meer.«

War Vincensius' weißer Wal derselbe Wal mit den weißen Flecken, von dem mir Nadu erzählt hatte? Oder war es ein anderes Tier, eines, das ganz weiß war, wie das, das Rufinus gesehen hatte? Ich würde mich bei den anderen Walfängern umhören müssen. Doch ich wußte, daß ich der Sache näherkam. Der weiße Pottwal war zum Greifen nahe.

Der Schamane trug ein rotes Polyesterhemd mit einem geschmackvollen weißen Muster. Es paßte gut zu seiner eleganten schwarzen Hose, und aus den kurzen Ärmeln des Hemdes ragten seine gebräunten Arme. Mit dem getrimmten Schnurrbart und seiner jugendlichen Statur wirkte er eher wie ein blitzsauberer junger Bräutigam als wie die von mir erwartete geheimnisvolle und ehrwürdige Gestalt. Nichtsdestotrotz besaß er jene okkulte Kraft, die es ihm ermöglichte, »die Wale zu rufen«, wie Camillus es ausdrückte. Camillus versicherte mir auch, daß die Walrufe dieses jungen Mannes sehr erfolgreich waren. Im Jahr zuvor war ein Fernsehteam aus Japan gekommen, um den Walfang zu filmen. Die Japaner waren wochenlang geblieben, doch kein Wal hatte sich gezeigt. In ihrer Enttäuschung hatten sie den Schamanen gebeten, in die Berge zu gehen und »die Wale zu rufen«. Das hatte er getan, und am nächsten Tag war eine große Gruppe von Pottwalen in der Bucht aufgetaucht. Dummerweise hatten die Japaner nicht an seinen Erfolg geglaubt und waren an diesem Tag zu Filmaufnahmen ins Innere der Insel gefahren.

Zu Beginn der Walsaison, Ende April, sucht der Schamane einen Ort hoch in den Bergen auf. Er trägt dabei einen Zeremoniengürtel, eine Kopie des Gürtels, den er von seiner Familie geerbt hat, denn der eigentliche Gürtel ist inzwischen so morsch, daß er fast auseinanderfällt. Er hat mir das Original gezeigt, das er in einem Blechkasten in seinem Schrein aufbewahrt. Der Schrein selbst war nicht mehr als ein Verschlag neben dem Haus des Schamanen. Dort befinden sich noch ein kleiner Elefantenstoßzahn, auch ein Erbstück, und drei oder vier flache Steine in einem Weidenkorb. Die Steine nannte er »Standsteine«. Früher hatten sich die Familien getroffen, um ihre Streitigkeiten beizulegen. Wenn es einem Mitglied der Familie gelang, auf dem Stein zu stehen, dann sollte er recht bekommen. Die beiden anderen wichtigen Dinge in der Sammlung des Schamanen waren zwei Gongs. Der größere wurde bei besonderen Anlässen vor dem Schrein aufgehängt, und den kleineren nahm er auf seinem Weg in die Berge mit. Dabei wurde er von Vertretern der drei ältesten Walfängerfamilien begleitet. Hoch in den Bergen rezitierte der Schamane dann Gebete, die an die Vorfahren, die Wale, gerichtet waren, brachte Speiseopfer dar und schlug den kleinen Gong. Dann stiegen er und seine Begleitung wieder hinunter. Sie benutzten nicht den Weg, sondern gingen in gerader Linie den steilen Abhang hinunter. Siebenmal mußten sie anhalten und eine kurze Zeremonie durchführen. Jedes Mal ertönte der Gong, und der große Gong vor dem Tempel antwortete ihm. Ein Halt fand am Walfelsen statt, einem Steinblock, ungefähr ein Meter achtzig hoch und sechs Meter lang, der durch eine Laune der Natur einem Pottwal, der halb im Wasser lag, sehr ähnlich sah. Das war einst ein richtiger Wal, erklärte der Schamane. Wale atmen Luft, also waren sie eine Art »vorzeitlicher Kühe, die beschlossen haben, im Meer zu leben«. Der Wal, den man jetzt Walfelsen nennt, war auf seinem Weg den Berg hinunter gewesen, als er von der Sonne überrascht und in einen Fels verwandelt wurde.

Das Amt des Schamanen reicht weit zurück in die Geschichte, als ein Boot mit Namen *Kebako Puka* von weit her nach Lamalera kam. An Bord befanden sich Flüchtlinge einer großen Naturkatastrophe. Die Ankömmlinge waren Fischer, die mit der Harpune jagten, und ihr Führer war ein Mann namens Korohama. Sie fragten die Ureinwohner der Insel, ob sie auf dem Vorgebirge, von dem man die Bucht übersehen kann, siedeln dürften. Sie bezahlten mit fünf Messingarmbändern und einer goldenen Halskette für das Land, und nach einiger Zeit wurden Korohamas drei Söhne die Gründer der drei führenden Familien der Insel. Einer der Söhne ließ sich unten am Strand nieder, und weil die goldene Halskette die Eigenschaft hatte, zu ihrem ehemaligen Besitzer zurückzukehren, stimmten die Siedler zu, sie gegen ein Boot einzutauschen. Sie bauten ein Boot und gaben es den eigentlichen »Besitzern des Landes«. Das Boot erhielt den Namen *Baka Tena*.

Das ist, kurz gesagt, die Legende, wie der Walfang nach Lamalera kam. Auch heute noch tragen zwei Boote die Namen *Kebako Puka* und *Baka Tena,* und bis heute erbitten die Walfänger vor der Fangsaison die Erlaubnis des Schamanen der Berge und des Schamanen des Strandes, mit dem Walfang beginnen zu dürfen.

Verschiedene andere Familien gelangten im Lauf der Zeit auf die Insel und brachten ihre eigenen Mythen mit. Von einer

Familie stammen die besonderen Geräte zum Fangen von Haien. Der Ahnherr einer anderen Familie, die Eba Ona, ritt auf dem Rücken eines freundlichen Bartenwals zur Insel. Dieser Mann trug ein Bambusrohr mit Wasser bei sich und hatte in dem Blasloch des Wals eine Leiter aufgestellt, so daß er, wann immer der Wal tauchte, dort hinaufkletterte und über Wasser blieb. Als er an Land ging, stolperte er, und die Bambusröhre fiel auf die Felsen. Dort, wo sie zerbrach, ist jetzt eine Trinkwasserquelle. 1979 und 1982 hielt sich der Ethnologe Bob Barnes* in Lamalera auf und hat es geschafft, dies Geflecht von Gebräuchen und Mythen erfolgreich zu entwirren. Er machte deutlich, wie die Zugehörigkeit zu einer bestimmten Gruppe oder Familie nahezu jeden Bereich im Leben eines Menschen bestimmt, ob es der Ort ist, wo man wohnt, wen man heiraten kann oder mit welchem Boot man aufs Meer hinausfährt. Akribisch und streng wissenschaftlich untersuchte Barnes jedes Detail des Dorflebens, von der Wirtschaft bis zum Bau und Gebrauch der Fischerboote. Er zeigt uns eine Gesellschaft, die sich so streng an ihren Wurzeln orientiert, daß ein Bootsbauer seinen Vorrang gegenüber den Kollegen damit begründen kann, daß sein Stammbaum bis zu jenem Bootsbaumeister zurückreicht, der vor Jahrhunderten die erste *Kebako Puka* konstruiert hat.

Die Macht der Schamanen und Vorväter war eine Herausforderung für Pater Bernardus Bode von der Deutschen Göttlichen Weltgesellschaft, dessen Statue vor der Kirche Lamaleras steht. In seinem Priesterornat steht er auf dem Bug eines aus Beton nachgebildeten *tenas*, in einer Hand die Bibel, die andere zum Segen erhoben. Als Missionar war Pater Bode unbeugsam und außergewöhnlich erfolgreich. Nachdem er 1920 in Lama-

* Später wurde er dann Professor für Sozialanthropologie an der Universität Oxford. Seine Ergebnisse publizierte er unter dem Titel *Sea Hunters of Lamalera*. Bei seinen Besuchen in Lamalera wurde er von seiner Frau und seinen Kindern begleitet, und Ruth Barnes ist inzwischen eine anerkannte Kapazität für die Webkunst von Lamalera.

lera angekommen war, verbrachte er sein restliches Leben damit, die Menschen zu frommen Katholiken zu machen. Heute fährt sonntags kein Boot hinaus, selbst wenn Pottwale in der Bucht erscheinen; jeden Mittag wird das Angelus von einer Glocke eingeläutet, die an dem Ast eines Baumes vor dem Gebäude des *kapala desa* hängt. Und es ist nichts Ungewöhnliches, wenn sich abends eine kleine Prozession zwischen den Häusern bewegt, deren Anführer ein Bild der Jungfrau Maria hochhält, während eine Gruppe kleiner Kinder Kerzen trägt und Kirchenlieder singt. Pater Bode führte einen langen, harten Kampf gegen die alten heidnischen Bräuche. Die größeren »Standsteine« von der gleichen Art, wie sie der Schamane hatte, wurden eingesammelt und wanderten in das Fundament der neuen Kirche. Die Schädel der Vorfahren wurden beerdigt, anstatt sie bei Zeremonien zu verwenden. Götzenverehrung jeder Art wurde mit Ausschluß vom Gottesdienst bestraft. Die Riten der Schamanen bekamen einen christlichen Anstrich und wurden mit christlichen Gebeten und Formeln durchgeführt.

Doch die alten Bräuche sind selbst bei jemandem, der so gläubig wie Camillus ist, immer noch präsent. Er erzählte mir von einer traumatischen Erfahrung, als er gerade den ersten Besuch eines kleinen Kreuzfahrtschiffes in Lamalera plante. Es dauerte Monate, die Sache zu organisieren. Er führte endlose Gespräche mit den Fischern, um sie zur Mitarbeit zu bewegen. An dem verabredeten Tag fuhren die Boote nicht hinaus, sondern die Mannschaften versammelten sich am Strand und warteten auf das Kreuzfahrtschiff. Es war geplant, daß die Boote ins Wasser gebracht würden, das Touristenschiff umkreisen und vorführen sollten, wie der Walfang vonstatten ginge. Stunden verstrichen, und kein Schiff zeigte sich am Horizont. Die Fischer, mehr als hundert Männer, langweilten sich und wurden wütend. Sie bedrängten den armen Camillus und warfen ihm vor, ihre Zeit zu verschwenden. Sie schworen, niemals wieder mit ihm zusammenzuarbeiten. Dann, als es so aussah, als wäre der ganze Tag umsonst gewesen, tauchte plötzlich eine Gruppe von Pottwalen in der Bucht auf. Dank der erwarteten Touristen lagen alle Boote am Strand, und die Mannschaften waren auch bereit. Mit dem Ruf: »Baleo! Baleo!« wurden die Boote zu Wasser gebracht, und eine wilde Jagd nach den Walen begann. Die Boote verschwanden hinter der Landzunge, und Camillus blieb alleine am Strand zurück. Er betete für eine erfolgreiche Jagd und zumindest einen erlegten Wal, damit sein Ansehen im Dorf wiederhergestellt wäre. So geschah es. Das Kreuzfahrtschiff traf nie ein, aber die Flotte kehrte mit zwei erlegten Walen zurück.

»Meine Gebete sind erhört worden«, meinte Camillus zu mir. Seine Stimme zitterte, und er zog ein Taschentuch heraus, um sich die Augen zu trocknen. »Ich muß danke sagen. Vielen Dank, daß meine Gebete erhört worden sind.« Und Camillus, der Mann, der im Schlaf nach der Heiligen Maria ruft, nahm das Taschentuch vom Gesicht und fügte hinzu: »Die Wale haben mich erhört. Meine Vorväter haben mir geholfen.«

Von meinem Aussichtspunkt oben auf der Klippe beim Haus des Schulmeisters wurde mir der Anblick und die Geräusche des Dorfes mit jedem Tag vertrauter. Kurz nach drei Uhr morgens weckte mich normalerweise ein großer Gecko. Das Tier räusperte sich deutlich vernehmbar und machte dabei das schnarrende Geräusch einer schlecht geölten Pendeluhr, die gerade schlagen will. Danach folgten sechs bis acht schrecklich laute Rufe, bevor wieder Stille eintrat. Die weckten Guru Bens jüngstes Kind, das im Nebenraum schlief und solange wimmerte, bis die Mutter es beruhigt hatte. Manchmal bellte unten im Dorf auch noch ein Hund. An einigen Tagen hörte ich den Regen auf den Blättern des großen Banyanbaumes vor dem Fenster. Wenn der Schauer vorüber war, roch die Luft eine kurze Zeit lang nicht nach Walfleisch und Waltran. Danach kehrte der Gestank wieder, zog in einer dichten Wolke durch das Dorf und wurde von der warmen Luft nach oben gedrückt.

Um halb sechs weckte die Glocke vor dem Gebäude des *ka-*

pala desa mit ihrem Geläut die Dorfbewohner und erinnerte die Gläubigen daran zu beten. Eine halbe Stunde später befand ich mich zusammen mit den Bootsmannschaften auf dem Pfad, der hinunter zu den Bootsschuppen führte. Sie bewegten sich mit der Bedrücktheit von Menschen, die sich auf dem Weg zu harter körperlicher Arbeit befanden. Sie nahmen kein Essen mit auf See, nur einen kleinen Behälter aus dichtgeflochtenen Palmfasern oder eine Plastikbüchse, die sie an einem Strick umgehängt hatten. Darin befanden sich ein Feuerzeug, eine Handvoll Tabak, der in den Bergdörfern angebaut wurde, und ein getrocknetes Pflanzenblatt, das sie als Zigarettenpapier verwendeten. Die Männer trugen die unterschiedlichsten, aber durchweg abgerissenen Kleidungsstücke. Immer waren ein paar der gelben T-Shirts darunter, die mit dem Baumsymbol der Golkar, der regierenden Partei Indonesiens, bedruckt waren und die sie als Werbegeschenke erhalten hatten. Andere trugen Unterhemden oder geflickte Baumwollhemden. Einige wenige trugen kurze Hosen. Doch die meisten waren mit dem üblichen Sarong bekleidet, den man um die Hüfte wickelte oder auch nachlässig wie eine Toga über die Schulter warf. Niemand trug Schuhe, doch jeder hatte so etwas wie einen Hut zum Schutz gegen die gleißende Sonne auf. Die hier übliche Form der Kopfbedeckung erinnert an die Dachspitze einer chinesischen Pagode und besteht aus lackierten Palmblättern. Man konnte dieses Gebilde nur hoch auf dem Scheitel tragen, und es mußte mit einem Stück Angelschnur unter dem Kinn festgebunden werden. Diese Hüte waren von so extravaganter Form, daß sie auch gut zu einem Mannequin auf dem Laufsteg gepaßt hätten. Die übrigen Kopfbedeckungen waren unterschiedlicher Herkunft. Es gab Panama- und Filzhüte, Stoffhüte, gelbe Baseballkappen mit dem Abzeichen der Golkar, Strickhüte und Mützen mit großen Schirmen und Eichenlaubverzierung, die von den Generälen der indonesischen und amerikanischen Armee getragen wurden. Einer der Assistenten der Harpunierer war irgendwie an die Kapuze eines Winteranoraks gekommen. Die Kapuze bestand aus einem grauen, flauschigen Synthetikstoff und mußte hier in den Tropen viel zu warm sein, deshalb hatte er sie nicht zugebunden. Die seltsame Wirkung seines Gesichts unter der Kapuze wurde noch verstärkt durch eine Sonnenbrille, auf deren Bügel man ein kleines weißes Kaninchen sehen konnte, das Markenzeichen des *Playboy*. Sein modischer Geschmack hätte niemals vermuten lassen, daß er einer der besten Walfänger der Insel war.

Die Minimalbesatzung für ein *tena* waren acht Männer, dreizehn oder vierzehn waren das Maximum, doch nur sehr selten standen so viele für ein einzelnes Boot zur Verfügung. Manchmal waren nicht genügend Leute da, um ein Boot zu bemannen, oder es fehlte der Harpunierer. Der Rest der unvollständigen Besatzung mußte dann im Bootsschuppen herumlungern, dabei helfen, die anderen *tena* zu Wasser zu bringen, und sich den Müßiggängern und Helfern am Strand anschließen, die dort den ganzen Tag bis zur Rückkehr der Boote verbrachten. Wenn die alten Männer mit wissenden Augen das Auslaufen der Boote verfolgten, umgab sie ein Hauch von Wehmut. Sie wußten, daß sie nie mehr die Kraft und Ausdauer hätten, auf Walfang zu gehen. Wenn die Boote verschwunden waren, drehten sie sich um und gingen langsam von dannen, um sich einen Platz bei den Segelmachern zu suchen. Auch diese Männer blieben im Hintergrund, sie saßen oder knieten auf dem Sand vor den Bootsschuppen, arbeiteten an den kleinen Webrahmen und stellten die quadratischen Einzelteile her, aus denen dann die Segel zusammengesetzt wurden. Bei ihnen fand sich die kleine Gruppe der Alten ein, die rauchten, tratschten und auf das Meer hinausblickten. Kinder und Hunde spielten. Jugendliche tobten im Sand herum. Frauen saßen mit Tuchbündeln voller Waren und metallenen Schüsseln am Strand und warteten auf das Motorboot, das sie ein paar Meilen die Küste hinunter zum nächsten Markt bringen sollte. Die Bündel enthielten, was sie verkaufen wollten, und die Schüsseln waren ihre Einkaufskörbe.

Alle schauten aufs Meer, niemand in Richtung Land. Wieder einmal überraschte mich ihr gutes Sehvermögen. Sie konnten vom Strand aus, also fast auf Meereshöhe, jedes *tena* selbst in sechs oder sieben Meilen Entfernung identifizieren. Für ein ungeübtes Auge war es nicht mehr als ein rechteckiger Flecken. Doch jedes Boot hatte seine Eigenheit – ein Flicken auf dem Segel, der Winkel, in dem das Segel gesetzt war, irgendein spezielles Merkmal. Die Leute, die die Boote vom Strand aus beobachteten, hatten jahrelange Erfahrung damit und ahnten, was dort draußen vor sich ging. Wenn ein Boot das Segel komplett einholte, dann verfolgte es einen Wal. Wenn es aber das Segel aufzog, war es wahrscheinlich hinter einem Manta her. Wenn das Boot unverändert an einem Punkt blieb, war der Manta möglicherweise harpuniert, aber wieder abgetaucht. Die Alten besprachen untereinander die Möglichkeiten und warteten auf die Rückkehr der Flotte, um Bestätigung für ihre Vermutungen zu erhalten.

Mehrere Tage fuhr ich als Gast auf einem *tena* mit hinaus, um die tägliche Routine kennenzulernen und zu sehen, wie die Mannschaft arbeitet. An einigen Tagen fing die Flotte überhaupt nichts. Normalerweise umfaßte der gesamte Fang nicht mehr als drei oder vier Haie oder Rochen. Die Chance, daß gerade mein Boot einen Fang machte, war bei dreizehn oder vierzehn Booten sehr gering.

Also öffnete ich die Kisten, die von den Jungen, die Camillus und mich zum Strand gebracht hatten, mit soviel Neugier gemustert worden waren. Sie enthielten ein gelbes, dreieinhalb Meter langes Schlauchboot mit Mast und Rudern sowie einen Fünf-PS-Außenbordmotor, und außerdem vier Plastikkanister mit Benzin, das nach meinen Berechnungen einen Monat reichen müßte, wenn ich so oft wie möglich das Segel benutzte. Ich hoffte, mit dieser Ausrüstung die Flotte, selbst wenn sie sieben Meilen von der Küste entfernt operierte, beobachten zu können, obwohl es für das kleine Schlauchboot eigentlich zu weit draußen auf dem offenen Meer war.

Camillus war kein Seemann, also wandte ich mich an Bernardus. Er war ein grauhaariger Veteran Anfang fünfzig, und warum er nicht auf Fang fuhr, habe ich nie erfahren. Vielleicht lag es daran, daß er lange Zeit nicht auf der Insel gewesen war und deshalb den Kontakt zu den regulären Mannschaften verloren hatte. Wie dem auch sei, Bernardus lernte schnell, den kleinen Außenborder zu bedienen, und seine Kenntnisse über Wale und Walfang waren unbezahlbar. Am folgenden Tag, dem 15. Mai, fuhr der Flotte, als sie sich aufs Meer begab, ein winziges Schiff voraus, das einige Ähnlichkeit mit einer hellgelben Banane hatte. Als wir uns eine Meile vor der Flotte befanden, machte Bernardus den Motor aus, und wir warteten.

Das Bild der auf uns zukommenden Walfangflotte von Lamalera wird mir unvergeßlich bleiben. Die Boote glitten über das tiefblaue Meer und im Hintergrund ragten die beeindruckenden Berge in die Höhe. Vom Schlauchboot aus sah ich nun, wie idyllisch Lamalera am Fuße des erloschenen Vulkans lag. Der untere Teil des Berghanges schimmerte vom Unterholz und den niedrigen Büschen grün, dann folgte ein breites Felsband, das in dem gezackten Bergkamm endete. Im Vordergrund standen die Harpunierer am Bug ihrer Boote. Sie hielten ihre vier Meter langen Harpunen, den Schaft zwischen ihren Füßen aufgesetzt, senkrecht nach oben. Wo die Landzunge sich nach Osten in Richtung der aufgehenden Sonne hinzog, wurden die *tena* zu einer Silhouette auf einem Meer von glänzendem Silber. Die Umrisse der Boote waren schwarz und hatten scharfe Konturen. Jetzt, aus größerer Entfernung, da die Harpunierer und die Paddler kleiner geworden waren, erinnerten sie mich an prähistorische Strichzeichnungen an Höhlenwänden. Ich rechnete fast damit, daß sich die Umrisse von Bisons und Mammuts aus der See erheben würden.

Um halb acht befand sich die Flotte etwa drei Meilen vor der Küste. Plötzlich beugte sich einer der Harpunierer vor und deutete auf etwas. Er hatte einen Schwarm Mantas entdeckt, die sich unter Wasser wie ein Geschwader Flugzeuge fortbewegten. Andere Harpunierer hatten sie auch bemerkt, und sofort brach hektische Geschäftigkeit aus. Die Männer griffen zu ihren Paddeln und tauchten sie ins Wasser. Ein halbes Dutzend Boote änderte den Kurs und steuerte auf den Punkt zu, wo sie die Mantas gesehen hatten. Die Harpunierer tänzelten auf ihren Plattformen, traten aufgeregt von einem Fuß auf den anderen und feuerten ihre Mannschaften an. Sie hoben ihre Harpunen und wiegten sie in ihren Händen wie Lanzenträger, die in den Kampf ziehen, oder Ritter bei einem Turnier. Die Boote kreuzten und wendeten bei dem Versuch, den Mantas zu folgen. Bernardus und ich hörten das angestrengte Stöhnen der Paddler, die Anfeuerungsrufe und den dumpfen Laut, mit dem die Paddel gegen den Bootsrumpf schlugen. Die Jäger waren mager und hungrig und aufs äußerste angespannt. Die Boote schnitten durch das Meer, und die Paddel ließen das Wasser aufspritzen.

Plötzlich änderte der Schwarm großer Mantas die Richtung, drehte ab und verschwand in der Tiefe. Sie waren außer Reichweite, und die Aufregung legte sich sofort.

Nur wenige hatten währenddessen auf die beiden Boote *Praso Sapang* und *Kelulus* geachtet. Sie hatten sich aus der Verfolgung der Mantas herausgehalten. Ihre Ausgucke hatten eine bessere Beute ausgemacht – Pottwale.

Es waren drei Pottwalbullen. Später sagten mir die Fischer, daß diese drei Wale einer großen Gruppe von Pottwalen gefolgt wären, die früher an diesem Morgen an Lamalera Richtung Westen, der Strömung folgend, vorbeigeschwommen seien. Die drei Bullen nahmen die gleiche Richtung, hielten sich aber etwas hinter der Gruppe. Als die Fischer die drei entdeckten, war einer der Wale etwa vierhundert Meter vor seinen Gefährten.

Dieser Wal war fast die perfekte Beute. Doch erstaunte mich, daß einer der beiden anderen Bullen scheinbar unbeweglich auf dem Wasser lag. Ruhig ließ er sich auf der Stelle von den Wellen auf und ab schaukeln und glich dabei einem dunklen Baumstamm. Der Bulle zeigte keine Reaktion, als die *Praso Sapang* auf ihn zufuhr, um ihn anzugreifen. Es war erstaunlich. Der Wal mußte die Anwesenheit des Bootes bemerkt haben. Wenn die Paddler alles gaben, lag die Höchstgeschwindigkeit eines *tena* bei vielleicht sechs Knoten. Es gab also genügend Zeit für den Wal, zu tauchen und zu entkommen. Oder er brauchte nur gemütlich in die andere Richtung davonzuschwimmen und hätte so die Verfolger bald hinter sich lassen können. Der Harpunierer balancierte wie ein Akrobat mitten auf seiner Plattform. Er starrte mit leeren Händen auf den Wal. Die Knie leicht gebeugt, den Oberkörper in der Hüfte abgeknickt, schwang er mit den Armen vor und zurück, um die Männer im Boot noch mehr anzustacheln. Der Wal befand sich genau in Fahrtrichtung des heranpreschenden Bootes. Das Tier füllte seine Lungen mit Luft und atmete ganz ruhig, als ob es alle Zeit der Welt hätte. Alles geschah wie in Zeitlupe – warum ergriff der Wal nicht die Flucht oder tauchte? Er blieb an derselben Stelle, bis ihn die *Praso Sapang* erreicht hatte.

Ich sah, wie der Assistent dem Harpunierer die lange Harpune nach vorne reichte. Er hatte aus den verschiedenen Schäften den schweren für den Walfang ausgewählt und eine massive, große Walharpunenspitze daran befestigt. Der Harpunierer nahm das Gerät, hob es hoch und begab sich bis ans äußerste Ende der vorstehenden Plattform. Mit der linken Hand packte er die Harpune ungefähr eineinhalb Meter über dem hinteren Ende, und seine rechte Hand griff den Schaft fast am Ende. Er brachte die Spitze der Harpune in einem weiten Bogen nach unten, bis sie auf den Wal deutete, und beugte seine Knie, bis er halb in der Hocke war. Als er die Harpune senkte, konnte ich die leichte Krümmung des Schafts sehen. Hinter dem Harpunierer gab der Assistent dem Steuermann mit den Händen Zeichen, welchen Kurs er nehmen sollte. Die Paddler brüllten, stöhnten und sangen ihr Lied. Einen Augenblick lang war die Szene wie eingefroren. Dann schätzte der Harpunierer die Entfernung ab und griff an.

Er sprang aus dem Boot, dabei schnellte er sich aus der Hocke hoch und warf sich, die Harpune in den Händen haltend, vorwärts. Die Harpunenspitze, der Schaft und der Mann wurden zu einem einzigen Projektil, das durch die Luft schoß. Die Bahn der Harpune führte nach vorne und abwärts, und einen Moment lang wirkte der Harpunierer wie eine Flagge, die an einem Mast flattert. Die Harpune traf ihr schwarzes Ziel im Rücken. Die Vorwärtsbewegung endete abrupt, und der Harpunierer klatschte direkt neben dem dreißig Tonnen schweren Tier ins Wasser. Es schien ein komplett verrückter Sprung gewesen zu sein.

Der Bambusschaft war zu leicht, um der Attacke Kraft zu verleihen, doch der Harpunierer hatte sein Körpergewicht eingesetzt, um die Harpunenspitze ins Ziel zu bringen.

Einige Augenblicke lang passierte gar nichts. Der Wal lag einfach auf dem Wasser, und ich beobachtete, wie sich der Harpunierer, dessen Kopf und Schultern neben dem mächtigen Tier winzig wirkten, schnell auf die *Praso Sapang* zubewegte und die Mannschaft ihn wieder an Bord holte. In der Zwischenzeit war die *Kelulus* zur Unterstützung herbeigeeilt und auf der gegenüberliegenden Seite des Wals so nahe an das Tier herangekommen, daß ihr Harpunierer seine Harpune nahezu senkrecht in den Wal rammen konnte. Dieser Wurf war nicht so wirkungsvoll wie der Angriff der *Praso Sapang*, doch nun saßen zwei Harpunen in dem Wal fest. Erst jetzt reagierte das riesige Tier. Das Wasser wurde heftig aufgewühlt, ein Aufschäumen und Peitschen, und dann schwamm der Wal mit aller Macht los. Hektisch justierten die Assistenten der beiden Boote die Harpunenleinen. Dies war der gefährlichste Augenblick. Die

Leine mußte vorne über den Bug des Bootes ablaufen. Wenn die Leine verdreht oder beschädigt war, dann konnte sie sich festhängen und reißen oder ein Stück aus dem Rumpf brechen. Die Kraft eines Pottwalbullen reicht aus, um ein modernes Walfangschiff wegzuziehen, und hier hatte es das Tier mit zwei vorsintflutlichen Booten zu tun, die von Pflanzenfasern zusammengehalten wurden. Der Moment des Anzugs konnte die *Praso Sapang* und die *Kelulus* in Stücke reißen. Und wenn der *lama uri*, der Steuermann, sein Boot nicht genau im Kielwasser des Wals hielt oder wenn der Helfer die Harpunenleine verrutschen ließ, so daß sie seitlich über die Bordwand lief, dann würde das Boot kentern und wie ein Korken auf dem Meer treiben. Die anderen Mannschaftsmitglieder – junge und alte Männer – legten ihre Paddel weg und hielten sich fest. Für sie gab es jetzt nichts zu tun.

Der verwundete Pottwal hatte jetzt die gesamte Leine ausgezogen. Auf meine Anweisung hin brachte Bernardus das gelbe Schlauchboot bis auf dreißig Meter an den Wal heran. Das war nah genug, um zu beobachten, wie sich die schwere Leine, als sie völlig ausgerollt war, spannte. Die *Praso Sapang* und die *Kelulus* hatten sich in unterschiedlichen Positionen zu dem Wal befunden. Plötzlich schwangen beide Boote herum und richteten sich eng nebeneinander parallel aus wie zwei Nadeln unter dem Einfluß eines Magneten. Der Wal zog sie wie ein riesiges Zugpferd hinter sich her. Eine Bugwelle aufwerfend, nahmen die beiden Boote Fahrt auf. Ich hatte eine plötzliche, schnelle Fahrt erwartet, doch die Bewegung war eher gemessen. Der Wal hatte die beiden *tena* unter seiner Kontrolle. Das Tier hielt sich an der Oberfläche, so daß die beiden Boote zwar nicht unter Wasser gezogen wurden, sich aber weiterhin im Schlepptau befanden.

Völlig unerwartet drehte das Tier nach hundert Metern um und kam nahe genug an den Booten vorbei, daß die Harpuniere zwei weitere Harpunen plazieren konnten. Die Bambusschäfte lösten sich wie vorgesehen und fielen ins Wasser. Bernardus und ich fuhren in unserem kleinen Boot hin und her und holten sie heraus, um sie später den Besitzern zurückzugeben. Einer der beiden anderen Bullen drehte um, tauchte ungefähr dreißig Meter vor seinem harpunierten Gefährten auf und schwamm dann davon. Augenblicke später erhoben sich die Schwanzflossen der beiden unbehelligten Wale in die Luft, und die Tiere tauchten in sichere Tiefen hinab.

Inzwischen waren mehr als ein halbes Dutzend weitere *tena* dazugestoßen. Sie bildeten einen weiten, offenen Kreis um die beiden Boote, die an dem Wal hingen, und warteten ab. Augenscheinlich hielten sie sich für alle Fälle in Bereitschaft. »Werden sie auch versuchen, den Wal zu harpunieren?« fragte ich Bernardus. Er schüttelte heftig den Kopf. Ich erinnerte mich daran, daß der Brauch in Lamalera dem Boot, das den Wal harpuniert hat, das unumstößliche Recht einräumt, den Wal auch zur Strecke zu bringen. Wenn ein Boot um Hilfe bittet, dann erwerben sich die Helfer ein Anrecht auf einen Teil der Beute. Im Moment waren die *Kelulus* und die *Praso Sapang* davon überzeugt, mit dem harpunierten Wal fertigzuwerden und brauchten keine Unterstützung. Sie waren sicher, auf nicht mehr allzuviel Widerstand zu treffen.

»Vielleicht kommt ein *kea*«, sagte Bernardus. Die Mannschaften in den anderen Booten suchten aufmerksam das Meer nach einem Pottwal ab, der, wenn einer aus der Gruppe angegriffen wurde oder Schwierigkeiten hatte, möglicherweise in voller Fahrt angeschwommen käme. Ein *kea* – das ist ein besonderes Wort in Lamaholot – erscheint aus dem Nichts und schwimmt zu dem Wal, der in Schwierigkeiten ist. Vielleicht kommt er zur Rettung, vielleicht auch nur, um dem anderen Wal Gesellschaft zu leisten. Die Fischer erzählen, daß *kea*-Wale manchmal nur einen Blick auf die Situation werfen, abdrehen und davonschwimmen und nie mehr gesehen werden. Aber bei anderer Gelegenheit legt sich der *kea* dicht an seinen harpunierten

Gefährten und bestärkt ihn darin, sich von der Harpunenleine zu befreien, oder versucht selbst, die Leine durchzubeißen. Und wenn der harpunierte Wal dann schließlich überwältigt und getötet ist, so erzählen die Fischer, haben sie schon beobachtet, daß der *kea* zu dem Kadaver hinschwimmt, gegen seinen Kopf stößt und ihm einen »Abschiedskuß« gibt.

Kein *kea* erschien. Aber wir irrten uns, als wir glaubten, der harpunierte Bulle würde aufgeben und sich in sein Schicksal fügen. Statt dessen erwies er sich als »Kämpfer«. Zuerst versuchte er, mit kurzen wilden Ausbrüchen seinen Peinigern zu entkommen. Als er den Widerstand der Harpunenleinen spürte, nahm das Tier den Kopf herunter, hob seine Schwanzflosse und schlug wütend auf das Wasser, so daß die Gischtfontänen nur so hochspritzten. Die auf- und abschlagende Schwanzflosse diente eindeutig der Verteidigung. Wenn die herabkrachende Schwanzflosse ein *tena* getroffen hätte, dann wäre es ganz sicher in Stücke geschlagen worden. Aber die Boote blieben in sicherem Abstand. Dann drehte sich der Wal und versuchte, die Boote mit dem Kopf zu attackieren. Doch wenn er in dieser Absicht neben einem Boot auftauchte, dann streiften die Stöße die Boote meist nur. Ein *tena* erbebte von dem Aufprall und bekam sofort Schlagseite. Bei einem direkten Aufprall hätte der Wal ein Loch in den Rumpf gerissen, doch das Boot hielt, und der Kampf dauerte an. Die Kopfstöße gingen weiter, zuerst war die *Praso Sapang*, dann die *Kelulus* davon betroffen, während der Wal weiter seine Kreise zog und sich die Harpunenleinen ineinander verknoteten. Nach einer halben Stunde wurde das Tier schwächer. Das Blut floß in Strahlen aus seinen Wunden. Jedes Mal, wenn der Wal nahe genug an das Boot herankam, stießen der Harpunierer oder sein Assistent mit einer Lanze zu und versuchten, einen lebenswichtigen Punkt zu treffen. Die *Kelulus* mußte einen so harten Stoß hinnehmen, daß die Mannschaft den Kampf aufgab. Die meisten verließen das Boot und kletterten an Bord der *Praso Sapang*, und neue Leute von der

Praso Sapang begaben sich in das andere Boot, um den Kampf fortzusetzen.

Es war ein Kampf zwischen Zwergen und einem Riesen. Der Wal war nur von durchschnittlicher Größe, zehn Meter lang, ungefähr dieselbe Größe wie die Boote. Es waren die Masse und die Kraft des Tieres, die den Unterschied ausmachten. Im Vergleich zu dem Wal wirkten die Menschen klein, schwächlich und zerbrechlich. Das brüllende Ausatmen des Wals, wenn er an die Oberfläche kam, verdeutlichte noch das Ungleichgewicht der Kräfte. Merkwürdig war, daß jedesmal, wenn der Wal mit Macht seine Luft ausblies, von den Bootsmannschaften sofort mit einem schrillen Triumphgeschrei geantwortet wurde. Diese Antwort auf den Wal dauerte während des gesamten Kampfes an. Es war ein so seltsamer Laut, daß ich zuerst glaubte, sie würden sich in dieser gefährlichen Situation damit Mut machen. Dann überlegte ich, ob es vielleicht Jagdfieber war, eine Form von Wildheit im Angesicht des verwundeten Tiers, das so greifbar nahe war. Doch die Schreie dauerten an, und sie wurden heiserer und leiser, als der Wal schwächer wurde, und auch dessen Schnaufen verlor an Kraft. Die Intensität der beiden Geräusche nahm gemeinsam ab, sie paßten sich einander an, und ich vermutete, daß sie eine Verbindung zwischen Beute und Jägern herstellten.

Der Wal ergab sich seinen Jägern. Die Mannschaft schien mit dem Tier zu sprechen. In ihren Rufen verbanden sich Dank, Lob und Zufriedenheit. Darin fanden sich all die Stunden kräftezehrenden Paddelns, das Ziehen der Boote über den Strand, das schlechte, unzureichende Essen, die herabbrennende Sonne und die ergebnislosen Stunden, die sie auf die Wellen geblickt hatten, wieder. Die Altersspanne der Männer in den Booten reichte vom Jugendlichen bis zu über Sechzigjährigen. Die meisten von ihnen würden in ihrem Leben nicht mehr als zehn oder fünfzehn Wale erlegen. Das hier war ein seltener, besonderer Augenblick. Sie verschwendeten keinen Gedanken daran, daß sie ihrer Beute unnötige Schmerzen verursachten. Statt dessen erfüllte sie das Gefühl von Gerechtigkeit und einer verdienten Belohnung. Die Vorfahren, die Wale selbst, hatten ihnen geholfen und die Seiler, die Segelmacher, die Bootsbauer, der Schmied, der die Harpunenspitzen angefertigt hatte, der Schamane und die Familie. In den Rufen der Mannschaft lag zum Teil Triumph, aber hauptsächlich, so meine ich, war es ihr Ausdruck dafür, daß sie ein mühevolles und lang angestrebtes Ziel erreicht hatten.

Als sich der Wal herumwarf, schäumte das Meer auf, und die Harpunenleinen wickelten sich um seinen Körper. Sie verschlangen sich ineinander, liefen über Kreuz, und ich fühlte mich unwillkürlich an das Ende von Fedallah, dem Anführer der Manilen in *Moby Dick* erinnert, den Melville als »Parse« bezeichnet hatte. Fedallah fällt bei dem Angriff auf Moby Dick aus dem Fangboot und verschwindet. Am nächsten Tag sieht man seinen Körper in den alten, abgerissenen Leinen hängen, die sich um den weißen Wal gewickelt hatten. »Aber und abermals an den Rücken Moby Dicks geschnürt, gefesselt von Schlingen über Schlingen, zu denen der Wal während der Nacht das Leinengewirr verwickelt hatte, sah man den verstümmelten Leichnam des Parsen, seine schwarze Chinesenjacke zu Fetzen zerrieben, die geweiteten Augen voll auf Ahab gerichtet.« Wie so etwas passieren konnte, sah ich, als der Walbulle neben der *Praso Sapang* auftauchte und dort bewegungslos verharrte. Der Wal kämpfte nun schon seit über einer Stunde und schien völlig erschöpft zu sein. Die Mannschaft der *Praso Sapang* sah ihre Chance, die Sache zu beenden, und holte die Leinen ein, bis das Tier längsseits lag und die schwarze Haut des Wal die oberste, weiße Planke des Bootes berührte. Es gab keine Lanzen oder Harpunen mehr, und so lehnte sich der Assistent des Harpunierers mit einem langen Messer aus dem Boot. Er hielt es mit beiden Händen fest, hob es hoch über seinen Kopf und wollte es gerade in den Körper des Wals stoßen, als sich das Tier plötzlich bewegte. Die *Praso Sapang* schwankte heftig, wobei der Assistent des Harpunierers die Balance verlor und, da er keine freie Hand hatte, um sich festzuhalten, über Bord ging. Verzweifelt versuchte er noch, über den Wal hinweg ins Wasser zu springen. Er schaffte es nicht und rutschte mit wild rudernden Armen über den Rücken des Tiers ins Meer. Wenn sich in diesem Moment seine Arme oder Füße in einer der Leinen verheddert hätten, wäre er unter Wasser gezogen worden und ertrunken. Der »Kämpfer« war noch weit davon entfernt, sich zu ergeben. Er löste sich vom Boot, und der Kampf dauerte eine weitere Stunde.

Die anderen Fischerboote hatten sich zurückgezogen. Es gab keinen *kea,* und die *Praso Sapang* und die *Kelulus* hatten den Wal fest an den Leinen. Der Rest der Flotte begab sich wieder auf die Jagd, während die beiden glücklichen Boote den Kampf mit ihrer Beute ausfochten. Jedesmal, wenn der Wal an die Oberfläche kam, färbte sich das Meer rot vom Blut, und die Sache wurde immer trauriger. Ich wünschte mir, der Kampf möge schnell enden, und die erschöpften Mannschaften hegten bestimmt denselben Wunsch. Sie hatten sämtliche Harpunen und Lanzen aufgebraucht. In dem Rücken des Wals war eine tiefe Wunde, und das Meer um uns herum war voller Blut. Doch immer noch tauchte der Wal, wenn auch nicht tief, und wenn er wieder hochkam, blies er mit einem langen Pfeifen die Luft aus. Oftmals kam er so nah bei den Booten hoch, daß das Spritzwasser aus seinem Blasloch die Fischer traf und sie sich duckten und versuchten, der Dusche auszuweichen. Als die Kraft des Wals nachließ, wurden seine Bewegungen langsamer. Die Männer holten die Leinen mit der mächtigen Beute ein. Der Wal kam näher und näher ans Boot. Anstatt mit einem mächtigen Flossenschlag zu tauchen, sank das Tier jetzt waagerecht oder sogar mit dem Schwanz zuerst ins Meer und erweckte dabei den Eindruck eines untergehenden Schiffes. Dann kam er noch einmal hoch, diesmal mit dem riesigen rechteckigen Kopf zuerst, der sich direkt neben dem Ausleger und den im Boot aufgereihten Männern erhob. Einige der Männer waren so kraftlos, daß sie von dem Stoß auf die andere Seite des Bootes geworfen wurden und von dort den Todeskampf teilnahmslos verfolgten. Ich vernahm ein schrilles Knacken, von dem ich nicht wußte, ob es das Geräusch von Walhaut, die am Boot scheuerte, war oder die schnellen, knackenden Töne, mit denen die Pottwale sich verständigten. Der große, aus dem Wasser ragende Kopf des Wals sah wie eine riesige schwarze Boje aus. Dann öffnete sich sein Maul. Die langen schmalen Kiefer mit den Zähnen wirkten eher mitleiderregend als bedrohlich, eher wie ein Vogelschnabel als wie der Rachen eines Raubtiers.

Ich hielt nach Anzeichen Ausschau, die das Ende ankündigten. Die Walfänger des neunzehnten Jahrhunderts hatten behauptet, daß ein sterbender Wal im Kreis schwimmt und sich nach der Sonne ausrichtet. »Es ist ein seltsamer Anblick, Pottwale sterben zu sehen – sie drehen den Kopf in Richtung Sonne und hauchen so ihr Leben aus«, schreibt Melville. Ganz eindeutig schwamm der Wal langsam und müde einen Kreis, der, so schien es mir, zur Sonne hin ausgerichtet war. Das mußte das Ende sein. Die Männer auf der *Praso Sapang* wurden still. Kein Rufen erscholl in diesem Augenblick. Sie nahmen ihre Paddel und brachten das Boot auf Armeslänge an den Wal heran. Einer lehnte sich hinaus und schlang ein Seil um den Wal, damit sie ihn schleppen konnten. Als er dies tat, kam auf einmal wieder Leben in das Tier. Mit einer plötzlichen Bewegung rammte er die *Praso Sapang* so heftig, daß einer aus der Mannschaft mit einem Schrei des Entsetzens über Bord ging. Der Wal zog einen Kreis und kam mit schnappenden Kiefern wieder auf das Boot zu. Der Kopf kam hoch, er biß in den Backbordausleger und schüttelte ihn hin und her. Die Männer, die an der Bordwand gestanden hatten, sprangen zurück, um außer Reichweite zu gelangen. Das Boot schwankte bedenklich, und für einen Moment sah es aus, als würde es kentern.

Das war das letzte Aufbäumen des Wals. Das war jener letzte Ausbruch, vor dem der Schiffsarzt Beale und die anderen Walfänger des neunzehnten Jahrhunderts immer gewarnt hatten. Die Kiefer des Wals gaben nun die *Praso Sapang* frei, und der riesige Kopf glitt unter Wasser. Als er nicht weit entfernt wieder auftauchte, schwamm er auf dem Rücken, und sein Kopf hing kraftlos zur Seite. Er trieb ungefähr zehn Sekunden auf dem Wasser, dann verschwand er unter der sich auf dem Meer ausbreitenden Blutlache.

Einer aus der Mannschaft der *Kelulus* sprang ins Wasser und schwamm zu dem Kadaver. Er kletterte auf den sich halb unter Wasser befindlichen Körper, begann die Leinen zu entwirren und die wertvollen Harpunenspitzen in Sicherheit zu bringen. Die beiden Mannschaften machten sich an die mühselige Arbeit, die Leinen zu sortieren und die gebrochenen Bambusschäfte einzusammeln. Es dauerte noch eine halbe Stunde, bis sie endlich eine Schleppleine zwischen den beiden Booten anbringen und den Wal längs der *Praso Sapang* festmachen konnten. Dann setzten sich die Mannschaften an ihre Plätze und begannen den mühevollen Weg nach Hause. Es würde drei Stunden dauern, die unförmigen dreißig Tonnen des Wals zurück an den Strand von Lamalera zu bringen, wenn sie noch mit der Strömung in der Bucht zu kämpfen hatten.

Als die Männer ihre Arbeit aufnahmen, erschien im Westen neben dem Vulkankegel ein Punkt am Himmel. Es war ein Seeadler, der von den Klippen herabflog. Der Vogel beschrieb ein paar Kreise über den Booten und flog dann zurück an Land. Zwei Stunden später bemerkte ich den Vogel erneut. Er patrouillierte über dem Strand und wartete auf die Abfälle, die schon bald im seichten Wasser schwimmen würden.

Es war ein Freitag, an dem der Wal erlegt wurde, der Tag, an dem die Fähre kam. Als die *Praso Sapang* den toten Wal in das seichte Wasser am Strand von Lamalera zog und die Mannschaft ihre Beute mit einem langen Seil an einem Felsen sicherte, warf die kleine Fähre aus Larantuka in der Bucht Anker. Unter den Passagieren an Bord befand sich mein langjähriger Freund Trondur Patursson. Er war mit seinem Sohn Brandur von den Färöer-Inseln im Nordatlantik hierhergekommen. Sein wilder Bart und seine ausgeprägten Gesichtszüge geben ihm das Aussehen eines freundlichen nordischen Meeresgottes. Davon abgesehen ist er ein talentierter Maler und einer der besten Seeleute, mit denen ich je zusammengearbeitet habe. Er stellt seine Harpunen selbst her und hatte während aller meiner großen Seereisen einen wichtigen Teil zur Ernährung der Mannschaft beigetragen, indem er mit tödlicher Sicherheit Haie, Barrakudas und Makrelen erlegte. Außerdem ist Trondur ein aufmerksamer und kenntnisreicher Beobachter der Meerestiere. Wale sind ein immer wiederkehrendes Motiv in seinen Bildern und den großen Skulpturen aus Glas und Metall. Ich hatte ihm vorgeschlagen, mich bei meinem Besuch bei den letzten Pottwalharpunierern der Welt zu begleiten. Auf den abgelegenen Färöer-Inseln werden immer noch Pilotwale gejagt, und als Trondur an Land kam, roch er den Wal und meinte: »Wie zu Hause, der gleiche Geruch.«

Das Schlachtfest begann am nächsten Morgen. Überraschenderweise wirkte es fast wie ein Ballett, in dem der Bootsbauer der *Praso Sapang* die Rolle des Choreographen übernahm. Er hatte ein großes Messer mit einer langen dünnen Klinge in der Hand, das ihm als Kommandostab diente. Während er um den riesigen, im seichten Wasser liegenden Kadaver ging, deutete er mit dem Messer auf die Stellen, wo ein neuer Einschnitt gemacht werden sollte, oder er trat an den Wal heran und markierte mit kurzen Schnitten in der Haut, wo als nächstes Fleisch herausgenommen werden sollte. Die Mitglieder seiner Familie und ihre Helfer hackten, schnitten und sägten dann ein Stück heraus, befestigten daran ein kurzes Seil und zogen das Fleisch und den Speck ab, als ob sie eine riesige Apfelsine schälten.

Einige der Stücke waren so groß, daß zwei Männer sie den Strand hinauftragen mußten, wo sie sie dann einfach fallenließen. Die europäischen und amerikanischen Walfänger nannten diese Stücke »Decken« und steckten sie in Kessel, wo sie noch an Bord des Schiffes zu Waltran verkocht wurden. Mir erschienen diese Stücke eher wie Teile einer dicken Schaumstoffmatratze, aber in Lamalera waren sie ein Nahrungsmittel. Von Zeit zu Zeit kontrollierte der Bootsbauer die länger werdende Reihe der »Decken«. Mit der Messerspitze ritzte er ein paar parallele Linien in jedes Stück. Es schien, als orientiere er sich dabei an den schematischen Darstellungen, die man in Metzgereien findet, auf denen in Umrissen die unterschiedlichen Fleischstücke gekennzeichnet werden. Eine strenge Tradition regelt in Lamalera, wem was zukommt. Derjenige, der die Verteilung vornimmt, weiß ganz genau, welcher Teil des Wals welcher Person zusteht. Der Harpunierer zum Beispiel erhält das Fleisch und den Speck aus dem Nacken, der Schmied, der die Harpunenspitze gefertigt hat, bekommt das Fleisch über dem Auge, der Schwanz geht an die Familie, der das Boot gehört, und die Mannschaft teilt sich den Rest. Es ist sogar festgelegt, wer die Spitzen der Flossen bekommt. Der Kopf und das Gehirn sind für den Schamanen reserviert, den »Herrn des Landes«, damit er den Geist des Wals in seinen Schrein aufnehmen kann.

Bei Einbruch der Nacht war der Großteil des Wals verschwunden. In einer Gemeinschaft, in der Nahrung Mangelware ist, wurde nichts verschwendet. Sogar die Lunge wurde verwertet. Als sie von drei Männern weggeschafft wurde, sah sie wie eine riesige hellrote Traube aus. Meter um Meter entwirrten die Männer auch das glitschige blaugraue Gedärm und trugen den Darm auf ihren Schultern wie eine Ankerkette den Strand entlang. Dann drückten sie den Inhalt mit bloßen Händen heraus und schnitten das senfgelbe Gebilde in Stücke. Diese stopften sie in Bambusbehälter, die fest verschlossen wurden. Schon bald würde sich der Inhalt zu einem scharfen

Schleim zersetzen, der in den Bergdörfern sehr beliebt war. Die Männer und Frauen von Lamalera zogen anschließend in die Berge und tauschten den Walabfall gegen Obst, Reis und Tabak. Die Bergbewohner mischten die stinkende Masse als Delikatesse unter ihren Reis.

Der Walrat in den Stirnbeinhöhlen des Pottwals wurde als weniger wertvoll erachtet. Wegen dieses, für die Parfüm- und Kosmetikherstellung wichtigen Öls haben die europäischen und amerikanischen Walfänger den Pottwal so unbarmherzig und nachhaltig gejagt. Sie holten den Walrat aus dem Kopf, verarbeiteten den Speck zu Tran und warfen den Rest weg. Sie waren der Ansicht, Pottwalfleisch sei zu dunkel und zu fett zum Essen. Im Gegensatz dazu stürzten sich die einheimischen Walfänger auf jedes eßbare Stück, und der Walrat war für alle da. Als nur noch das mächtige Rückgrat und der unheimliche, weit über einen Meter hohe Block des Kopfes am Strand lagen, kamen die Frauen und Mädchen, um den Walrat zu sammeln. Die Frauen trugen bei dieser schmierigen Arbeit ihre ältesten Kleider. Sie hatten Plastikdosen, Krüge und Metallschüsseln dabei und warteten darauf, daß einer der Männer das Stirnbein durchstieß. Die Frauen reichten ihre Gefäße hinauf, der Mann hielt sie unter das Loch und füllte sie. Dann gab er sie den Frauen zurück, die den Inhalt in einen größeren Behälter gossen. Ihre Töchter versammelten sich um den Schädel und kratzten mit halben Kokosnußschalen den heruntersickernden Walrat ab, um selbst noch die letzten paar Löffel zu retten. Die Familien in Lamalera benutzten ihn zum Kochen. Der Walrat hatte die Farbe und Konsistenz von hellgelbem Olivenöl, und dem Schiffsarzt Bennett zufolge hatte er »einen milden cremigen Geschmack, dem von ganz frischer Butter nicht unähnlich«.

Das einzige, was nicht verwertet wurde, war der glänzende, durchsichtige Körper eines großen Tintenfisches, der aus dem Magen des Wals gefallen war, als man diesen geöffnet hatte. Der Tintenfisch wirkte so appetitlich wie in der Auslage eines Fischgeschäfts. »Kann man den nicht auch essen?« fragte ich einen der Männer. Er schüttelte den Kopf und meinte: »Nein, er war im Magen des Wals und ist sehr salzig. Man wird davon krank.« Pottwale schlucken ihre Beute nämlich meistens ganz, und der Tintenfisch war bereits mit den aggressiven Magensäften durchtränkt, die für den Wal die Verdauung in die Wege leiten, doch bei Menschen zu schweren Magenschmerzen führen.

Schließlich wurde der Kopf vom Rückgrat getrennt. Die Männer kamen mit Seilen, legten sie um die imposante Trophäe und rollten den Schädel an den Rand des Strandes. Man konnte kaum noch erkennen, daß es sich um einen Walkopf handelte. Was einmal ein stumpfer schwarzer Rammbock gewesen war, war nun ein leerer knöcherner Schädel. Die Zähne waren schon lange aus den Kiefern herausgebrochen worden, um an die Touristen verkauft zu werden. Auch den Unterkiefer hatte man entfernt. Jetzt ähnelte der Schädel auf makabre Weise einem riesigen Vogel, vielleicht einem Silberreiher, der ins Wasser gefallen und verendet war. Der Oberkiefer sah aus wie ein großer, weißer Schnabel, und die großen Augenhöhlen und der doppelte Stirnbogen erinnerten an den Schopf des Vogel. Die leere Stirnbeinhöhle, wo der Walrat sitzt, hatte die Größe und Form eines riesigen Lehnsessels.

Zum Abendessen servierte die Frau des Schulmeisters Camillus, Brandur, Trondur und mir frisches Pottwalfleisch. Es schmeckte wie sehr dunkles Wildbret und war rauh und zäh. Pottwale lagern in ihren Muskeln Sauerstoff an, und deswegen ist ihr Fleisch mit Myoglobin gesättigt, was ihm eine dunkelrote, fast schwarze Farbe gibt. Als Gemüse gab es Blätter. Diese stammten, erklärte Camillus, von einem kleinen Busch, der in der Gegend wuchs. Der Boden ist zu felsig, als daß man Gemüse anbauen könnte, und die Blätter waren der Ersatz dafür. In Walrat gekocht, waren sie ganz annehmbar. Darum kauften die Bergbewohner auch den Walrat von den Leuten im Dorf. Wenn sie etwas von dem Walrat in eine Pfanne gaben, dann wurden sogar die bitteren Papayablätter genießbar, und es gab in kargen Zeiten immer etwas zu essen. Die Blätter der Papaya waren auch ein Mittel gegen Malaria. Doch dann mußten sie ohne Beigaben gekocht werden, denn es war der bittere Geschmack, der die Heilung brachte.

Am nächsten Tag waren alle Trockengestelle in Lamalera voll. Das Walfleisch verlor in der Tropenhitze langsam seine Flüssigkeit und schrumpelte zusammen, bis es wie alte Wurzeln aussah. Der in Streifen geschnittene Speck hing von den Trockengestellen herab wie riesige Ohrläppchen. Tropfen für Tropfen kam das Öl heraus, fiel in einfache Rinnen – ein Palmblatt oder ein Stück Wellblech – und rann in einen kleinen Eimer, in dem es gesammelt wurde. Während dieses Prozesses veränderte der Speck seine Farbe von Weiß über Buttergelb bis zu einem dunklen Ocker.

Die Stücke getrockneten Walfleisches sind die Währung in Lamalera. Bis vor kurzem benutzten die Dorfbewohner nur sehr selten Geldscheine oder Münzen. Das Walfleisch ist immer noch ihre Hauptwährung, und sie sagen »Geld kaufen«, wenn sie Walfleisch für Geld verkaufen. Sie ziehen es immer noch vor, Tauschhandel zu treiben. Jeden Samstag noch vor Tagesanbruch machen sich Gruppen von Frauen aus Lamalera mit Schüsseln, Bündeln und Körben auf ihren Köpfen auf den Weg. Sie nehmen den steinigen Pfad, der ostwärts an der Küste entlangführt. Bei Tagesanbruch haben sie die Hälfte der Strecke zu der kleinen Ansiedlung Wulan Doni hinter sich gebracht. Dort treffen sie sich mit den Frauen dieser mehr bäuerlich orientierten Siedlung. Ihr Treffpunkt ist der freie Platz unter dem Marktbaum. Die Frauen aus Lamalera bleiben auf einer Seite und beobachten, wie sich die anderen gegenüber niederlassen und ihre Handelsgüter ausbreiten. Es sind Bananenbüschel, verschiedene Gemüse, Flaschen mit *tuak* und Palmöl. Dann warten sie ab. Man kann deutliche Unterschiede zwischen den beiden Gruppen feststellen. Die Frauen aus dem Dorf, wo Gemüse angebaut wird, tragen hellere Farben, kleine Schmuckstücke, und ihre Kleidung ist besser. Die Frauen aus Lamalera hingegen tragen dunklere Farben, und ihre Kleidung ist funktionaler und schlicht. Gegen zehn Uhr erscheint der Marktaufseher, der einem Schulmeister ähnelt, eine schwere Hornbrille trägt und mit einer entfernt ans Militär erinnernden Uniform mit roten Abzeichen an den Schultern bekleidet ist. Er bläst in eine Pfeife, um die Aufmerksamkeit auf sich zu lenken. Daraufhin werden die Stimmen von den vielleicht zweihundert Frauen leiser, wenn er die Marktregeln vorliest, obwohl niemand ihm wirklich zuhört. Dann pfeift er noch dreimal, und die Frauen von Lamalera stürzen nach vorne. Inzwischen haben sie ihre Bündel aufgeschnürt und die Körbe geöffnet und tragen sie jetzt auf der Hüfte abgestützt. In jedem Behälter befindet sich dasselbe: getrocknetes Walfleisch, schwarz und knochenhart. Die Frauen von Lamalera bewegen sich zielstrebig durch die Reihen und mustern das Angebot von Obst und Gemüse. Diese Nahrungsmittel sind schwer auf dem felsigen Boden von Lamalera anzubauen. Sechs Einheiten Walfleisch werden angeboten, und man erhält dafür sechs Bananen, sechs Feigen oder sechs Stück von irgendeinem anderen Produkt. Innerhalb von zehn Minuten sind die meisten Behälter, in denen vorher Walfleisch war, mit Obst und Gemüse gefüllt, und der Marktbetrieb wird ruhiger. Jetzt schlendern die Frauen nur noch herum. Um ihre letzten Waren zu tauschen, nehmen sie sich mehr Zeit. Die Frauen, die sich auf dem Boden niedergelassen haben, stehen auf und sprechen über ihre erfolgreichen Geschäfte. Es wird geplaudert und getratscht. Um die Mittagszeit setzen die Frauen aus Lamalera ihre Bündel und Körbe wieder auf den Kopf und machen sich auf den langen Heimweg. Der Markt ist bis zur nächsten Woche geschlossen. Nicht ein Geldstück hat den Besitzer gewechselt.

Agnes Bataona hatte davon gehört, daß ich mich nach weißen Walen erkundigt hatte, und als ich am Abend des Markttages an ihrem Haus vorbeiging, kam ihr Bruder heraus und hielt mich auf. Er sagte mir, daß seine Schwester einmal eine ganze Gruppe weißer Wale gesehen hätte.

Agnes hielt sich in dem kleinen Hof hinter dem Haus ihrer Familie auf. Die Bataonas gehören zu den wichtigen Fischerfamilien, sie besitzen fünf *tena*, und ihr Haupthaus liegt direkt hinter den Bootsschuppen. Agnes saß auf dem Boden am Webstuhl. Sie lehnte sich zurück, um die Spannung auf dem Webrahmen zu halten, während sie einen doppelten dunkelroten Faden durchzog. Ich erkannte das Motiv. Es zeigte ein *tena*, das einen Pottwal verfolgte, einen springenden Harpunierer und einen Manta. Es war keine traditionelle Darstellung aus Lamalera, doch Camillus als Tourismuschef hatte sie vorgeschlagen, weil man sie gut an die Touristen verkaufen könne. Das Motiv war bei den Frauen von Lamalera inzwischen so beliebt, daß sie es auch für ihre eigenen Sarongs verwendeten. Ich schätzte Agnes auf ungefähr vierzig Jahre. Sie hatte ein rundes Gesicht, und ihre Haut hatte die Farbe von Mahagoni. Ihre dunklen Augen lagen unter dichten Augenbrauen tief in den Höhlen, was sie leicht hätte mürrisch aussehen lassen, wenn sie nicht dauernd gelacht hätte und sehr freundlich gewesen wäre. Außerdem hatte sie einen gewissen Charme. Wenn sie mit der Spindel hantierte, bewegte sie die Arme und Schultern sehr elegant, und wenn sie gestikulierte, wie sie es häufig tat, dann führten ihre Hände eine fließende Bewegung aus. Ihre Finger hätten, anstatt Fäden zu sortieren, genausogut über die Tasten eines Klaviers gleiten können.

»Es war vor sieben Jahren, als ich von Surabaya nach Lamalera zurückkam, weil ich schwer an Malaria erkrankt war«, erzählte sie. »Ich kam nach Hause, aber es gab keine Medizin, und mein Zustand wurde schlimmer. Nach vier Monaten war mein Gewicht von neunundsechzig auf sechsunddreißig Kilo gesunken. Mein Bruder sagte, wenn ich nicht schnell ins Krankenhaus ginge, würde ich sterben. Es war eine schlechte Zeit zum Reisen, und sie besorgten mir ein Motorboot. Die Wellen waren sehr hoch. Ich hatte große Angst und klammerte mich an das Boot. Das Boot schwankte von einer Seite zur anderen, und meine jüngere Schwester Lisa, die mich begleitete, lag unten im Boot und war eingeschlafen, nachdem sie sich übergeben hatte.«

Camillus hatte Schwierigkeiten, mit der Übersetzung nachzukommen. Agnes sprach Lamaholot, und im Verlauf ihrer Geschichte wurde sie immer stärker davon ergriffen. Sie sprach immer schneller, machte dann und wann eine Pause, um ihre Arme dramatisch in die Luft zu werfen. Die Erregung in ihrer Stimme und ihr plötzliches Innehalten, um tief Luft zu holen, zeigten deutlich, daß sie alles noch einmal in ihrer Erinnerung durchlebte.

»Ungefähr um elf Uhr morgens kamen wir in die Nähe der Landzunge bei Ata Die, und da tauchten die weißen Wale auf. Ungefähr zehn waren es, alle weiß. Ich sagte: ›Paß auf!‹ Ich hatte Angst, wir würden in sie hineinfahren. Sie kamen so nahe, daß ich dachte, sie würden das Boot rammen. Sie schwammen neben uns. Sie waren weiß wie ein Stück Papier. Mein Bruder Kor sagte mir, ich solle mich hinlegen und ausruhen, aber ich hatte solche Angst, daß ich nicht schlafen konnte. Dann fiel mir ein, was unsere Großeltern erzählt hatten, daß die Wale unsere Vorväter wären. Ich dachte, sie kämen vielleicht, um uns zu helfen, wenn wir ein gutes Leben geführt haben.«

»Was waren das für Wale?« fragte ich. Ich hatte noch nie von einer Gruppe weißer Wale gehört, außer von Belugas oder Narwalen, aber beide Arten kamen in indonesischen Gewässern nicht vor.

»Ich weiß, der Killerwal ist zum Teil weiß. Aber das waren keine Killerwale«, gab Agnes zurück. »Sie waren groß. So groß, daß ein Pilotfisch am Bauch eines der Wale die Größe eines kleinen Hais hatte. Ich sah es ganz deutlich. Die Köpfe der Wale waren überall um uns herum. Sie folgten uns, ganz wie unsere

Vorväter, und sie begleiteten uns, um uns Glück zu bringen. Genau wie unsere Großväter es gesagt hatten. Am Kap Ara Die ist immer eine schlimme Strömung, doch an diesem Tag war überhaupt keine Strömung, und wir waren so schnell in Alor, daß niemand es begreifen konnte. Ich glaube, die Wale haben uns geholfen. Wir kamen um vier Uhr nachmittags in Alor an. Als ich meiner Schwester Lisa von den Walen erzählte, sagte sie: ›Warum hast du mich nicht geweckt, damit ich sie auch sehe?‹ Doch ich antwortete: ›Du warst so seekrank, daß du nicht aufstehen konntest. Ich habe unsere Vorväter gesehen.‹«

Agnes war mit ihrer Geschichte fertig, und um das Ende zu unterstreichen, schob sie die Spindel energisch durch den Webrahmen. Meiner Meinung nach erzählte sie die Wahrheit, allerdings aus ihrer Sicht. Hatte sie im Fieber halluziniert? Ich glaubte das eher, und ihr Bruder Kor war nicht da, um ihre Worte zu bestätigen. Offenbar gab es eine weitere Episode aus Lamalera über weiße Wale, und diesmal war die Quelle eine Frau. Vorher waren es die Männer gewesen, die davon berichtet hatten, daß sie weiße Wale, ob nun real oder nur in ihrer Phantasie, gesehen hatten. Die Männer fuhren regelmäßig hinaus aufs Meer, um ihrer Arbeit nachzugehen, und hatten so die besten Chancen, auf einen weißen Wal zu treffen. Nun gab es auch unter den Frauen von Lamalera eine, die die Vorväter im Gewand der weißen Wale gesehen hatte.

Benedictus Gora hatte erstmals von einem weißen Wal gehört, als er noch in der Grundschule war, und er erinnerte sich, daß man ihm erzählt hatte, dieses Tier wäre aufgetaucht, nachdem man vier normale Pottwale harpuniert hatte. Jetzt war Benedictus fünfzig Jahre alt und wohnte hundert Meter vom Strand entfernt in einem kleinen Haus an einem Felsweg, den er trotz seiner neuen Aluminiumkrücken immer noch schwer betreten konnte. Deshalb suchten Camillus und ich ihn zu Hause auf. Der Tag, an dem Benedictus den weißen Wal gesehen hatte, war derselbe gewesen, an dem er sein Bein verloren hatte.

Der einbeinige Dorfbewohner war kein Kapitän Ahab, der davon besessen war, den weißen Wal zu erlegen. Benedictus war ein bescheidener Mann durchschnittlicher Größe mit einem runzligen Gesicht und trauriger Miene. Sein drahtiges Haar begann grau zu werden. Als wir bei ihm ankamen, trug er ein rötliches Hemd und einen karierten Sarong und saß im Schatten vor seinem Haus. Bis vor kurzem war er noch ein ganz gewöhnlicher Paddler auf der *Kebako Puka* gewesen. Jetzt riß er Palmblätter in Streifen und flocht daraus Schlafmatten. Das war die einzige bezahlte Arbeit, die er hatte finden können, denn er konnte nie mehr auf Walfang gehen. Er hatte sein linkes Bein ausgestreckt, es endete kurz unter dem Knie in einem bandagierten Stumpf. Die Wunde schmerzte immer noch, und während er mit leiser, sanfter Stimme von seinem Unfall erzählte, beugte er sich manchmal vor und massierte den Stumpf.

»Es war früher Nachmittag, und wir waren mit der *Kebako Puka* auf dem Weg zurück zum Strand, als die Leute Walfontänen entdeckten. Drei Wale kamen aus westlicher Richtung. Zwei der Fontänen waren ganz normal, aber die dritte war sehr groß und kraftvoll. Ich glaube, der Wal war über zehn Meter lang. Wir holten das Segel ein und wendeten das Boot, um ihnen zu folgen. Wir gaben dem Harpunierer die Harpunenspitze, und er montierte sie an den Bambusschaft. Dann kletterte er auf die Plattform. Der Harpunierer zielte mit der Harpune auf den Wal und rief dann plötzlich, der Wal sei weiß. Er sprang zurück ins Boot und sagte, wir sollen aufstehen und gucken, weil der Wal ganz weiß und sehr groß sei. Er war vielleicht fünfzehn Meter lang. Wir standen alle auf und sagten: ›He, nicht töten!‹

Dieser Wal war etwas Besonderes, wie ein Meeresgeist. Wir dachten alle: ›Bitte laß ihn verschwinden.‹ Aus Angst schrien wir laut auf den weißen Wal ein. Neben uns fuhren noch ein paar andere Boote, und wir machten sie auf den weißen Wal aufmerksam. Es war das erste und einzige Mal, daß ich mit eigenen Augen einen weißen Wal gesehen habe.«

Bald danach traf die Flotte auf eine ganze Herde Pottwale, die alle völlig normal aussahen. Die *Kebako Puka* kam nahe genug heran, um einen zu harpunieren. Die Harpunenleine lief über die Bordwand ab und eine Schleife legte sich um Benedictus' Unterschenkel. Er wurde bis zum Ende des Bootes mitgerissen und hing dort fest. Von einem dreißig Tonnen schweren Wal zusammengezogen, schnitt die Schlinge durch Fleisch und Knochen. Als ein anderes Mannschaftsmitglied die Leine gekappt hatte, war Benedictus' Bein schon abgetrennt. Der Unterschenkel hing nur noch an einem Fetzen Haut, und Benedictus war vor Schmerz ohnmächtig geworden. Die *Kebako Puka* brachte ihn, so schnell die Mannschaft paddeln konnte, nach Hause, doch in Lamalera gab es keinen Arzt. Das nächste Krankenhaus war in Larantuka, knapp fünfzig Kilometer entfernt, und die wöchentliche Fähre sollte erst in ein paar Tagen kommen. Die einzige Chance für den Verletzten bestand darin, ihn zu einem Motorboot zu bringen und damit weiterzubefördern. Aber in der Dorfgemeinschaft gab es nichts, was einem Rettungsdienst vergleichbar gewesen wäre, und Benedictus war zu arm, um den Treibstoff zu bezahlen. Glücklicherweise befand sich das japanische Filmteam auf der Insel. Sie hatten sich an diesem Tag ins Landesinnere begeben, während in der Bucht die Wale aufgetaucht waren. Sofort erklärten sich die Japaner bereit, die Kosten zu übernehmen, und noch am selben Abend war Benedictus im Krankenhaus. Doch es war zu spät, um sein Bein noch zu retten. Inzwischen, fast ein Jahr nach dem Unfall, hatte ein wohlhabender Auswanderer von der Insel die Kosten für eine Prothese übernommen, die gerade vor ein paar Tagen eingetroffen war. Benedictus' Frau, die, während sie ihm dabei half, eine Matte für den Verkauf zu flechten, geduldig seiner Erzählung zugehört hatte, ging die Prothese holen. Sie sah aus wie von einer Schaufensterpuppe. Der Plastikfuß steckte in einem billigen schwarzen Turnschuh, und daraus schaute ein hellgrüner Wollsocken mit drei weißen Streifen hervor. Es sah schrecklich aus, und ich bezweifelte, ob Benedictus jemals lernen würde, damit umzugehen. Als die Frau dieses groteske Objekt vorsichtig neben ihren verkrüppelten Ehemann legte, kam mir der Gedanke, daß es wohl kaum ein krasseres Bild für den Preis gab, den die Männer auf Walfang bei ihrem Kampf ums Überleben manchmal zahlen mußten.

Ein Element hatte sich bei den Erzählungen herauskristallisiert: Der weiße Pottwal war kein Einzelgänger. Alle Berichte von einem weißen Wal, oder mehreren, sagten aus, daß er normalerweise zusammen mit anderen, normalen Pottwalen auftrat. Trotzdem war er kein gewöhnliches Herdentier. Er hielt sich abseits, am Rande, oder zeigte sich, wenn eine Gruppe von Walen angegriffen wurde. So schmolzen meine Chancen, jemals einen weißen Wal zu sehen, dahin. Eine ganze Fangsaison konnte vergehen, ohne daß Wale auftauchten. In manchen Jahren schaffte es die Flotte aus Lamalera noch nicht einmal, nur in die Nähe einer großen Herde zu kommen. Bapak Pol, ein älterer Witwer, der nahe am Strand ganz für sich alleine lebt, führt in einem alten Schulheft Buch über alle erlegten Wale. Während der letzten fünfzehn Jahre waren siebenundzwanzig Tiere in einer Saison der Rekord gewesen, und das war in dem außergewöhnlichen Jahr 1995 passiert. Normalerweise lag die Fangquote unter zwanzig. 1983 hatte die gesamte Flotte nur zwei erlegt.

Trotzdem hielten Bernardus und ich unser kleines gelbes Schlauchboot neben den Bootsschuppen in Bereitschaft. Die Mannschaften gewöhnten sich daran, uns in ihrer Nähe herumlungern zu sehen, wenn sie die Bucht absuchten. Was sie erbeuteten, war niederschmetternd. An einem Tag fingen sie zwei kleine Walhaie und zwei Mantas, und den Tag darauf gar nichts.

Einen Tag später hatte die *Teti Heri* Glück. Es war das heruntergekommenste Boot der Flotte und hatte nur noch so wenig Farbe auf den Planken, daß es mehr als schäbig aussah. Doch ihre Mannschaft war gut. Bernardus und ich befanden uns fünfzig Meter entfernt, als ihr Harpunierer etwas im Wasser aufblitzen sah und darauf zeigte. Seine Mannschaft nahm die Paddel und legte los. Der Harpunierer war ein Veteran von Mitte vierzig. Er stand vorne auf der Plattform und gestikulierte. Den rechten Arm bewegte er in langsamen Kreisen, um seinem Steuermann zu zeigen, wohin die Beute schwamm. Die *Teti Heri* wendete, und die Verfolgung dauerte etwa fünf Minuten, bevor der Harpunierer zustieß. An dem dünnen, sechs Meter langen Harpunenschaft, den er benutzte, erkannte mein Gefährte Bernardus, um welche Beute es sich handelte. »Pari – ein großer Manta«, knurrte er. Wir waren nahe genug, um den Bambusschaft einzusammeln, als er sich von der Harpunenspitze gelöst hatte. Der Harpunierer war schon wieder an Bord der *Teti Heri*. Weiter passierte nichts. Es war, als ob die gesamte Mannschaft versteinert wäre. Keiner sprach oder bewegte sich. Unser kleines gelbes Schlauchboot und das heruntergekommene *tena* trieben auf der ruhigen See. Es herrschte Stille. Ich schaute Bernardus an, und er machte mit der Hand eine Bewegung nach unten, die Tauchen andeuten sollte. Der Manta hatte das Eindringen der Harpune gespürt und suchte jetzt Schutz, indem er direkt nach unten schwamm. Nun lag er entweder auf Grund oder hing bewegungslos am Ende der ausgerollten Leine. Die Fischer verharrten still und hofften, daß sich die Harpunenspitze nicht lösen würde. Ein großer Manta war ein wertvoller Fang.

Es war gespenstisch, als die Mannschaft der *Teti Heri* auf einmal einen Gesang anstimmte. Die erste Zeile wurde von einem alten Mann gesungen, und dann fiel die Mannschaft mit dem tiefen, dröhnenden Refrain ein. Es war ein bebender Gesang, wehmütig und ausdauernd. Er klang deutlich vernehmbar über die wenigen Meter, die unsere beiden Boote voneinander trennten, herüber und war so melancholisch, daß es nur ein Trauerlied sein konnte. Immer wieder erhoben sich die Stimmen und fielen ab. »Sie singen, solange der Manta unter Wasser ist«, erklärte Bernardus. »Sie singen von ihren Frauen und Kindern, die auf Nahrung warten.« Es war ein unheimliches Geräusch, das uns umgab, während wir dort saßen und sanft vom Meer geschaukelt wurden. So ging es fast eine halbe Stunde lang. Mit Ausnahme zweier Männer vorne am Bug bewegte sich keiner auf der *Teti Heri*. Diese beiden beugten sich abwechselnd über die Bordwand, legten die Hand auf die straff gespannte Harpunenleine und fuhren daran entlang. Mit großer Sensibilität kontrollierten sie die Spannung der Leine und fühlten das leichte Zittern, das von dem großen Tier dort unten heraufdrang. Der riesige Manta war viel zu groß und zu stark, als daß die Mannschaft ihn an die Oberfläche hätte ziehen können. Er mußte von selbst auftauchen, gelockt von dem Trauerlied der Mannschaft, so glaubten sie zumindest. Es dauerte lange Zeit, bis ein dritter Mann in dem Boot ein Stück der Leine einholte. Dann schwamm der Manta wieder los, und die Leine rollte langsam wieder ab. Das Warten dauerte an. Keine Anzeichen von Nervosität waren zu bemerken, nur absolute Geduld, während der Gesang andauerte.

Die Stimmen verstummten erst, als der Manta seinen letzten Versuch zu entkommen unternahm. Langsam, mit unendlicher Sorgfalt begannen die Mannschaftsmitglieder, über die Bordwand gelehnt, die Leine einzuholen. Sie zogen nicht. Sie hielten das dünne handgesponnene Seil nur möglichst straff. Sanft kam der große Rochen nach oben. Über ihm befanden sich die Männer. Zwei von ihnen hatten jetzt schwere Harpunen in den Händen, starrten in das Wasser und waren darauf eingestellt, zuzustoßen. Sie bewegten sich hin und her und versuchten das riesige Tier genauer zu erkennen, als dessen Silhouette plötzlich aus der Tiefe nach oben kam. Sie hoben ihre Harpunen und standen stocksteif da. Der Augenblick für einen einzigen, präzisen Stoß war gekommen. Wenn sie den Manta verfehlten oder nicht richtig trafen, dann könnte sich das wütende Tier losreißen. Die beiden Harpunierer stießen gleichzeitig zu. Beide waren erfolgreich, und einer traf so genau, daß der Manta sofort tot war. Wenn das große Tier den Rumpf und die Ausleger mit seinen weiten Schwingen bearbeitet hätte, wäre es für das Boot gefährlich gewesen. Statt dessen kam jetzt sein merkwürdiger Kopf mit den beiden Höckern, den »Teufelshörnern«, an die Wasseroberfläche, und die glückliche Mannschaft holte ihre Beute ein. Die Männer beugten sich heraus und legten eine Seite des rautenförmigen Tieres auf den Ausleger. Der Rochen war so schwer, daß die *Teti Heri* Schlagseite bekam und die eine Seite der Bordwand fast unter Wasser gedrückt wurde. Zentimeter um Zentimeter zog die Mannschaft das mächtige Tier an Bord. Als es zur Hälfte geschafft war und der Manta ausgebreitet über der Bordwand hing, schätzte ich seine Spannweite auf knapp drei Meter. Der Rochen war nicht platt und dünn wie eine Flunder. Sein kräftiger, glänzend erdbrauner Rücken verdickte sich zu einem beeindruckenden Buckel direkt hinter dem Kopf. Ich schätze, sein Gewicht betrug mindestens eine halbe Tonne.

Am nächsten Tag, dem 19. Mai, war das Glück allen gewogen, einschließlich Bernardus und mir. Der Tag begann wie üblich. Bernardus und ich waren der Flotte zu den Fanggründen gefolgt, und wir beobachteten jedes Boot genau. Der Morgen war heiß und wolkenlos, es wehte kaum Wind, und das Meer war tiefblau. Die Flotte befand sich fünf Meilen vor der Küste am östlichen Rand der Bucht. Es war Bernardus, der die verräterischen Anzeichen bemerkte. Unter den mehr als hundert Augenpaaren der Flotte war seines das erste, das die kleine Gischtfontäne sah. Sie erhob sich, in der für Pottwale charakteristischen Weise nach vorne gerichtet, ungefähr vierhundert Meter vor uns. Unser kleines Schlauchboot war von der gesamten Flotte am nächsten. Bernardus stieß ein tiefes Grunzen aus, startete den kleinen Außenborder und fuhr uns näher an den Wal heran, doch nicht zu nahe, damit wir ihn nicht verschreckten. Jetzt konnten Bernardus und ich klar erkennen, daß es ein ungefähr zwölf Meter langer Pottwal war, der ganz ruhig im Wasser lag. Sein Rücken bildete eine deutlich erkennbare schwarze Linie im Meer. Kaum eine Minute später zeigte eine weitere Gischtfontäne, daß das Tier dabei war, seine Lungen zu füllen.

In diesem Moment entdeckte die Mannschaft eines *tena* den Wal. Sie begannen damit, das Segel einzuholen und den Mast abzubauen und festzumachen. Es ist viel zu gefährlich, einen Pottwal anzugreifen, wenn das Boot durch den Mast und die Spiere stark toplastig ist. Das *tena*, es war wieder die glückliche *Teti Heri*, war in weniger als einer Minute zur Jagd bereit. Sie wendete und hielt auf den Wal zu, wobei die Mannschaft wie wild paddelte. Von unserem Schlauchboot aus konnten wir alles genau beobachten. Der Wal befand sich zwischen uns und dem *tena*, und ich blickte über den Rücken des Wals genau auf den Bug des auf uns zufahrenden Bootes. Der Harpunierer befand sich schon auf seinem Platz. Er trug ein gelbes Hemd, und die von ihm gehaltene Harpune schien direkt auf uns zu zielen. Wir hörten den Gesang der Mannschaft und das Schlagen der Paddel an die Bordwand. Der Wal atmete wieder aus. Die Fontäne spritzte in die Luft. Wieder einmal fragte ich mich, warum, um alles in der Welt, der Wal nicht tauchte. Wie konnte er nur daliegen, ohne sich zu bewegen, und tiefe Atemzüge machen? Wo blieb sein Überlebenstrieb? Warum zeigte er keine Reaktion? Ich wünschte mir einerseits, daß der Wal sich bewegen und fliehen würde, und andererseits verfolgte ich fasziniert, wie der Harpunierer vorne am Bug der *Teti Heri* in die Knie ging, die Harpune mit beiden Händen umschloß und am Schaft entlang das Ziel anvisierte. Der Assistent des Harpunierers befand sich dicht hinter ihm am Fuß der Plattform. Er hatte sich nach vorne gebeugt und behielt unter dem Arm des Harpunierers hindurch den Wal im Auge. Die *Teti Heri* fuhr jetzt mit Maximalgeschwindigkeit, vielleicht fünf oder sechs Knoten, vorwärts und warf eine kleine weiße Bugwelle auf. Meine Perspektive verzerrte die Entfernungen, und so entstand der Eindruck, die *Teti Heri* würde den Rücken des Wals rammen, noch bevor der Harpunierer sein Gerät schleudern konnte. In Wirklichkeit unternahm er seinen Angriff wohl aus zehn Metern Entfernung. Er sprang nach vorne und schleuderte im gleichen Moment seine Harpune. Ich sah das Wasser aufspritzen, als der Mann neben dem Wal ins Meer fiel.

Wieder passierte einige Augenblicke lang nichts. Der Harpunierer war wahrscheinlich zu seinem Boot zurückgeschwommen und hielt sich am Ausleger fest, aber das konnte ich nicht sehen. Statt dessen wurde die *Teti Heri* herumgerissen, und das Heck befand sich auf einmal da, wo vor ein paar Sekunden noch der Bug gewesen war. Einen Moment lang verschwand das Boot aus meinem Gesichtsfeld. Meine Sichtlinie befand sich nur einen halben Meter über dem Wasserspiegel, und die *Teti Heri* hatte nur eine geringe Freibordhöhe. Wenn sie und mein Schlauchboot sich gleichzeitig in einem Wellental befanden, dann reichte leichter Seegang schon aus, die *Teti Heri* aus meinen Augen verschwinden zu lassen. Als ich die *Teti Heri* wieder sah, hatte sich nichts verändert. Das *tena* befand sich noch an der gleichen Stelle und in der gleichen Position. Dann schoß das Boot mit einem mächtigen Ruck nach vorne. Es war ein fürchterlicher Satz, wie ich ihn noch nie zuvor gesehen hatte. Es war das, was die nordamerikanischen Walfänger »Nantucket-Schlittenfahrt« nannten, wenn ein Boot im Kielwasser eines davonrasenden Wals mitrissen wird. Die *Teti Heri* machte den Eindruck, als ob sie auf einmal mit einem starken Motor ausgerüstet sei. Das *tena* schoß vorwärts, der Bug kam aus dem Wasser, und der Rumpf wurde hin und her geworfen. Ich konnte das wilde Rufen der Mannschaft hören. Das Boot tanzte auf der Wasseroberfläche und zog eine deutlich sichtbare weiße Kiellinie hinter sich her. Genauso plötzlich brach die Fahrt ab, das Boot lag wieder ganz normal im Wasser, doch dann ging es plötzlich mit gleicher Geschwindigkeit in die entgegengesetzte

Richtung. Der Pottwal war getaucht und hatte seine Richtung um 180 Grad gedreht.

Es dauerte nur eine Minute, dann kamen der Wal und das mit ihm verbundene *tena* zur Ruhe. Ich war nur fünfzehn Meter davon entfernt, als der stumpfe Kopf des Pottwals aus dem Meer auftauchte und sich über dem Wasser drehte, um zurückzuschauen und nachzusehen, was ihn quälte. Ganz eindeutig schätzte der Wal die Lage ab. Dann ließ sich das Tier zurücksinken, legte sich auf die Seite, und im nächsten Moment hob sich die Flosse aus dem Meer und knallte mit einem schweren Schlag aufs Wasser. Der Angriff verfehlte sein Ziel, doch die Gischt durchnäßte die Mannschaft der *Teti Heri* bis aufs Hemd.

Während ich noch fasziniert zuschaute, tippte mir Bernardus auf den Arm und deutete aufgeregt in Richtung Süden. Dort bewegten sich fünf *tenas* mit Angriffsgeschwindigkeit übers Meer. Sie hatten die Masten und Segel eingeholt. Die Harpunierer standen schon auf ihren Plattformen, aber ihre Körperhaltung war noch entspannt. Die Harpunen waren noch nicht erhoben, sie hielten sie quer vor dem Körper, während die Mannschaften ihr Letztes gaben. Hundert Meter vor den dahineilenden *tenas* sah ich die runden Rücken von neun, zehn, vielleicht auch elf Pottwalen. Der Wal von der *Teti Heri* war wahrscheinlich ein Nachzügler gewesen. Jetzt war die ganze Herde aufgetaucht.

Die nächste halbe Stunde war die Hölle. Ein *tena* ist zu schwerfällig, um einen Wal zu verfolgen. Es kann nicht schnell genug gepaddelt oder gesegelt werden. Also mußten die Wale genau am richtigen Ort auftauchen und lang genug an der Oberfläche bleiben, damit die Boote herankommen konnten. Der Wind und die Strömung mußten passen, die Wale mußten sich in die richtige Richtung bewegen, und die Jagd durfte nicht später als am frühen Nachmittag beginnen, damit für die *tena* noch Zeit genug blieb, heimzukehren. Wenn ein Boot in der Dunkelheit an einem wütenden Wal hing, wäre das der reine

Selbstmord. Doch in diesem Augenblick stimmten alle Bedingungen für einen großen Kampf zwischen Walen und Jägern.

Die fünf führenden *tena* schlossen zu den Walen auf. In kurzen Abständen sprangen die Harpunierer und warfen ihre schweren Geräte. Die Wale drehten ab, um zu entkommen, und, wenn sie getroffen waren, versuchten sie, sich zu befreien oder anzugreifen. Ich fuhr mit dem Schlauchboot so nahe heran, wie ich mich traute und sah die gefurchte Haut der Wale, wenn sie kurz aus dem Wasser kamen, bevor sie wieder tauchten oder mit der großen Schwanzflosse zu einem wütenden Schlag ausholten. Wenn der Schlag von oben nach unten geführt wurde, ertönte ein donnerndes Krachen, war er seitwärts gerichtet, fegte eine Wasserwand über das Meer. Am beängstigendsten war es, wenn ein wütender Pottwal, mit dem Kopf voran, direkt unter einem Boot hochkam. Dann erhielt das *tena* einen harten Stoß, der den Rumpf ächzen ließ. Das gesamte Boot, sechs oder mehr Tonnen schwer, wurde in die Luft geworfen und fiel in einer Gischtfontäne zurück ins Wasser. Dabei klammerte sich die Mannschaft verzweifelt an ihr Boot. Manchmal fiel es direkt auf den Wal und bot, wenn es seitlich von ihm herunter ins Wasser glitt, einen fast komischen Anblick. Es gab keine Möglichkeit, Vorsicht walten zu lassen oder kontrollierte Manöver durchzuführen. Die Boote machten sich einfach an ihre Beute heran, und die Harpunierer sprangen auf ihre Opfer. Es war das reinste Chaos. Manchmal konnten die Harpunierer nur seitlich vom Boot springen, weil sich der Wal direkt unter ihnen befand und das Boot auf seinem Rücken gestrandet war. Bei anderen Gelegenheiten sprangen sie mit einem riesigen Satz nach vorne, um ihr gesamtes Körpergewicht in den Harpunenwurf zu legen. Ich konnte beobachten, wie einer der Männer das tat. Er flog durch die Luft, traf genau, die Harpune saß fest und ragte aus dem Wasser, als ob sie auf einen Felsen gestoßen wäre. Der Mann konnte sie nicht festhalten, er rutschte den Schaft hinunter und landete auf dem Rücken des Tiers. Ein weiterer Harpunierer wollte gerade zum Sprung ansetzen, als ein anderer Wal als der, den er im Visier hatte, das *tena* mit dem Kopf rammte. Der Mann fiel kopfüber ins Wasser. Viele der selbstgemachten Harpunenspitzen hielten nicht, und die Wale entkamen. Doch einige Harpunenspitzen saßen fest, und in diesem Moment war das Boot mit einem lebenden Schlepper verbunden, der mit seiner breiten Schwanzflosse die Kraft von mehreren hundert Pferdestärken entwickeln konnte. Da und dort befanden sich Boote im Schlepptau, und ihre Mannschaften erhoben ein Geschrei, in dem sich Aufregung, Triumph und Furcht vermischten. Gischt und Wasser spritzte auf. Die Boote knallten mit dumpfen Schlägen gegeneinander. Ein Wal tauchte unter einem Boot auf, und das kleine Schiff wurde in die Luft geschleudert, die Paddel flogen heraus, während sich die Mannschaft an den Ruderbänken festklammerte, um nicht über Bord zu gehen. Ich sah, wie sich ein Harpunierer flach auf dem Bauch liegend an seine Plattform klammerte, während sein Boot hin und her geschüttelt wurde. Dann konnte er sich nicht mehr halten und fiel wild mit Armen und Beinen rudernd auf den Kopf eines Pottwals.

Selbst aus weniger als zwanzig Metern Entfernung war es unmöglich, zu sagen, welches *tena* welchen Wal harpuniert hatte. Ohne Zweifel hingen zwei der Boote am gleichen Wal, und ein *tena* hatte seine Harpunen in zwei Walen stecken. Bei den Befreiungsversuchen der Wale wurden die an ihnen hängenden Boote hin und her geschleudert. Sie prallten gegeneinander. Harpuniererplattformen brachen ab, und die Boote verhakten sich mit ihren Auslegern. Einer der Wale mußte beschlossen haben, sein Heil in der Flucht zu suchen. Das an ihm hängende Boot wurde herumgerissen und verließ plötzlich das allgemeine Durcheinander. Ich blickte ihm nach, bis es aus meinem Gesichtsfeld verschwand. Sein Platz wurde von anderen Booten eingenommen, die herbeieilten, um an der Jagd teilzunehmen. Alle Boote der Flotte versuchten nun, den Kampfplatz zu erreichen, die Mannschaften beeilten sich, Masten und Segel zu verstauen und sich ins Getümmel zu stürzen. Acht Boote hatten sich zu einer Gruppe zusammengeschlossen, unter der das Wasser brodelte wie bei einem unterseeischen Vulkanausbruch.

Dann öffnete sich die Formation wie ein Blütenkelch. Zwei *tena* schossen wie Rennboote tief im Wasser liegend und mit deutlicher Bugwelle aus ihrer Mitte heraus. Es war ein unheimlicher Anblick. Vor jedem Boot, nicht weiter als zehn Meter entfernt, befand sich ein Pottwal. Die Tiere schwammen mit aller Kraft an der Wasseroberfläche, ihre Körper bewegten sich auf und ab, während sie mit mächtigen Flossenschlägen beschleunigten. Die beiden Wale schwammen nebeneinander und zogen die Boote hinter sich her. Es erinnerte mich an eine Zirkusnummer, bei der zwei Pferde in der Manege galoppierten und die Artisten mit den Zügeln in der Hand auf ihren Rücken standen.

Ich war von dem Anblick wie gebannt und versuchte dieses Schauspiel zu filmen, als Bernardus den Außenborder anließ, Gas gab und zu einer Seite hin auswich. Als ich vom Kamerasucher hochblickte, bemerkte ich, daß die Zirkusnummer direkt auf uns zugekommen war und uns Sekunden später überrannt hätte.

Aus sicherer Entfernung verfolgte ich jetzt das Auf und Ab des Kampfes. Inzwischen zeigten sich die ersten Flecken roten Blutes auf dem Meer, und ein Wal lag nahezu bewegungslos da, umgeben von drei *tena*, die darauf hofften, ihm den Gnadenstoß geben zu können. Mit einem mächtigen Strudel durchbrach ein Wal die Wasseroberfläche und schüttelte den Harpunenschaft ab, der in seinem Rücken steckte. Plötzlich kam ein Boot auf der genau gegenüberliegenden Seite des Kampfplatzes in Sicht. Es war von dem harpunierten Wal weggezogen worden, der wohl an einer langen Leine hing, denn das Boot tanzte in großen Kreisen auf den Wellen. Als der Wal im nächsten Moment seine Richtung änderte, geriet die Leine außer Kontrolle.

Das schnell dahinschießende Boot überschlug sich. Einen Augenblick lang hing es in der Luft, dann purzelten die Männer, der Mast, das Segel, die Paddel und die sonstige Ausrüstung heraus, und es trieb kieloben auf dem Wasser. Mit einem plötzlichen Ruck riß die Leine. Zurück blieb das umgekippte *tena,* umgeben von den Köpfen der Mannschaft, die sich beim nächstgelegenen Boot in Sicherheit brachte.

Das Gewimmel löste sich jetzt auf. Das Geschehen verlagerte sich auf zwei Gruppen von Booten, und immer mehr Blut tränkte das Wasser. Bernardus und ich trieben vielleicht hundert Meter luvwärts.

Whaaruumpph! Ein mächtiger Laut direkt hinter uns. Ich wirbelte herum, um nachzusehen. Keine zehn Meter von uns entfernt befand sich das geöffnete Blasloch eines Pottwals. Die S-förmige Öffnung war ganz deutlich zu erkennen. Das Tier bewegte sich so schnell, daß es den Atem mit einem lauten Schnaufen ausstieß, das ich nur mit dem Brüllen des Minotaurus – wie ich es mir vorstelle – vergleichen konnte. Dieses heftige Ausblasen eines Pottwales, der mit voller Geschwindigkeit an der Oberfläche schwimmt, »Kopf oben« wie die Walfänger es nannten, war ein gewaltiges Schnauben. Der Wal befand sich nicht auf der Flucht, er schien vielmehr blindlings auf uns zuzukommen. Bernardus stieß einen schrillen Pfiff aus, um die Flotte zu warnen. Wir hatten es hier mit einem riesigen *kea* zu tun, einem »Retter«, der den Angriff aus weiter Entfernung mitbekommen hatte und nun seinen Artgenossen helfen wollte.

Der *kea* raste hinter unserem Schlauchboot vorbei, das durch sein Kielwasser zu wanken begann. Das Tier schenkte uns keine Beachtung. Es war auf dem Weg mitten ins Getümmel. Hundert Meter vor den Booten wurde der Wal langsamer und hielt fast an. Er drehte sich längs zu den Booten und schwamm langsam an dem Schauplatz des Kampfes vorbei. Es schien, als ob er die Lage in Augenschein nahm und verwirrt war. Er überlegte sich, was zu tun sei. Doch es gab nichts zu tun. Die Wale, die sich von den Harpunen befreien konnten, waren weg und die, die man erwischt hatte, lagen in ihren letzten Zügen. Der *kea* schwamm unschlüssig herum.

Ich blickte auf. Eines der Boote hatte den Neuankömmling bemerkt. Es war die *Demo Sapang*. Ihr Harpunierer witterte die Chance, einen hervorragenden Fang zu machen. Er stand mit der Harpune in der Hand auf seiner Plattform, und die Mannschaft paddelte wie wild, um an den zögernden *kea* heranzukommen. Für mich war es eine Wiederholung der Szene, mit der alles begonnen hatte. Wieder schaute ich über den Wal direkt auf den Bug des herankommenden Bootes. Ich sah beide Reihen Paddel, die sich auf jeder Seite des Bootes auf und ab bewegten, während die *Demo Sapang* auf ihre Beute zufuhr. Leise sagte ich in Richtung des Wals: »Tauch! Mach dich davon! Es gibt nichts, was du tun kannst.« Ich hatte genug von dem Abschlachten. Der Gedanke, daß dieses Tier gekommen war, um seinen Gefährten zu helfen, berührte mich tief, doch jetzt bot es sich selbst als Opfer dar. Das *tena* war nicht mehr als zwanzig Meter entfernt, gerade noch außerhalb der Harpunenreichweite, als der *kea* offensichtlich zu dem Schluß gekommen war, daß es nichts mehr zu retten gab. Das Tier krümmte langsam seinen Rücken, die mächtige Schwanzflosse hob sich aus dem Wasser, und das Wesen verschwand in den sicheren Tiefen des Ozeans. Der Harpunierer richtete sich sofort auf und setzte die Harpune ab. Seine Mannschaft entspannte sich. Dieser Wal würde am Leben bleiben.

Der Anblick der acht Männer, einige mit nacktem Oberkörper, die Arme angespannt die Paddel auf und ab bewegend, und die schmale Silhouette des *tena* hatte mich noch an etwas anderes erinnert – an das Bild eines großen Indianerkanus. Mir kamen die Worte des Schamanen des Berges ins Gedächtnis, der gesagt hatte, daß die Wale »eine Art von Kühen wären, die ins Meer gegangen sind«. Plötzlich erkannte ich eine Entsprechung zwischen den prähistorischen Szenen und dem Pottwalfang.

Auf den weiten Ebenen von Nordamerika jagten die Eingeborenen die großen Büffelherden. Gemäß den Jahreszeiten folgten die Büffel wie die Pottwale immer gleichen Wanderwegen. Die Indianer warteten an bestimmten Orten und zu bestimmten Zeiten im Jahr auf sie und erlegten mit großem Mut die Nachzügler. Genau das machen die Walfänger von Lamalera noch immer. Ihre Beute war größer und viel schwerer zu erlegen, aber genauso wichtig für ihr Überleben.

Bernardus und ich blieben noch bei der Flotte und schauten, ob wir bei der Bergung des umgekippten *tenas* helfen konnten. Doch unsere Hilfe wurde nicht benötigt. Der Unfall war nicht ungewöhnlich, und die Männer wußten, was zu tun war. Die Mannschaft des kieloben schwimmenden Bootes kletterte auf den Rumpf und drehte ihn mit vereinten Kräften um. Das Boot lag immer noch, Heck voran, zu neun Zehnteln unter Wasser, und die Plattform des Harpunierers ragte wie eine Boje aus dem Meer. Ein anderes *tena* kam längsseits, und der Bug des halbversunkenen Bootes wurde wie ein übergroßer Fang auf den Ausleger gezogen. Die beiden Bootsmannschaften ruckten gemeinsam an dem vollgelaufenen Bootsrumpf, um das Wasser herauszubekommen. Im entscheidenden Moment schoben sie es vom Ausleger, und das beschädigte Boot lag jetzt auf dem Wasser, so daß sich die Bordwand nur ein paar Zentimeter über dem Meeresspiegel befand. Die Mannschaft schwamm um das Boot herum und schöpfte mit Körben das Wasser aus dem Rumpf, bis zuerst ein Mann, dann ein zweiter hineinklettern konnte, was das Schiff unter dem Gewicht gleich etwas absinken ließ. Schließlich befand sich die gesamte Mannschaft wieder an Bord, und eine Stunde später war sämtliches Wasser aus dem Boot, der Mast und das vollgesogene Segel geborgen und verstaut, und das *tena* machte sich auf den Heimweg.

Bernardus und ich fuhren voran und warteten am Strand in der Abenddämmerung auf die heimkehrende Flotte. Der Fang war außergewöhnlich. Sie hatten fünf Wale erlegt. Drei *tena* hatten ihren Fang längsseits festgebunden, und die Mannschaften hatten ihre Wale ohne Hilfe gefangen. Vier *tena* teilten sich die beiden anderen Wale und zogen ihre Beute gemeinsam. Eins nach dem anderen fuhren die Boote um die Landzunge herum, und das enorme Gewicht ihrer Beute ließ sie nur sehr langsam vorankommen. Die Mannschaften waren in Hochstimmung. Das Paddeln wurde von einem Triumphgesang begleitet. Die Männer ließen den Refrain erschallen. Sie legten sich ins Zeug, und alle Gesichter strahlten vor Freude.

Am nächsten Morgen dümpelten fünf tote Wale in der Brandung. Alle waren ganz normale schwarze Wale, dennoch fiel mir auf, daß an den Stellen, die über Nacht auf dem Sand gescheuert hatten, die Haut jetzt weiß schimmerte. Trondur wies mich auf die runden hellen Stellen an den Köpfen der Wale hin. Das waren Male der Saugnäpfe von Tintenfischen, die ihre Fangarme um den Angreifer schlangen. Drei Tiere trugen auch Bißwunden am Körper, die von Kämpfen der Pottwale untereinander stammten. Die Wale waren zwischen acht und zwölf Meter lang, eine durchschnittliche Größe für einen Pottwal, die außerdem der Vorgehensweise der Jäger entsprach, wie sie mir der Dorfvorsteher erklärt hatte. Die Harpunierer griffen nur Wale an, mit denen sie auch fertigwurden. Die ganz großen, die richtigen Monster, ließen sie in Ruhe. Es würde wohl an die zwei Tage dauern, bis die Wale aufgeteilt wären. Und wieder würde es keine Verschwendung geben. Doch diesmal würden auch die Witwen und entfernten Verwandten ihren Anteil bekommen.

Vor fünfundzwanzig Jahren hatte die Welternährungskonferenz einen wissenschaftlich geschulten Walfänger nach Lamalera geschickt, um den Leuten die modernen Techniken des Walfangs beizubringen. Es war ein Norweger, den sie »Mr. Paul« genannt hatten. Er kam mit einem zwölf Meter langen Glasfiberboot an, das von einem Sechzig-PS-Motor angetrieben wurde. Das Boot stammte aus Japan und war mit einer Harpunenkanone ausgerüstet gewesen. Mr. Pauls Auftrag bestand darin, den Leuten in Lamalera zu zeigen, wie sie mehr Wale fangen könnten, wie man mit Netzen fischte und wie man den Fang in einer Konservenfabrik verarbeitete. Er leistete hervorragende Arbeit. Er verschwand mit seinem Boot am Horizont und kam schon bald mit einem Wal im Schlepptau zurück. Das wiederholte sich immer wieder. Schon bald lagen so viele Wale am Strand, daß die Dorfbewohner mit dem Schlachten nicht mehr nachkamen. Der Preis des Walfleisches auf dem Markt von Wulan Doni sank, die Dorfbewohner verkauften das Fleisch für Bargeld in den benachbarten Dörfern und, was das Schlimmste war, Reste des Kadavers blieben am Strand liegen. Als sein Vertrag nach drei Jahren auslief, verließ Mr. Paul die Insel. Die Bewohner von Lamalera hatten ihn wirklich gemocht und waren traurig, als er sie verließ. »Doch es war nicht gut«, erklärte der *kapala desa* und schüttelte den Kopf. »Die Netze gingen kaputt, und es war zu teuer, sie zu ersetzen. Und wir brauchten auch nicht so viele Wale. Wir wußten nicht, was wir mit ihnen machen sollten. Sie blieben am Strand liegen und fingen an zu stinken. Es war die reinste Verschwendung.«

Heute kommen ausländische Experten internationaler Organisationen nach Lamalera, um die Pottwale zu zählen und nicht, um sie zu jagen. Die neuen Besucher sammeln Daten, um zu entscheiden, ob die Waljagd verboten werden soll. Ich hätte dem *kapala desa* sagen können, daß Wissenschaftler heute davon ausgehen, daß es in den Weltmeeren zwischen eineinhalb und zwei Millionen Pottwale gibt, genauso viel wie alle fünf anderen großen Walarten zusammengenommen. Die kaum vierzig Wale, die die Fischer von Lamalera mit ihren Paddelbooten pro Jahr fangen, fallen demgegenüber keinesfalls ins Gewicht. Indonesien hat das Internationale Walfangabkommen nicht unterzeichnet, und es liegt auch nicht im Interesse der Kommission, den Eingeborenen den Walfang zu verbieten. Aber es gibt natürlich ausländische Gruppen, die jeglichen Walfang verbieten wollen. Doch dann hätte ich auch erklären müssen, daß es große Fangschiffe gab, die mit Hubschraubern zum Aufspüren der Wale und mit Kanonen, die Detonationsgeschosse abfeuerten, ausgerüstet waren, die den Bestand der Großwale erheblich dezimiert hatten, ähnlich wie die taiwanesischen Schleppnetzfischer unter den Haien aufgeräumt hatten. Mir kam auch der amerikanische Büffel in den Sinn, der von Männern mit Gewehren fast ausgerottet worden war, obwohl sie nur die Zunge und das Fell wollten und den Rest vergammeln ließen. Wenn ich versuchen würde, dies einem Mann zu erklären, für den der Walfang so hart und gefährlich war wie die Büffeljagd für die damaligen Indianer, dann würde ich nur auf Unverständnis stoßen. Er hätte recht, wenn er daraus schlösse, daß er und sein Dorf von den Entscheidungen widersprüchlicher und übermächtiger Kräfte abhingen und daß die Menschen in Lamalera genauso verwundbar waren wie die Wale und genauso wenig über ihr eigenes Schicksal bestimmen konnten.

Wenn Pottwale wütend sind, dann schwimmen sie mit offenem Maul. Ein solcher Pottwal gibt ein furchteinflößendes Bild ab, wenn er auf dich zukommt. Trondur mußte dies erleben, als er sich im warmen Wasser treiben ließ und ein Pottwalbulle genau auf ihn zuschwamm. Ein zweiter, noch wütenderer Pottwal tauchte nur zwei Meter links von ihm auf. »Wenn du mich schon haben willst«, sagte Trondur in Gedanken zu dem geöffneten Maul, »dann nimm mich ganz und laß nichts übrig.« Es war ein verständlicher Wunsch. Der Unterkiefer eines Pottwals ist immer leicht geöffnet und zeigt ungefähr fünfzig gelbliche Zähne. Jeder Zahn ist bis zu zwanzig Zentimeter lang, doch nur das oberste Drittel ragt aus dem Kiefer heraus. Der Rachen hinter dieser Reihe von scharfen Bolzen ist ein weiter Tunnel von rötlicher Farbe. Im letzten Moment spürte Trondur ganz deutlich, wie das Tier seine Anwesenheit wahrnahm. Mit unglaublicher Präzision änderte der Wal seine Richtung. Der pechschwarze Körper mit der Masse von einem Dutzend Elefanten schoß an ihm vorbei. Trondur fühlte den davon ausgehenden Sog. Einen Moment lang war der Abstand zwischen den beiden Tieren so gering, daß er beide mit ausgestreckten Armen hätte berühren können. Es gab einen kurzen Strudel, der ihn durchschüttelte, und dann waren die Wale weg. Zurück blieb Trondur, der nun mit einem anderen Problem zu kämpfen hatte, denn er war ein ziemlich miserabler Schwimmer.

Drei Tage, nachdem die fünf Wale erlegt worden waren, wiederholten sich zum allgemeinen Erstaunen und zur allgemeinen Freude die Ereignisse. Eine weitere Herde Wale tauchte direkt vor der Flotte der *tena* auf, gerade als die Strömung, der Wind und die Gezeiten optimal waren. Die Mannschaften wollten ihr Glück fast nicht glauben. Ältere Fischer konnten sich kaum daran erinnern, wann es schon einmal zu zwei großen Walfängen so kurz hintereinander gekommen war. Später erfuhr ich dann, daß einige der Dorfbewohner meine, Trondurs und Brandurs Anwesenheit in Lamalera mit dem Auftauchen der Wale auf geheimnisvolle Art in Verbindung brachten.

Trondur war mit der Flotte hinausgefahren und hatte seinen Skizzenblock und eine Kamera mitgenommen, um Fotos zu machen, die er später als Vorlage für seine Zeichnungen benutzen wollte. Der Harpunierer in Trondurs Boot harpunierte einen Wal, und das wildgewordene Tier schoß davon. Es schwamm direkt auf ein anderes Boot zu. Auch dieses Boot hatte einen Wal harpuniert, und die Mannschaft war voll und ganz damit beschäftigt, des großen Tieres, das neben dem Boot aufgetaucht war, Herr zu werden. Als erfahrener Seemann wußte Trondur sofort, was passieren würde. Der flüchtende Wal würde tauchen und Trondurs Boot unter das andere ziehen. Trondurs Gefährten, die Männer aus Lamalera, erkannten diese Gefahr ebenfalls und verließen das Boot. Sie sprangen ins Meer und schwammen, so schnell sie konnten, in die entgegengesetzte Richtung, um so weit wie möglich von der Kollision entfernt zu sein. Sie schwammen, ohne nachzulassen, da sie die warmen tropischen Gewässer gewohnt waren, in denen sie schon als Kinder gespielt und herumgetobt hatten. Trondur aber ist ein nordischer Seemann. Aufgewachsen auf den Färöer-Inseln, hatte er nie schwimmen gelernt. Die alten Fischer auf den Färöer-Inseln sind davon überzeugt, daß ein Seemann, der nicht schwimmen kann, sich mehr um das Schiff sorgt und damit ein besserer Seemann ist. Und wenn ein Mann in seiner dicken Kleidung und den Arbeitsstiefeln über Bord fällt, dann wären seine Schwimmversuche entweder vergeblich oder würden nur dazu führen, daß er schließlich erfror. Da war es schon besser, schnell zu ertrinken. Jahre später, auf meinen Expeditionen in wärmeren Gewässern, hatte Trondur zumindest etwas schwimmen gelernt, auch wenn er nur in der Lage war, ein paar Meter am Stück zu bewältigen. Jetzt stand er alleine in dem dahinschießenden Boot und wartete, bis der Wal tauchte und das Seil sein Boot nach unten zog. Dann sprang Trondur um sein Leben.

Als er keuchend wieder an die Oberfläche kam, hoffte er, es bis zum nächsten Boot zu schaffen und sich daran festzuklammern, bevor er untergehen und ertrinken würde. Das nächste Boot war jenes, das mit dem längsseits aufgetauchten Wal kämpfte. Wie ein Hund paddelnd, schaffte er die paar Meter, doch zu seinem Entsetzen zog der Wal das Boot gerade in dem Moment weg, als er es fast erreicht hatte. Trondur blickte sich um. Das Boot, von dem er gesprungen war, schwamm jetzt kieloben wieder auf der Wasseroberfläche. Trondur schaffte es gerade bis zum Rumpf und klammerte sich daran fest, bis die Mannschaft dazukam, das Boot wieder aufrichtete und das Wasser herausschöpfte. Trondur war erstaunt, daß das Boot nur kleinere Schäden davongetragen hatte. Das Segel war zerfetzt. Im Rumpf gab es ein paar Kerben und Absplitterungen, doch es waren nicht so große Beschädigungen zu sehen, wie er sie eigentlich erwartet hatte. Trondur konnte es sich nur so erklären, daß, als das Boot unter Wasser gezogen wurde, dort etwas Großes, Weiches wie ein Polster gewirkt haben mußte. Dieses große, weiche Etwas mußte der andere Wal gewesen sein. Das Boot war bei seinem Unterwasserausflug unter einem Pottwal und einem anderen *tena* hindurchgezogen worden. »Gut, daß das Wasser so warm ist«, meinte Trondur zu mir, als er an diesem Abend an Land kam. »Aber ich habe meine Kamera verloren. Doch das macht nichts, ich werde mich immer an dieses Bild erinnern.«

Ich war an Land geblieben. Der Fang der fünf Wale hatte mir gereicht. Ich hatte die Walfänger ganz unmittelbar beobachten können. Ich respektierte ihre Fähigkeiten und ihren Mut und erkannte die Notwendigkeit ihres Tuns an. Doch ich hatte keine Freude an dem Anblick verwundeter Wale und dem blutgetränkten Wasser. Außerdem gab es einen Hinweis auf den weißen Wal, dem ich nachgehen wollte.

Der Hinweis stammte aus einer beiläufigen Bemerkung, die ein kleiner dunkelhäutiger Fischer am Strand mir gegenüber gemacht hatte. Es war Paulus Ebang, ein Mitglied der Familie, deren Vorväter auf dem Rücken eines Bartenwals hier in Lamalera angekommen sein sollen. Paulus hatte erwähnt, daß er an Bord der *Baka Tena* gewesen war, als diese absichtlich von einem weißen Wal angegriffen worden war. Sein Hinweis war der erste, der andeutete, daß der weiße Wal aggressiv war und sich so verhielt wie der sagenumwobene Moby Dick. Nach Paulus' Aussage hat der Angriff im letzten Jahr stattgefunden. Als die Flotte gerade eine große Herde Pottwale attackiert hatte, sei ein völlig weißer Wal aus westlicher Richtung herangekommen. Paulus schlug vor, daß ich mit dem Assistenten des Harpunierers der *Baka Tena*, mit Marinus Lelaona, sprechen sollte. Er hatte während des Angriffs im Boot gestanden und alles genau mitbekommen.

Marinus war vierundzwanzig Jahre alt, sehr nervös und fummelte, wenn er sprach, mit seinen Händen herum. Er saß auf der Bordwand eines Bootes, das sich in einem Schuppen befand, und hatte den Kopf verschämt gesenkt. Zwischen den Sätzen schaute er auf, als wollte er sich versichern, daß ich seiner von Camillus übersetzten Geschichte auch folgen konnte.

»Es war am dreißigsten April, kurz bevor die Walsaison beginnt. Jemand entdeckte Pottwale in der Bucht und rief: ›Baleo! Baleo!‹ Wir brachten die *Baka Tena* ins Wasser und fuhren Richtung Süden. Nach einiger Zeit sahen wir drei Pottwale. Sie kamen von Westen, und wir nahmen Kurs auf sie. Wir holten das Segel ein und begannen zu paddeln. Unser Harpunierer, sein Name ist Alfredus, befestigte die Harpunenspitze am Schaft und nahm seinen Platz ein. Als wir in der Nähe der Wale waren, drehte sich Alfredus um und fragte die Mannschaft: ›Wer ist unser Ahnherr? Wo ist er?‹ und die Mannschaft antwortete: ›Der da, der direkt vor der Harpune.‹ Und er rief: ›Los, los, paddelt schneller und macht euch an ihn ran.‹ Dann harpunierte Alfredus den Wal, und es gab einen Ruck an der Leine, schneller und schneller, und er zog uns erst Richtung Süden, dann wieder nach Westen. Danach wurde der Wal müde, kam an die Oberfläche und lag ganz ruhig da.«

»Was ist mit dem weißen Wal? Wann hast du den gesehen?«

»Alfredus wollte eine zweite Harpune in unseren Wal setzen. Er richtete die nächste Harpune her und stand auf der Plattform bereit, zuzustoßen, als der weiße Wal angriff.«

»Hast du den weißen Wal kommen sehen? Oder war er schon die ganze Zeit da?«

»Ich habe ihn vorher nicht gesehen. Erst als er angriff«, sagte Marinus. »Ich habe auf Alfredus geblickt. Doch andere aus der Mannschaft sagen, sie hätten den weißen Wal aus südlicher Richtung auf uns zuschwimmen sehen. Er kam von vorne, schwamm an dem Boot vorbei, und wir dachten, er wäre weg. Es war ein sehr großer Wal, viel größer als das *tena*, vielleicht drei Meter länger. Sein Weiß war nicht wie das eines Knochens, sondern dasselbe Weiß, das ein Stück helles Treibholz annimmt, wenn es jahrelang in der Sonne liegt. Vielleicht war der Wal auch wegen seines Alters weiß. Nachdem er an unserem Boot vorbei war, drehte der weiße Wal um und kam zurück. Er schwamm am Boot entlang, an der rechten Seite des Bootes, und als er dort war, wo unser Harpunierer stand, im Begriff mit der Harpune zuzustechen, schlug der weiße Wal mit seiner Schwanzflosse zu. Sie zielte auf Alfredus und traf ihn seitlich. Die Flosse traf ihn so hart, daß die Harpune aus seinen Händen flog und der Bambusschaft zersplitterte. Ein Splitter flog hinten ins Boot und brachte einem aus der Mannschaft eine böse Kopfwunde bei. Zufällig war der Getroffene Alfredus' Vater. Alfredus selbst wurde von dem Schlag von der Plattform gefegt und fiel ins Wasser. Bei seinem Fall schlug er mit dem Kopf gegen den Rumpf und war auch am Kopf verletzt. Wir zogen Alfredus wieder an Bord und verbanden seinen Kopf mit einem Stück Tuch. Vorher taten wir noch etwas Tabak auf die Wunde, damit sie heilte. Danach sagte Alfredus, daß er in der Lage wäre, den Wal, den er harpuniert hatte, zu erlegen.«

»Was war mit dem weißen Wal? Hast du ihn wiedergesehen?«

»Nein, nachdem er unseren Harpunierer angegriffen hatte, schwamm der weiße Wal davon, und ich hab ihn an diesem Tag nicht mehr gesehen.«

»Glaubst du, der weiße Wal hat den Harpunierer mit Absicht angegriffen? Glaubst du, er wußte, was er tat, oder war es nur ein Zufall?«

»O, der weiße Wal kam, um uns anzugreifen und dem anderen Wal zu helfen«, erklärte Marinus, ohne zu zögern. »Wir sprachen danach untereinander über den Angriff. Wir sagten, daß der weiße Wal uns angegriffen hat, weil wir gestritten haben. Sylvester, der das Kommando über das Boot hatte, war wütend auf seinen Bruder Jacobus gewesen. Sie stritten darüber, wer die Walzähne bekommt. Die Alten sagten uns, daß die Pottwale es wissen, wenn es Streit in der Mannschaft gibt, und sich uns nicht ergeben, sondern uns bestrafen.«

Das war eine faszinierende Mischung aus Beobachtung, überliefertem Wissen und Aberglaube. Hatte der weiße Wal wirklich gewußt, wo er mit seiner Schwanzflosse zuschlagen mußte? Hatte das Tier eine Ahnung, daß der erfolgreichste Angriff der auf den Harpunierer war? Eine solch wohlüberlegte Tat anzunehmen schien weit hergeholt, trotzdem gab es keinen Zweifel, daß der weiße Wal wie ein *kea* handelte, indem er anderen Walen in Not zu Hilfe kam. Damit entsprach sein Verhalten einem Schema. Ich erinnerte mich jetzt daran, wie an dem Tag der fünf harpunierten Wale einer der getroffenen Wale seinen Kopf aus dem Wasser gehoben hatte, um nachzusehen, was vor sich ging. Ohne Zweifel hatte der weiße Wal bei seinem Erscheinen auf ähnliche Weise die Situation begutachtet. Es bestand also die Möglichkeit, daß er den Harpunierer als den entscheidenden Gegner erkannt hatte. Doch das konnte man nicht mit Gewißheit sagen.

Die Vorstellung, daß der weiße Wal die Mannschaft des *tena* für ihren Streit bestrafte, beinhaltet den Glauben, der in primitiven Jagdgemeinschaften weit verbreitet ist, daß sich das gejagte Wild den Jägern nur dann ausliefert, wenn diese sich richtig verhalten und alle rituellen Regeln der Jagd einhalten. In einem bestimmten Sinn sind die Pottwale von Lamalera Hüter dieses Glaubens. Die Wale sind Ahnherren, die über alte Weisheit verfügen, und sie haben die Macht zu strafen, wenn die Traditionen verhöhnt oder nicht beachtet werden. Die Pottwale könnten einfach verschwinden und die Menschen in den Dörfern hungern lassen, doch sie können auch – und dies ist für den Glauben in Jagdgemeinschaften unüblich – die Jäger durch direkten Angriff auf deren Boote für ihre Verfehlungen sühnen lassen.

Wie paßt nun der weiße Wal in dieses Bild? Petrus Beliko Lolong gab mir die Antwort darauf. Petrus war eine nachdenklichere Ausgabe von Rufinus Keraf, dem ehemaligen Harpunierer und jetzigen Schmied. Beide hatten ungefähr das gleiche Alter, Ende sechzig, und beide waren überaus erfahrene Walfänger. Im Dorf wurden sie dafür geachtet, daß sie ihr gesamtes

Leben dem Walfang gewidmet und nie daran gedacht hatten, das Dorf zu verlassen. Außerdem waren sie zwei Männer, die die alten Zeiten noch aus eigener Erfahrung kannten. Vom Aussehen her hätten die beiden nicht verschiedener sein können. Rufinus war groß und hager, hatte lange Arme und Beine, und sein Rücken war leicht gebeugt. Petrus war eher ein kleiner, rundlicher Typ. Ungefähr ein Meter sechzig groß, mit zartem Knochenbau, schmalen Händen und Füßen und kurzgeschnittenen Haaren. Er hielt sich immer ganz aufrecht und bewegte sich schnell und abrupt. Seine lebhaften, hellen Augen unterstrichen noch den Eindruck eines Vogel, der auf Futtersuche war. Wenn er einen Satz beendet hatte, neigte Petrus den Kopf zur Seite und sah aus, als ob er gleich zu zwitschern beginnen würde.

Ich fragte Petrus, wie lange er auf Walfang gegangen war. »Mein ganzes Leben«, gab er lapidar zurück. Er war 1931 als eines von fünf Kindern einer Fischerfamilie geboren worden. Seine Schulbildung hatte sich auf das Nötigste beschränkt. Vier Jahre in der Grundschule, dann, mit neun Jahren, fuhr er mit dem *tena* hinaus. Zuerst nur als Ausguck und als Helfer, um das Wasser aus dem Boot zu schöpfen. Seine gesamte Familie fuhr auf dem gleichen Boot, der *Dato Tena*, und der damalige Harpunierer hieß Bapak Getan.

»Das bedeutet, daß du fast sechzig Jahre lang Pottwale gejagt hast?« stellte ich fest.

»Ja.«

»Hast du jemals von einem weißen Pottwal gehört oder ihn gesehen?«

Petrus antwortete, ohne einen Moment zu zögern: »Ja. Der weiße Wal hat uns oft besucht. Manchmal kann er ein schwieriger Gast sein.«

Petrus fuhr immer noch jeden Tag auf einem *tena* hinaus, und wir unterhielten uns an Bord der *Praso Sapang*, während sie das Meer nach Walen absuchte. Petrus war viel zu alt, um

Harpunierer zu sein, er war jetzt ein ganz gewöhnlicher Paddler. Aber jeden Morgen war er unter den ersten, die bei den Bootsschuppen eintrafen, mit seinem Strohhut, der fast verwegen auf seinem Kopf saß. Wenn das Boot den Strand hinuntergeschoben werden mußte, engagierte sich keiner mehr beim Schieben und Ziehen als dieser kleine Gnom, der mindestens so agil und energiegeladen war wie die zwanzigjährigen Mannschaftsmitglieder.

Außerdem verfügte er über ein ausgezeichnetes Gedächtnis. Er erinnerte sich noch an die Namen der Boote, die bei seiner ersten Begegnung mit dem weißen Wal vor neunundvierzig Jahren beschädigt worden waren. Auch das Boot seiner eigenen Familie, die *Dato Tena*, war damals von dem Wal zerstört worden. Das andere war die *Dolu Tena* gewesen. »Der Harpunierer der *Dolu Tena* hatte einen jungen Wal harpuniert, und die Mutter wurde so wütend, daß sie auf die *Dolu Tena* einschlug und das Boot zerschmetterte. Als das Boot zerbrochen war, schlug der Mutterwal noch einmal zu, doch er traf nur das Seil am Heck, und so blieb der Bug der *Dolu Tena* unbeschädigt. Es war sehr schlimm, daß an einem Tag zwei Boote zerstört wurden, obwohl wir sechs Wale erlegten.«

»Warst du überrascht oder hattest du Angst, als du zum ersten Mal den weißen Wal sahst?«

»Nun, die alten Leute hatten mir schon von dem weißen Wal erzählt. Als wir kleine Jungen waren, forderten uns die Alten im Boot auf, ruhig zu sein, still zu sein, wenn jemand den weißen Wal sah. Wir durften nichts fangen, wenn der weiße Wal in der Nähe war, weil der weiße Wal sehr mutig und gefährlich ist. Die alten Leute sagten, daß der weiße Wal zur Familie Tufa Ona gehört.

An dem Tag, als er unser Boot zerstörte, habe ich den weißen Wal nicht gesehen. Er kam von unten und stieß gegen den Kiel. Aber die Leute in den anderen Booten haben ihn gesehen und sagten, es sei ein weißer Wal gewesen. Ein schwarzer Wal war harpuniert worden, und wir sind dorthin gepaddelt, um darauf gefaßt zu sein, einen *kea* zu harpunieren, wenn einer käme. Plötzlich erwischte uns der weiße Wal von unten. Kurz darauf schwammen wir alle im Wasser und warteten, daß ein anderes Boot mit seinem Wal fertig würde und uns an Land bringt. Es war die *Nara Tena*, die uns an Land brachte.«

Petrus vermittelte mir eine genaue Vorstellung davon, wie sich der weiße Wal verhielt. »Manchmal ist der weiße Wal da, aber wir können ihn nicht sehen«, erklärte er. »Der weiße Wal schwimmt mit den anderen Walen, aber abseits. Oft schwimmt er auch tief unter ihnen. Er kommt nicht gerne an die Oberfläche. Er bleibt lieber lange unten. Und manchmal taucht er auf und sieht sich unsere Boote an, ob alles in Ordnung ist. Wenn das Boot in Ordnung ist, dann gibt es keine Schwierigkeiten. Doch wenn er sieht, daß die Vertäuung nicht in Ordnung ist oder die Planken nicht stimmen, dann rammt er an dieser Stelle das Boot und zerstört es.

Der weiße Wal kann sehr gefährlich sein. Wenn er auftaucht, dann heißt das, er ist sehr wütend. Er hebt und senkt seinen Kopf auf dem Wasser und wühlt mit der Schwanzflosse das Meer auf. Das ist das Zeichen für uns, zu den Paddeln zu greifen und abzuhauen. Niemals in seine Nähe zu kommen. Wir haben den weißen Wal nie harpuniert, weil er niemals an die Oberfläche kommt wie die schwarzen Wale. Der weiße Wal bewegt sich immer ganz wild, und das ist gefährlich für uns. Aus diesem Grund hat noch niemand den weißen Wal erlegt. Weder die alten noch die jungen Leute heute. Sie haben es niemals geschafft, den weißen Wal zu erlegen.«

Ich fragte Petrus, wie oft er den weißen Wal gesehen habe und wann zuletzt. Es stellte sich heraus, daß er zweimal Opfer des weißen Wals geworden war. Das zweite Mal war 1970, und die Umstände waren denen der ersten Begegnung ähnlich gewesen. Ein Boot hatte einen Wal harpuniert, die anderen *tena* hatten sich in der Nähe versammelt und warteten auf das Erscheinen eines *kea*. Doch das Opfer sollte das Boot sein, auf dem Petrus zu dieser Zeit fuhr, die *Boko Lolo*. Der weiße Wal war aus der Tiefe hervorgestoßen, hatte das Boot gerammt und umgeworfen. Danach schwamm die Mannschaft hilflos im Wasser. Sie richtete ihr Boot wieder auf, und – auch hier wußte Petrus die genauen Details – die *Soge Tena* kam den Männern zu Hilfe und brachte sie an Land.

Die letzte Begegnung, die Petrus mit dem weißen Wal hatte, fand am 3. Juni 1992 statt. An diesem Tag griff der weiße Wal die *Soge Tena* an und beschädigte sie. Petrus erinnerte sich noch genau daran, denn an diesem Tag waren zwei Touristen an Bord des Bootes gewesen. Sie mußten den Schock ihres Lebens bekommen haben.

Ich hatte jetzt eine Liste von Sichtungen des weißen Wals, die einen Zeitraum von einem halben Jahrhundert abdeckte. Petrus, Marinus, Rufinus, der einbeinige Bernardus, Paulus, sie alle waren dem weißen Wal begegnet, und ihre Berichte stimmten auffällig überein. Es war für mich keine Frage mehr, daß sich irgendwo dort draußen in den Gewässern um Lamalera ein weißer Pottwal befand.

Kielwasser

»›Ein weißer Wal ist's, hört ihr‹, wiederholte Ahab und schleuderte den Holzschlegel zu Boden, ›ein weißer Wal. Die Augen auf, Jungens; lugt scharf nach weißem Wasser; wenn ihr nur eine Blase davon seht, ruft aus!‹«

Herman Melville, *Moby Dick*

Auf meiner Suche nach dem weißen Wal hatte ich mich sechstausend Meilen von meinem Ausgangspunkt Nuku Hiva entfernt. In Lamalera befand ich mich an einem Ort, den Melville nicht gekannt haben konnte. Der Name Lamalera kommt in den Logbüchern der nordamerikanischen, englischen und australischen Walfänger, die nördlich von Timor im Golf von Ombai zur Zeit vor der Entstehung von *Moby Dick* kreuzten, nicht vor. Der Schiffsarzt Bennett, auf den sich Melville häufig bezieht, hat Timor während seiner Reise an Bord der *Tuscan* im Jahr 1836 besucht. Er erwähnt, daß er über die Meerenge hinweg die Insel Pantar, eine von Lamaleras Nachbarinseln, sehen konnte und daß die Timoresen Walzähne von der Besatzung kaufen wollten. Doch weder Bennett noch ein anderer aus der Gemeinschaft der Walfänger erwähnt Lamalera selbst. Das ist erstaunlich, denn auf den ausländischen Schiffen, die den Golf nach Pottwalen absuchten, mußte man die gelben Punkte der Segel der *tena* von Lamalera, die auf der Jagd nach derselben Beute waren, am Horizont bemerkt haben. Schon lange bevor die ersten Europäer dort ankamen, stellten die Dorfbewohner von Lamalera den Walen und anderen großen Meerestieren nach. Als ich oben auf der Klippe neben Guru Bens Haus stand und die Flotte der *tena* hereinkommen sah, war ich mir sicher, daß auch die ersten Europäer, die hier vor der Küste auf Walfang waren, sie gesehen haben mußten. Es waren Basken gewesen, die von der nordspanischen Küste aus auf die andere Seite der Erde gefahren waren. Schon seit Hunderten von Jahren kehrte während der Walsaison jeden Nachmittag die Flotte der *tena* auf gleiche Weise heim, und jedes Schiff hatte im gemeinschaftlichen Bewußtsein des Dorfes seinen Platz. Die Dorfbewohner, die neben mir auf meinem Aussichtspunkt standen, konnten jedes einzelne Boot anhand der Segel identifizieren, wenn die Boote nah genug waren, und sagen, ob es Erfolg gehabt hatte, was meistens nicht der Fall war. Das war nicht schwierig, denn viele *tena* zogen eine schwarze Flagge auf, wenn sie einen respektablen Fang gemacht hatten. Doch oftmals konnten mir die Beobachter auch sagen, was mit jedem einzelnen Boot passiert war, denn sie hatten die Flotte den ganzen Tag lang nicht aus den Augen gelassen. Die Frauen aus dem oberen Dorf hatten einen guten Blick über die Bucht; Kinder, die auf die Palmen kletterten, um *tuak* einzusammeln, betätigten sich dabei als Ausguck; die Frauen, die in den Salzpfannen am Strand arbeiteten, konnten zwar nicht weit blicken, hatten aber freie Sicht. Alle beobachteten die *tena* aufmerksam und verbreiteten sofort jede Neuigkeit darüber, was draußen passierte. Das eine Boot hatte einen Manta verfolgt, war aber gescheitert, ein anderes hatte einen Hai gefangen, und wenn ein Boot mit einem dunkleren Segel zurückkam, dann war das besonders vielsagend und bedeutete, daß es gekentert war. Das geflochtene Segel war dann nämlich immer noch feucht.

Wenn der Wind günstig stand, kamen die *tena* besonders eindrucksvoll zurück. Sie fuhren mit dem Wind in die untergehende Sonne. In den flach einfallenden Sonnenstrahlen glänzten ihre Segel wie helles Stroh. An ihnen konnte man genau ablesen, wie weit sie vorangekommen waren. Sie blähten sich im Wind, und wenn die Boote in den Windschatten des Berges gerieten, dann flatterten sie plötzlich schlaff am Mast. Die Männer erhoben sich von ihren Sitzen, holten das Segel ein und legten den Mast um. Danach begaben sie sich wieder auf ihre Plätze, nahmen die Paddel und brachten das Boot mit dem Heck voran an Land.

Melville hat nie eine Szene beschrieben, die auch nur im entferntesten daran erinnert. Die Männer aus Lamalera jagen den Wal auf ihre eigene, ganz spezielle Weise. Ihre Ausrüstung ist genauso einzigartig wie der Ablauf des Walfangs. Nirgendwo sonst auf der Welt findet man die robusten, handgefertigten *tena* und die langen Bambusharpunen. Ihr Ansporn bei der Jagd sind nicht die persönlichen Fähigkeiten, das Glück oder die Hartnäckigkeit. Es gibt keinen Ahab, Quiqueg oder Fedallah, deren persönliches Interesse die Jagd bestimmt. In Lamalera sind die Familie und das Boot die wesentlichen Grundlagen. Wenn ein Boot sinkt, dann trägt das neue Boot, das als Ersatz gebaut wird, denselben Namen. Selbst wenn es vom Kiel auf völlig neu gebaut werden muß, ändert das nichts an dem Geist des Bootes. Wenn ein Harpunierer das Boot wechselt, läßt er alle seine Geräte zurück. Rufinus, der hagere Harpunenschmied und ehemalige Harpunierer, erzählte mir von dem Tag, als er die *Tena Ana* verließ und zur *Kebako Puka* wechselte, um dort den Platz seines Vaters, der sich zur Ruhe gesetzt hatte, einzunehmen. Rufinus ging in den Bootsschuppen der *Tena Ana,* holte die Harpunenspitzen, die speziellen Leinen und die Bambusschäfte aus dem Boot und legte sie sorgfältig auf dem Sand aus. Er und der neue Harpunierer sprachen Gebete und sprengten Weihwasser über sie. Dann sammelte der neue Mann die Gerätschaften ein und brachte sie zurück ins Boot, wo sie hingehörten. Ab diesem Augenblick trug er die Verantwortung dafür.

Wie kommt es also, daß die Walfänger von Lamalera Erfahrungen mit dem weißen Wal haben, die Melvilles Bild seines aus der Phantasie geborenen Moby Dick so nahekommen? Sie haben eine ganz andere Tradition des Walfangs, und doch könnte ihr weißer Wal neben Moby Dick durch die Seiten von Melvilles Buch schwimmen. Beide Tiere weisen viele Übereinstimmungen auf. Der weiße Wal von Lamalera ist auch ein Pottwalbulle und sehr groß. Er ist der Anführer der Pottwale und in Zeiten der Bedrohung ihr Beschützer. Er ist eine einsame

Kreatur, die für sich alleine bleibt, obwohl sie sich in der Nähe ihrer Artgenossen aufhält. Über die Jahre hinweg taucht er immer wieder an den gleichen Orten auf. Dazu kommt noch, daß er ein empfindungsfähiges Wesen ist. Der weiße Wal von Lamalera kann denken. Er kennt die Gebräuche des Walfangs, weiß, wie die *tena* konstruiert sein müssen, wie die Mannschaften sich zu verhalten haben und welche traditionellen Riten befolgt werden müssen. Und wenn er feststellt, daß diese Grundsätze verletzt werden, dann wehrt er sich. Er ist ein brutaler Angreifer, und er kann ein *galak* (ein unangenehmer oder tückischer Genosse) sein. Also muß man ihm Respekt zollen, und bei denen, die ihn gesehen haben, löst er ein ehrfürchtiges Gefühl aus. Wenn er angreift, zerstört er die Boote und bringt das Leben der Menschen in Gefahr.

Es ist ausgeschlossen, daß die Dorfbewohner Elemente aus Melvilles Geschichte benutzt haben, um ihren eigenen weißen Wal zu beschreiben. Sie kennen den Roman nicht. Ihre Welt ist viel zu abgeschieden. Sie können zwar lesen und schreiben, aber es gibt nur wenige Bücher auf der Insel. Melville würde sagen, daß die Art, wie sie ihren weißen Wal erlebt haben, ihre Sicht der Dinge geprägt hat, und daß das Tier in ihren Augen zu etwas Unheimlichem und Übernatürlichem geworden ist. In Pamilacan hatte ich herausgefunden, daß der weiße Walhai und der weiße Manta eine Mischung aus Respekt und Furcht hervorrufen. Doch es ist schwer zu verstehen, warum die weiße Farbe ein Meerestier mysteriös und ehrfurchtgebietend werden läßt. Im Zusammenhang mit dem Meer ist Weiß eine ganz und gar nicht unübliche Farbe. Es gibt Legionen von weißen Seevögeln, und das Meer hat immer, wenn es in Bewegung ist, eine weiße Farbe. Die Wellenkämme sind weiß, und das Kielwasser eines Bootes. Die Spur eines Fisches unter Wasser ist weiß, und wenn der Wind das Meer aufpeitscht, dann erscheinen die Fontänen weiß, und große Brecher, die an den Strand rollen, sind in weiße Gischt gehüllt. Weiß ist im Zusammenhang mit dem Meer nichts Besonderes. Ein Fischer oder ein Ausguck auf einem Schiff bekommt von dem Weiß des Meeres wichtige Informationen. Das Weiß der kleinen Wellen hat eine bestimmte Form genauso wie die weißen Linien auf der Oberfläche der sturmgepeitschten See. Ein plötzlicher Wechsel in dem bekannten Muster des Weiß ist es, der den Seemann aufmerksam werden läßt: ein überraschend auftauchender weißer Strich, wenn ein Fisch springt, oder ein Tölpel, der ins Wasser taucht, oder die Fontäne eines Wals.

Ein weiterer wichtiger Grund, warum die Fischer den Wal als etwas Besonderes ansehen, ist seine Abstammung. Wale atmen Luft und säugen ihre Jungen. Die traditionellen Walfänger sind sich der Tatsache bewußt, daß die Wale zu den Säugetieren gehören und ihnen damit näherstehen, als es ein Fisch jemals könnte. Sie brauchen keine Evolutionstheorie, um zu erklären, wie die Wale sich dem Leben im Wasser angepaßt haben. Die Eingeborenen der Südsee haben ihre eigenen Mythen, um zu beschreiben, wie die Wale ins Meer kamen. Der Schamane aus Lamalera hat den Pottwal als riesige Kuh bezeichnet, die den Berghang hinunterging und im Meer verschwand. In Tonga erzählte mir ein Sammler von Volkssagen, Philippe Tonga, eine Fabel, die von Äsop stammen könnte. Der tonganische Halbgott Maui war zu einem wichtigen Fest eingeladen, hatte aber weder ein Geschenk noch etwas zu essen, was er mitbringen konnte. Er scharte alle seine Tiere um sich und erklärte, daß er eines töten würde, um es als Geschenk mitzunehmen. Um ihn versammelt waren ein Buckelwal, eine Wasserschildkröte, ein Schwein, ein Regenwurm, ein Hahn und ein Hund. Maui schaute sofort den Wal an, doch der machte ihm klar, daß er zu groß sei und nicht in den *umu* (Erdofen) paßte und außerdem zu viel Fleisch an ihm wäre, das in der Hitze von Tonga nur verderben würde. Maui dachte darüber nach und mußte dem Buckelwal recht geben. Dann schaute er den Regenwurm an, der sich noch kleiner machte, als er schon war, und der Wurm sagte: »Du willst doch nicht etwa mich mitnehmen, Maui. Ich bin voller Sand und Erde, und außerdem ist nicht viel an mir dran.« Maui sah das ein und wandte sich der Schildkröte zu. Sie lag ruhig in der Sonne und wies ihn darauf hin, daß es schwierig sei, sie aus dem Panzer zu bekommen, daß ihre Haut wie Leder sei und ihr Fleisch salzig schmecke. Auch ihr mußte Maui recht geben. Dann schaute er den Hund an, der mit dem Schwanz wedelte, und meinte: »Wenn du mich tötest, Maui, wer wird dann bellen, wenn Leute kommen, und wer wird dich beschützen?« Maui stimmte auch dem zu und entschied, den Hund nicht zum Fest mitzubringen. Er zog den Hahn in Betracht, doch der machte Maui klar, daß er dann niemanden mehr hätte, der ihn am Morgen wecke. Maui ließ sich überzeugen, daß es wichtig sei, morgens früh aufzustehen, und daß der Hahn dabei von Nutzen sei.

Schließlich fiel sein Blick auf das Schwein. »Ja, nimm das Schwein. Töte das Schwein«, riefen alle anderen Tiere. Das Schwein wurde sehr wütend und stürzte sich auf die anderen Tiere. Als es den Regenwurm mit seiner Schnauze packen wollte, grub er sich schnell in den Boden, und darum laufen noch heute die Schweine auf Tonga herum und graben Regenwürmer aus. Die Schildkröte zog sich in ihren Panzer zurück, während das Schwein tobte und fluchte und ihr sagte, sie solle gefälligst ins Meer gehen, wo sie hingehöre. Der Hund bellte einfach und bleckte die Zähne, als das Schwein auf ihn zukam, während der Hahn in den nächsten Baum flog und ein lautes Kikeriki ausstieß. Das Schwein stürzte sich schließlich auf den Buckelwal, trieb ihn zum Wasser und sagte ihm, er solle sich ins Meer verziehen und niemals wiederkommen.

Maui tötete das Schwein, wickelte es in *ngatu* (ungefärbtes Tapatuch) ein und nahm es mit zu dem Fest.

»Deshalb gibt es bei besonders wichtigen Festen auf Tonga gebratenes Schwein, und man bringt Tapa als Geschenk mit«, schloß Philippe Tonga. »Und die Geschichte erklärt, warum die

Buckelwale von Tonga, obwohl sie nahe an der Küste schwimmen und Luft atmen, sich im Meer aufhalten und nicht länger an Land leben.«

Wenn Wale einstmals zusammen mit den Menschen an Land gelebt haben, warum sollten sie dann nicht weiterhin eine Beziehung zu den Menschen haben? Viele seefahrende Völker glauben daran. Bis ins späte neunzehnte Jahrhundert haben die Isländer immer wieder von einem Wal gesprochen, den sie »Gabe Gottes« nannten. Er war auch bekannt als »Fischtreiber«, und der Brauch verbot es allen Fischern, dieses Tier zu belästigen, da man glaubte, es wäre ein wohlgesonnener Fischhüter, der die Schwärme von Kabeljauen und Seebarschen den Fischern in die Netze triebe. Wenn man dem Wal etwas antue, dann würde er die Fische verjagen. Ähnliches befürchten auch Tonio und seine Gefährten aus Pamilacan für den Fall, daß man dem weißen Walhai oder dem weißen Manta nachstellt. Die Isländer glaubten auch, daß dieser freundliche Wal – es war mit ziemlicher Sicherheit ein Finnwal – die Fischer vor anderen, bösartigen Walen beschützte. Und genau wie die Leute in Lamalera verlangten die Isländer von den Fischern, daß sie guten Mutes sind und nicht streiten. Sonst würde die »Gabe Gottes« die Fische vertreiben.

Solche Vorstellungen sind nicht völlig aus der Luft gegriffen. In der kleinen Stadt Eden im südöstlichen Australien kann man das Skelett eines Killerwals namens Tom bewundern. Eden war einmal eine Küstenstation gewesen, wo gelegentlich auch Walfang betrieben wurde. Es wurden hauptsächlich Buckelwale gejagt, die man auf ihrer winterlichen Wanderschaft entlang der Küste abfing. Wenn man Wale entdeckt hatte, fuhren kleine Ruderboote hinaus, auf denen sich Harpunierer befanden, geradeso wie in Lamalera. Innerhalb von ein paar Jahren hatte eine Herde von Killerwalen herausgefunden, wie sie an der Jagd teilnehmen konnte. Wie Hunde spürten die Orcas die vorbeiziehenden Wale auf und kreisten sie ein. Sie schnitten den dahinziehenden Buckelwalen am Eingang der Bucht den Weg ab und zeigten die Anwesenheit der Beute dadurch an, daß sie mit ihren Schwanzflossen auf das Wasser schlugen. Man sagt, die dort lebenden Ureinwohner sähen die Orcas als ihre Vorväter an, und wenn das zutrifft, haben wir hier eine wundersame Übereinstimmung mit Lamalera. Die Walfänger belohnten die Orcas mit Stücken von den Kadavern und gaben einzelnen aus dem Rudel Namen – Humpy, Hooker, Jackson, Old Ben, Stranger. Der unangefochtene Anführer der Orcas war Tom. Im September 1930 starb er offensichtlich an Altersschwäche. Die Walfänger fanden seinen Körper auf dem Wasser treibend und schleppten ihn zu ihren Trankūchen, lösten seine Knochen heraus, setzten sie mit Draht wieder zusammen und stellten ihn im Stadtmuseum aus.

Nicht nur die Annahme, die großen Wale seien intelligent, sondern auch ihr sehr eigentümliches Verhalten hat die Phantasie der traditionellen Walfänger angeregt. In Tonga wußte Samson Cook sehr wohl von der Wanderschaft der Wale. Er hatte aber keine Vorstellung, wo sie herkamen und wohin sie verschwanden, wenn sie die Küsten von Tonga verließen. Er glaubte, sie würden zum Nordpol oder nach Europa ziehen und dann wieder zurückkommen, um Junge zu kriegen. Auf Camiguin im Archipel der Philippinen beobachtete der Harpunierer Ramon fast jedes Jahr zur gleichen Zeit einen großen schwarzen Pottwal, der an seinem Haus vorbeizog. Sein Nachbar, ebenfalls ein Harpunierer, bestätigte das. Keiner von beiden hatte eine Ahnung, wo der Wal herkam oder wohin er ging. Sie waren aber davon überzeugt, daß das Tier etwas Außergewöhnliches war, daß es immer dasselbe sein mußte und daß es in unbekannte Regionen verschwand. Die Springer von Pamilacan berichteten das gleiche von den Walhaien. Die riesigen Fische kamen eine Woche nach Vollmond aus der Tiefe, und nach ein oder zwei Tagen verschwanden die meisten von ihnen wieder dorthin. Was immer in diesen langen Zeiträumen – es konnten gut mehrere Monate sein, in denen die Wale oder Walhaie oder andere große Meerestiere verschwunden blieben – mit ihnen geschah, war ein Geheimnis. Ein Geheimnis fordert den menschlichen Geist heraus. Man versucht, es wissenschaftlich zu erklären, oder man schafft sich Mythen und Legenden.

Glücklicherweise haben die Pottwale selbst noch ein paar Geheimnisse für die Wissenschaftler auf Lager. Es ist schon amüsant, daß die Meeresbiologen bei ihren Versuchen, das geheimnisvolle Verhalten der Pottwale zu enträtseln, mit Erklärungen aufwarten, die genauso phantasievoll sind wie die jahrhundertealten Vorstellungen der Männer in den kleinen Booten. Eine heißdiskutierte Frage ist die, wie die Pottwale ihre Beute fangen. Pottwale ernähren sich von großen Mengen Tintenfisch. Sie holen sich ihre Nahrung aus Tiefen bis zu mehreren hundert Faden, wo absolute Dunkelheit herrscht. Wie also fängt ein behäbiger Pottwal in pechschwarzer Nacht ein so bewegliches Tier wie einen Tintenfisch, der sich mit Hilfe eines natürlichen Rückstoßantriebs, indem er Wasser aus seiner Mantelhöhle herauspreßt, blitzschnell in alle Richtungen fortbewegen kann? Der hungrige Wal kann seine flüchtende Beute nicht sehen. Und selbst wenn der Wal bei seiner Verfolgung der Beute Erfolg hat, steht er vor einer weiteren Schwierigkeit: Wie kann ein Pottwal etwas mit seinem Maul fassen? Die beeindruckenden Zähne des Pottwals befinden sich lediglich im Unterkiefer. Die Zähne im Oberkiefer sind viel kleiner, und nur wenige schauen aus dem Kiefer heraus. Ein Pottwal kann eigentlich nicht richtig zubeißen. Die Walfänger des neunzehnten Jahrhunderts hatten folgende Theorie: Der Pottwal jagt seine Beute nicht, sondern läßt sich einfach bis auf die Tiefe absinken, wo sich die Tintenfische befinden. Dort verharrt er mit geöffnetem Maul still und bewegungslos. In der Dunkelheit der Tiefsee werden die Tintenfische von der schimmernden rosa Öffnung angelockt und schwimmen hinein. Der Wal schließt einfach sein Maul und schluckt.

Zwei russische Wissenschaftler haben die ziemlich wilde Theorie entwickelt, daß der Pottwal ein lebendes Betäubungsgeschütz sei. Ihrer Meinung nach schwimmt der Pottwal auf einen ahnungslosen Tintenfisch zu und gibt dann einen Ton von solcher Intensität von sich – man bedenke, daß Töne sich im Wasser wesentlich besser fortpflanzen als in der Luft –, daß der unglückliche Tintenfisch sofort bewußtlos wird. Dann verschlingt der Wal seine wehrlose Beute. Eine andere Theorie geht davon aus, daß der Pottwal seine Beute deshalb fangen kann, weil in diesen Tiefen nur sehr wenig Sauerstoff im Wasser gelöst ist und der Tintenfisch schnell seine Kraft verliert, während der Pottwal immer noch den in seinem Blut gespeicherten Sauerstoff als Reserve hat.

Doch weder die Theorie des offenen Mauls noch die Annahme eines Betäubungseffekts und auch nicht die Sauerstoffreserve können erklären, warum die Zähne von älteren Pottwalen deutlich abgenutzt sind. Theoretisch kommen sie gar nicht in die Lage, etwas zu kauen.

Malcolm Clarke, eine weltweit anerkannte Kapazität auf dem Gebiet der Pottwalforschung, hat ausgerechnet, daß ein einziger Pottwalbulle pro Tag fünfzehn Tonnen Nahrung und die kleineren Weibchen fünf Tonnen benötigen. Wie finden also die Pottwale genügend Tintenfische oder andere Nahrung, um ihren riesigen Körper zu ernähren? Clarke schätzte die Pottwalpopulation 1973 auf eineinviertel Millionen und schloß daraus, daß man einhundert Millionen Tonnen Tintenfisch brauchte, um sie ein Jahr lang zu ernähren. Das ist eine Biomasse von so unglaublichen Ausmaßen, daß man sich nicht vorstellen kann, wo so viele Tintenfische leben könnten. Es hat auch noch niemand einen Tintenfisch gesehen, der so groß war, daß er zu den Tentakelstücken gepaßt hätte, die man manchmal im Magen eines harpunierten Pottwals finden kann. Nelson Haley, ein erst siebzehnjähriger Harpunierer auf dem Walfänger *Charles W. Morgan* berichtete, daß einige der Stücke »fast, wenn nicht sogar genauso lang waren wie das Fangboot«. Der ganze Tintenfisch mußte damit mindestens fünfzehn Meter lang gewesen sein. Diese riesigen Kopffüßer könnten die Quelle gewesen sein, aus denen sich die Geschichten der Seeleute von Kämpfen zwischen riesigen Kraken und Pottwalen gespeist haben. In diesen Erzählungen kommt der Wal an die Oberfläche, und sein Kopf ist von den Tentakeln seines Feindes umhüllt. Ein Bild von zwei mythischen Geschöpfen, dem Kraken und dem Großen Wal.

So ist es nicht verwunderlich, wenn sich Fakten und Fiktion, Mythen und Wahrheit bei diesem Kampf der Pottwale ums Überleben vermischen. Zumindest hatte meine Suche nach dem weißen Wal den Wahrheitsgehalt einiger »wilder Legenden des Pottwalfangs in südlichen Gewässern«, wie Melville es genannt hatte, bewiesen. Ich habe selbst beobachtet, wie ein *kea* seinen Artgenossen zu Hilfe kam. Die vertrauenswürdigen Chronisten Beale und Bennett haben davon berichtet, daß Pottwale ihren Artgenossen helfen und dabei ganz bewußt versuchen, die Harpunenleine zu durchbeißen und das Opfer zu befreien. Die Fischer in Lamalera sagten dasselbe: Mehr als einmal hatten sie einen *kea* beobachtet, der die Harpunenleine in sein Maul nahm und versuchte, sie zu durchtrennen. Beale und Bennett berichten von dem starken Mutterinstinkt der Walkühe. Tonganer, Filipinos und Indonesier, sie alle sagen, daß man besondere Vorsicht walten lassen muß, wenn man eine Walkuh mit Kalb angreift. Die Tonganer harpunierten absichtlich ein Buckelwalkalb, denn sie wußten, daß die Mutter treu folgen würde und sie diese später erlegen konnten. Doch sie alle stimmten darin überein, daß es eine Dummheit wäre, dasselbe bei Pottwalen zu versuchen. Das wütende Elternteil würde ohne Rücksicht auf das eigene Leben das Boot angreifen, und die Walfänger sollten gleich die Leine kappen und sich davonmachen. Samson Cook hatte noch einen besonderen Hinweis: Wenn es sich um ein männliches Kalb handelte, dann bestand die Möglichkeit, daß die anderen Wale einfach wegschwammen. Wenn man aber ein weibliches Kalb harpunierte, dann würde die Mutter – und wahrscheinlich auch die gesamte Herde – mit Sicherheit angreifen.

Die Männer von Lamalera hatten für mich das neunzehnte Jahrhundert wieder aufleben lassen. Ich war Zeuge der berüchtigten »Nantucket-Schlittenfahrt« geworden, bei der ein *tena* aus Lamalera von einem Wal mitgerissen wurde. Bennett hatte es so beschrieben: »Wenn der Wal von der Harpune getroffen ist, dann reißt er das daranhängende Boot mit einer Geschwindigkeit von fünfzehn Meilen pro Stunde mit sich.« Ich hatte gesehen, wie ein *tena* durch den Angriff eines Wals in die Luft geschleudert wurde. Es war eine etwas abgemilderte Version einer beliebten Darstellung aus den Walfangbüchern, bei der man sieht, wie das Fangboot auf den Rücken des Wals knallt und die Männer kopfüber ins Meer stürzen. Mit meinem gelben Schlauchboot war ich nur wenige Meter von der glänzenden schwarzen Schnauze eines aus dem Wasser schießenden Pottwals entfernt gewesen, als dieser die hölzernen Planken eines Fischerbootes rammte. Ich habe schrille knirschende Laute vernommen und mich gefragt, ob sie von der Walhaut, die an dem Holz scheuerte, kamen, oder ob es die verzweifelten Rufe eines sterbenden Wals nach dem *kea* waren. Dann rollte der Wal langsam auf den Rücken, und sein merkwürdiges, schmales Maul klaffte weit auf, während man den dicht mit Zähnen besetzten Unterkiefer sehen konnte. Als sich dann ein Mann vorbeugte und versuchte, dem Wal mit dem Messer den Rest zu geben, befürchtete ich, er könnte ausrutschen und in diesen Rachen fallen. Auch das war schon passiert, so hatte man mir erzählt, aber es war keine Katastrophe. Einmal war ein ungeschickter Mann direkt ins Maul eines Wals gefallen, die Kiefer schlossen sich ein Stück, aber der Wal gab ihn frei. Der Mann trug eine kleine Wunde am Bauch davon und überlebte, obwohl ihn fast das Schicksal von Jonas ereilt hätte.

Als Marinus mir erzählte, wie der Flossenschlag des weißen Wals die Harpune zertrümmerte und die umherfliegenden Splitter den Vater des Harpunierers der *Dolu Tena* verletzten, mußte ich an Frank Bullen denken, den Abenteurer an Bord der *Cachalot*, einhundert Jahre zuvor. Er war Zeuge, wie ein Walfänger von einem Schälmesser, das man zum Lösen des Specks und manchmal auch zum Durchtrennen der Sehnen nahe der Schwanzflosse benutzte, um den Wal bewegungsunfähig zu machen, getötet wurde. Der Wal hatte eine Bewegung mit dem Schwanz gemacht und dem Harpunierer das Schälmesser aus der Hand geschlagen. Es flog durch die Luft und spaltete einem Ruderer den Schädel. Die Chronisten des Walfangs – Beale, Bennett und Reverend Henry Cheever, der eine weitere von Melvilles Quellen, *Der Wal und seine Jäger*, geschrieben hat – haben eine Liste solcher Unfälle aufgestellt: Fangboote, die gekentert sind, unter Wasser gezogen wurden oder durch die Schläge der Schwanzflosse eines Pottwals zu Bruch gingen. All das ist wirklich vorgekommen. Ich habe die mächtigen Schläge, mit denen sich ein Pottwal verteidigt, selbst gesehen. Ich war dabei, wie die Mannschaft eines *tena* in ihrem halbgesunkenen Boot hüfttief im Wasser stand und auf Rettung wartete, vergleichbar den sechs Männern in einem amerikanischen Fangboot, die in ihrem untergehenden Boot im Wasser die Ruder festgemacht hatten und auf Hilfe warteten. Und ich hatte mit eigenen Augen etwas gesehen, was ich in keinem Buch gefunden hatte: wie ein harpunierter Pottwal sich umdreht und einen Blick auf seine Angreifer wirft.

Nicht alles, was ich erlebt habe, stimmt mit den alten Walfangregeln überein. Ich war überrascht, als ich die Fischer von Lamalera singen hörte und sah, wie sie mit den Paddeln gegen die Bordwand schlugen, während sie auf einen Pottwal zuhielten. Ich hatte gelesen, daß die Walfänger des neunzehnten Jahrhunderts sich bei gutem Wetter dem Wal so leise wie möglich näherten. Sie schlichen sich wie Pygmäen an einen Elefanten

Ein Boot wird von einem Pottwal zerstört. (Aquatinta von Martens nach Garneray, um 1830)

heran. Die Walfänger umwickelten die Ruder, damit sie in ihren Halterungen nicht knarrten, und keiner im Boot durfte sprechen. Während der letzten Meter legten sie häufig sogar die Ruder weg und paddelten, indem sie die Paddel möglichst geräuschlos durch das Wasser führten. Sie wären erstaunt gewesen, daß die Wale von Lamalera so gänzlich unbeeindruckt von dem Krach waren, den ihre Jäger verursachten, und überrascht von einem erst kürzlich durchgeführten Experiment auf den Azoren, wo man Pottwale noch bis in die achtziger Jahre des zwanzigsten Jahrhunderts in offenen Booten auf traditionelle Art und Weise gejagt hat. In jüngster Zeit wollten die Bewohner der Azoren die Pottwale davor bewahren, von den Fähren, die zwischen den Inseln kreuzten, überfahren zu werden. Jemand schlug vor, die Wale von den Fährrouten durch laute Geräusche fernzuhalten. Man versuchte es mit verschiedenen Geräuschen, bei denen man Lautstärke und Frequenz modifizierte. Die Wale nahmen nicht die geringste Notiz davon. Wie Vögel, die sich nicht von dem Lärm beeindrucken lassen, den Bauern durch Schreckpistolen veranstalten, um sie von den Feldern fernzuhalten, haben sich die Pottwale an den Krach unter Wasser gewöhnt und ignorieren ihn.

Andere Aussagen von Melville und den Autoren des neunzehnten Jahrhunderts waren von mir nicht zu überprüfen. Richtet ein Wal wirklich seinen Kopf Richtung Sonne, wenn er stirbt? Ich war mir nicht sicher. Auch darüber nicht, ob ein sterbender Wal jedesmal in den charakteristischen Todeskrampf verfällt, bei dem er immer kleinere gefährliche Kreise zieht. Meine Beobachtungen und auch die Berichte von anderen zeigten, daß ein Wal manchmal auch ganz ruhig verschied und mit erhobenen Kopf unterging. Die Leute von Lamalera würden auch Robert Coffin, einem Mitglied jener großen Familie, aus der auch der unglückliche Junge stammte, der von den Überlebenden der *Essex* gegessen wurde, nicht zustimmen. Robert Coffin berichtet nämlich von dem kindlichen Vergnügen, das er dabei empfand, sich mit Schiffszwieback, der in Waltran getunkt war, vollzufressen. Er nahm die rechteckigen Kekse, die so hart waren, daß man sie mit dem Hammer zerteilen mußte, und hielt sie in den kochenden Tran. Sofort wurden sie weich, und er stopfte sie in sich hinein. »O Mann, das war ein Festmahl. Das Öl tropfte überall an mir herunter. Ich aß sechsundzwanzig auf einmal und dachte dabei an Hiob!« Niemand in Lamalera wäre darauf gekommen, den Speck des Wals zu essen.

Konnte der weiße Wal von Lamalera ein Nachkomme von Mocha Dick sein, dem Kämpfer und Vorbild von Moby Dick in der Wirklichkeit? Pottwale haben in etwa die gleiche Lebenserwartung wie Menschen, siebzig Jahre, deshalb konnte es nicht dasselbe Tier sein. Mocha Dick hatte man zum erstenmal 1810 vor der Küste von Peru gesehen, und er wäre schon lange tot, selbst wenn sein Chronist, J. N. Reynolds, sich geirrt haben sollte mit der Behauptung, Mocha Dick wäre schon 1839 erlegt worden. Mocha Dick – oder ein anderer Einzelgänger, der sich sehr ähnlich verhielt – tauchte noch zwanzig Jahre lang immer wieder auf, selbst nachdem Reynolds kundgetan hatte, daß das Monster gefangen und zu hundert Faß Waltran verarbeitet worden sei. Nach Angaben der *Free Press* in Detroit zerstörte Mocha Dick am 5. Juli 1840 zwei Fangboote des englischen Walfängers *Desmond*. Obwohl sie sich in Mocha Dicks Revier befanden, hatte die Mannschaft der *Desmond* keine Ahnung, mit welchem Tier sie sich einließ, als sie ungefähr zweihundertfünfzehn Meilen westlich von Valparaíso ihre Boote zu Wasser brachte. Anstatt zu fliehen, griff Mocha Dick seine Jäger an. Das erste Boot rammte er mit dem Kopf und versenkte es. Dann tauchte er und legte sich fünfzehn Minuten lang auf die Lauer. Schließlich schoß er nach oben, erwischte das zweite Boot unter dem Kiel und warf es in die Luft. »Er zerbiß die Planken des Bootes mit vornehmen Genuß«, schrieb Howard Vincent, ein führender Melvilleforscher. »Dann schwamm Mocha Dick in nördlicher Richtung davon und ließ zwei tote

Walfänger zurück. Die Männer auf dem Schiff erklärten, er sei der größte Wal gewesen, den sie je gesehen hätten, und leicht an einer einen Meter achtzig langen Narbe auf seinem Kopf zu identifizieren.«

Vincent weist darauf hin, daß diese Geschichte erst ein halbes Jahrhundert nach dem Angriff auf die *Desmond* gedruckt wurde und daß Mocha Dick auch ohne die Verbindung mit Moby Dick eine legendäre Berühmtheit geworden war. Acht Wochen nach dem Zwischenfall mit der *Desmond* hatten zwei Fangboote des russischen Walfängers *Sarepta* einen Wal erlegt und waren gerade dabei, ihn zum Mutterschiff zu ziehen, als Mocha Dick neben ihnen auftauchte und auf sie losging. Ein Boot suchte hinter dem leblosen Körper des Wals Schutz vor dem Angriff. Aber Mocha Dick packte das andere Boot mit seinem Maul und zermalmte es zwischen seinen Kiefern. Das unbeschädigte Boot fuhr unbemerkt zur *Sarepta* zurück, und das russische Schiff blieb noch drei Stunden vor Ort, in der Hoffnung, den erlegten Wal vielleicht doch noch einzubringen. Doch Mocha Dick hielt Wache, und die *Sarepta* mußte ihren Fang aufgeben. Ein glücklicher Walfänger aus Nantucket fand den toten Wal zwei Tage später auf dem Meer treibend und nahm ihn, wie es Sitte unter den Walfängern war, in Besitz. Mocha Dick war nicht zu sehen.

Danach wurde Mocha Dick vor den Falklandinseln gesehen. Ein riesiger Pottwal tauchte so nah bei dem englischen Walfänger *John Day* auf, daß das Schiff wie in einem Sturm zu schlingern begann. Der Walfänger setzte drei Fangboote auf diesen tollkühnen Ankömmling an, und einem gelang es, Mocha Dick zu harpunieren. Das Boot wurde drei Meilen weit mitgezogen, bevor der Wal drehte und es wie ein Lastzug niederwalzte. Danach zertrümmerte er noch das Wrack mit seiner mächtigen Schwanzflosse, die angeblich eine Spannweite von weit über acht Metern gehabt haben soll. Dieser Angriff kostete zwei Männer das Leben. Danach verschwand der Wal in den

Tiefen des Meeres und blieb dort, bis eines der übriggebliebenen Boote hinzukam, um die Leine einzuholen, die immer noch an der Harpune in Mocha Dicks Rücken hing. In diesem Augenblick stieß Mocha Dick nach oben, schleuderte das Boot in die Luft und zerstörte es. Zwei weitere Männer fanden den Tod. Vernünftigerweise gab die *John Day* an diesem Punkt die Auseinandersetzung auf.

Mocha Dicks letzter und brutalster Kampf hatte internationale Bedeutung. Er besiegte nicht weniger als drei Walfänger auf einmal: die schottische *Crieff*, die englische *Dudley* und die amerikanische *Yankee*. Wenn die Berichte glaubhaft sind, dann trafen diese Schiffe vor der japanischen Küste auf den weißen Wal. Mocha Dick bedrängte gerade ein unglückseliges Handelsschiff, das Holz geladen hatte. Augenscheinlich hatte er das Handelsschiff aus purer Zerstörungswut angegriffen und das Heck zerschmettert, so daß das Schiff schon tief im Wasser lag und die Decks überflutet waren. Die Kapitäne der drei Walfänger sprachen sich ab, gemeinsam gegen Mocha Dick vorzugehen und dem Angreifer den Garaus zu machen. Jedes Schiff brachte zwei Fangboote zu Wasser, eines, um den Wal zu harpunieren, während das andere als Rettungsboot in Bereitschaft bleiben sollte. Die Mannschaften zogen Lose, welches Boot die Jagd anführen dürfe, und das Los fiel auf ein Boot der *Yankee*. Es begab sich vorsichtig zu der Stelle, an der man Mocha Dick zuletzt gesehen hatte, und wartete. Die Nerven waren zum Zerreißen gespannt. Nach zwanzig Minuten kam Mocha Dick an die Oberfläche. Er war nahe genug an dem amerikanischen Boot, daß der Maat seine Harpune erfolgreich plazieren konnte. Die nächsten fünf Minuten sah es so aus, als ob Mocha Dick seinen Kampfgeist verloren hätte oder schwer verwundet wäre. Der große Wal lag ganz still im Wasser. Doch dann drehte er sich um und schwamm mit einer unglaublichen Geschwindigkeit los. Zuerst überrannte er das schottische Fangboot, dann nahm er das englische zwischen seine Kiefer und zermalmte es, wobei zwei Besatzungsmitglieder zu Tode kamen. Die Männer, die ins Meer gefallen waren, schwammen um ihr Leben und versuchten der Schwanzflosse auszuweichen, die dicht neben ihnen aufs Wasser klatschte. Zwei von ihnen schafften es nicht, und damit erhöhte sich die Zahl der Opfer auf vier. Jetzt wandte sich Mocha Dick wieder dem sinkenden Handelsschiff zu. Das Fangboot immer noch im Schlepptau, schwamm er direkt darauf zu und rammte es. Der Aufprall war so heftig, daß das Schiff kenterte und nun kieloben auf dem Meer trieb. In diesem Moment hatten die Männer der *Yankee* genug. Sie kappten die Leine und ruderten zurück zu ihrem Mutterschiff. Doch Mocha Dick setzte zum großen Finale an. Er schwamm unter Wasser zur *Crieff* und kam mit einem gewaltigen Satz direkt neben ihrem Bug hoch. Er verfehlte das Schiff nur um Zentimeter, und sein durch die Luft schießender Körper nahm den Bugspriet und den Klüverbaum mit. Kaum zurück im Wasser, raste er sofort auf das Fangboot der *Yankee* zu. Die Besatzung warf nur einen Blick auf den Wal, dann sprang sie sofort ins Wasser, um sich zu retten. Sie schauten entsetzt zu, wie Mocha Dick ihr über acht Meter langes Fangboot ins Maul nahm und behaglich zerkaute wie ein Pferd seinen Hafer.

Vincent führt noch einen letzten Bericht über Mocha Dick an. Im August 1859 erlegte ein schwedischer Walfänger vor der Küste Brasiliens, weit ab vom Pazifik, einen riesigen Pottwal. Er soll dreißig Meter lang und sein Maul allein acht Meter groß gewesen sein. Als man ihn sich genauer ansah, stellte man fest, daß sein Kopf jede Menge Narben von unzähligen Kämpfen trug und er auf dem rechten Auge blind gewesen sein mußte. Aufgrund dieser Anhaltspunkte ging man davon aus, daß dies der wahre Mocha Dick war.

Während der legendäre Mocha Dick immer noch sein Unwesen trieb, war die *Acushnet*, jener reale Walfänger, auf dem Melville seine Erfahrungen gesammelt hatte, schon längst von den Meeren verschwunden. Die *Acushnet* erlitt im August 1851 vor der Insel Sankt Lorenz am Eingang der Beringstraße während einer Fangfahrt Schiffbruch. Eine vorbeikommende Brigg, die *Wyandott*, nahm den Kapitän, die Mannschaft sowie zweihundertfünfzig Faß Waltran auf und brachte sie nach Honolulu. Zwei Monate später wurde Melvilles Meisterwerk publiziert, und die *Acushnet* wurde als die ehrwürdige *Pequod* unsterblich. Wahrscheinlich hat Melville niemals von dem Schicksal des Originals erfahren. Wie auch immer, zumindest wurde ihm berichtet, wie es seinen Schiffsgenossen ergangen war, von denen er sich neun Jahre zuvor in Nuku Hiva abgesetzt hatte. Während er noch an *Moby Dick* schrieb, besuchte ihn ein früherer Schiffskamerad, Henry Hubard. Er war die ganzen vier Jahre an Bord der *Acushnet* geblieben und mit ihr in ihren Heimathafen Fairhaven zurückgekehrt. Melville schrieb nieder, was mit dem Rest der Mannschaft geschehen war, soweit sich Hubard erinnern konnte. Es war eine ziemlich grausige Liste. Hubard wußte nur von neun Matrosen, die nach Hause gekommen waren. Sechs weitere hatten das Schiff in verschiedenen Häfen, vorwiegend an der südamerikanischen Küste, verlassen. Einer davon beging später, als er wieder in den Vereinigten Staaten war, Selbstmord. Vier weitere waren wegen Krankheit an Land gebracht worden, dazu zählten zwei Männer, die an der »französischen Krankheit« gelitten hatten. Sie wurden in Hawaii abgesetzt. Bezeichnenderweise kehrte nur einer der Schiffsoffiziere, der Zweite Maat John Hall, mit Kapitän Valentine Pease zurück. Der Erste und der Dritte Maat gingen nach der Hälfte der Zeit gemeinsam von Bord. Der Erste Maat verließ das Schiff, nachdem er »eine Auseinandersetzung mit dem Kapitän« gehabt hatte, wobei ihn der Dritte Maat offensichtlich unterstützt hatte, da beide Offiziere in der peruanischen Stadt Patya den Dienst auf der *Acushnet* quittierten. Was weiter mit ihnen geschah, ist nicht bekannt. Kapitän Pease, so notierte sich Melville, »kehrte zurück & lebt in einer Anstalt auf der Insel Martha's Vineyard«.

Offenbar hatte Kapitän Pease ein unglückliches Kommando geführt, und vielleicht gab er auch zum Teil das Vorbild für Melvilles Figur des halbverrückten, besessenen Ahab ab, dessen Stolz sich in Blasphemie verkehrt und zum Untergang führt. Melville war sehr von der Gottesfürchtigkeit seiner Quäker in Nantucket eingenommen, und auch ich habe festgestellt, daß das Christentum unter den Walfängern, die ich getroffen habe, noch eine wichtige Rolle spielt. Pamilacan und Lamalera sind entgegen der allgemeinen Tendenz noch strenggläubige christliche Gemeinschaften. Auf den meisten traditionellen Handelsschiffen in Indonesien bestehen die Mannschaften aus Moslems, und die Seefahrer der Philippinen sind entweder Moslems oder Animisten. Tonga ist ein spezieller Fall. In diesem Königreich hat man kaum eine andere Wahl, als Christ zu sein, und Samson Cook hat seinem Glauben dadurch Ausdruck gegeben, daß er ein Laienprediger der Tonganischen Kirche wurde. Der christliche Glaube, so hat es den Anschein, gibt den Walfängern immer noch Rückhalt bei ihrer gefährlichen Arbeit. Man erinnere sich nur an die Fischer von Pamilacan, die vor ihrer Ausfahrt immer Kerzen in der Kirche des Heiligen Isidor ansteckten und für eine sichere Heimkehr beteten. In Lamalera gibt es während der Walsaison kaum etwas, was nicht irgendwie mit dem Glauben zusammenhängt. Das Boot und die Mannschaft werden vor der Ausfahrt mit Weihwasser besprengt, ein Vaterunser wird gebetet, nachdem das Segel gehißt ist, und wenn der Fang schlecht war, wird der Herr mit einem weiteren Gebet um einen reichhaltigeren Fang gebeten. Der Anthropologe Bob Barnes hat aufgezeigt, wie viele dieser christlichen Bräuche auf frühere heidnische Rituale zurückgehen, doch das Christentum hat auf eine erstaunliche Weise die Oberhand gewonnen. Fünfundzwanzig Kilometer nordwestlich von Lamalera befindet sich ein weiteres Fischerdorf, das verwirrenderweise den Namen Lamakera trägt. Dort leben ausschließlich Moslems. Bis vor kurzem gingen die Männer von Lamakera auch auf Walfang und benutzten dazu einen Bootstyp, von dem die Leute in Lamalera behaupteten, es wäre eine Kopie ihrer Boote. Die Moslems jagten Bartenwale, keine Pottwale. Jetzt haben sie den Walfang aufgegeben und schlagen nur dann zu, wenn sie bei ihrer Jagd nach Mantas zufällig auf einen Wal treffen. Ihre Erfolglosigkeit, so sagen die Männer von Lamalera, käme daher, daß sie Moslems seien und unflätige, gotteslästerliche Reden führten. Sie haben nicht das reine Herz, das man durch christliches Gebet erhält. Pottwale, so meinen sie, lassen sich nur von Christen fangen.

Zwei alte Harpunen stellen die Verbindung zwischen Lamalera und der Welt von Melville her. Die beiden Harpunen werden als Familienerbstücke sorgsam im Haus der Besitzer der *Kena Puka* aufbewahrt. Der Hüter dieser Relikte zeigte sie mir. Sie waren überraschend leicht, nicht schwerer als drei oder vier Pfund. Beide hatten einen langen, schmalen geschmiedeten Schaft, der in einer breiten zweischneidigen Pfeilspitze endete. Die Männer von Lamalera haben nie solche Harpunen verwendet oder hergestellt, und sie stammen wahrscheinlich von irgendeinem fremden Schiff. Melville hätte sie sofort erkannt. Als die *Acushnet* aus Fairhaven auslief, mußten sich Dutzende davon an Bord befunden haben, und der Schmied an Bord hätte problemlos Ersatz liefern können, wenn eine verlorenging. Normalerweise trug jede Harpune ein Identifizierungszeichen, doch diese Antiquitäten im Besitz der *Kena Puka* Familie hatten keines. Es gab keine Möglichkeit herauszufinden, von welchem Schiff sie stammten und wo und wann sie eingesetzt worden waren. Der Hüter der Harpunen konnte mir nur sagen, daß eine frühere *Kena Puka* einen toten Wal auf dem Meer hat treiben sehen. Die Mannschaft brachte ihr Boot längsseits des Kadavers, sah die beiden Harpunen in seinem Körper stecken und holte sie heraus. Er konnte mir auch nicht sagen, wann das genau passiert war, außer daß es schon sehr lange zurücklag. Wenn diese Harpunen von einem amerikanischen oder europäischen Walfänger stammten, dann mußte dieser hier zu der Zeit gekreuzt sein, als *Moby Dick* entstanden ist. Die klassische Pfeilform der Harpunenspitze kam vor einhundertfünfzig Jahren außer Gebrauch.

Wir erinnern uns, daß Mocha Dick, als man ihn schließlich erlegte und verarbeitete, zwanzig rostige Harpunen in seiner Speckschicht stecken hatte. Das jedenfalls behauptet Reynolds. Und bei Melville beschreibt Quiqueg Moby Dick mit den Worten »O, mächtig viel Eisen in ihm … alle ganz komisch rund …« Der tätowierte Südseeinsulaner sucht nach einem Wort und dreht seine Hand, als »wolle er eine Flasche entkorken«. Dann schreit Ahab: »Korkenzieher … aye, Quiqueg. Die Harpunen stecken verdreht und verbogen in ihm.« Daß Harpunen verlorengingen, war an der Tagesordnung. Melville war vertraut mit den Geschichten, die über verlorene und wiedergefundene Harpunen an Bord erzählt wurden, trotzdem griff er bei Einzelheiten auf andere Werke über den Walfang zurück. Kapitän Bunker aus New Bedford, »den fast jeder kennt«, wenn man Henry Cheever Glauben schenken darf, harpunierte einen Wal auf »dreißig Grad dreißig Minuten nördlicher Breite und einhundertfünfzig Grad östlicher Länge«. Die Leine riß, und die Harpune war weg. Fünf Jahre später segelte der Kapitän auf genau demselben Breitengrad, allerdings vierzehn Grad weiter westlich, als »er einen edlen Wal harpunierte und ihn nach einem harten Kampf längsseits brachte. Und ho! Als sie ihn schlachteten, fanden sie eine Harpune, deren Schaft angerostet war und die fest im ›Vordersteven‹ des alten Kerls saß. ›Hallo!‹ meinte Kapitän Bunker, um einen Scherz zu machen, ›hier ist ja das alte Stück Eisen, das ich verloren habe.‹ Es stellte sich heraus, daß er, ohne wirklich daran geglaubt zu haben, recht hatte. Die Harpune war genau die, die er vor fünf Jahren verloren hatte. Sie trug den Namen des Schiffes und sein persönliches Zeichen.«

An den verlorenen Harpunen konnte man, wenn es sich glücklich fügte, den Weg des Wals verfolgen. Mit ihrer Bergung bekamen die Walfänger eine ungefähre Ahnung von den Wanderwegen der Pottwale. Speere mit Steinspitzen und Harpunenspitzen aus Knochen von Walen, die man in der Davis-Straße zwischen Grönland und Kanada erlegt hatte, ließen Kapitän William Scoresby jr., eine weitere Quelle von Melville, vermuten, es seien Jagdwaffen der Eskimos, die am nördlichen Rand der Neuen Welt lebten und, da sie kein Eisen benutzten, noch keinen Kontakt mit der Zivilisation hatten. Scoresby spekulierte, daß die Wale die gesamte nordamerikanische Küste entlangschwimmen, vielleicht sogar aus dem Pazifik kamen, und es eine Nordwestpassage geben mußte. Fast zweihundert Jahre später wissen wir immer noch sehr wenig über die Wanderwege der Pottwale. Die Tiere streifen ruhelos durch sämtliche Ozeane, und ihre Ziele und Wege sind nur sehr schwer zu rekonstruieren. Verschiedene Gruppen von Pottwalen sind über alle Meere verteilt, und jede hat ihr eigenes Gebiet. Doch es ist bis jetzt ungeklärt, ob sich die Gruppen von Zeit zu Zeit vermischen und wenn ja, in welchem Ausmaß. Ebenso weiß man nicht, ob Pottwale, besonders die einsamen »Herrscher«, große Entfernungen von einem Ozean in den nächsten zurücklegen. Vor langer Zeit schon wurden die Walfänger auf sogenannte »Kindergärten« aufmerksam, die aus Walkühen mit ihren Kälbern bestanden. Heute weiß man, daß diese »Kindergärten« die erste soziale Einheit sind. Eine ältere Walkuh führt die Gruppe, und jede Walkuh bringt ihrem Kalb die besonderen Klick- und Grunzlaute der Gruppe bei. Wissenschaftler haben herausgefunden, daß man noch nach Jahren eine Ähnlichkeit in der Lautsprache feststellen kann, auch wenn sich von dieser Gruppe ein Teil abspaltet und seiner eigenen Wege geht.

Man kann also sagen, daß die Pottwale im Golf von Ombai die Nachkommen der Wale sind, die sich hier zu Melvilles Zeiten aufgehalten haben. »Ein großer Wal, genannt Timor-Jack, ist der Held vieler merkwürdiger Geschichten wie zum Beispiel jener, daß er jedes Boot, das ihn erlegen will, zerstört hat«, schreibt Beale, und in Melvilles Exemplar des Buches ist der Name Timor-Jack unterstrichen. Vielleicht hat Melville daran gedacht, Timor-Jack als Vorbild für Moby Dick zu nehmen oder auch »Neuseeland-Tom«, der an einem Tag im Jahre 1804 neun Fangboote »vor dem Frühstück« versenkt hat. Den kämpfenden Wal vor Neuseeland erkannte man an einem weißen Buckel. Letztendlich entschied sich Melville aber ganz offensichtlich für Mocha Dick als Modell für seinen weißen Wal. Timor-Jack hat er den echten Walfängern überlassen, die beschlossen, ihn loszuwerden. Ein listiger Walfänger befestigte ein leeres Faß an einer Leine, um Timor-Jack abzulenken. Während der Wal das Faß beobachtete, machten sich die anderen Fangboote an ihn heran und töteten ihn.

Warum schlachteten die Walfänger der westlichen Welt diese Tiere so gnadenlos ab? Nachdem sie wegen des Profits um die halbe Welt gesegelt waren, erreichten sie den natürlichen Lebensraum der Wale in der Stimmung kampfeshungriger Gladiatoren. Sie mußten diese großen Meeresungeheuer überwinden, nichts anderes zählte. Dies ist eine Botschaft, die Melville uns vermitteln wollte. Es gibt so viele Interpretationen des Romans, wie es Leser gibt, doch immer wieder wurde der weiße Wal als Symbol für die verwundbare Natur gesehen, die dem Menschen als Jäger auf Gedeih und Verderb ausgeliefert ist. Am letzten Tag der tödlichen Jagd bedrängt Starbuck Kapitän Ahab, die unselige Verfolgung aufzugeben und den Wal in Ruhe zu lassen. »Sieh! Moby Dick sucht dich nicht. Du bist es, du, Besessener, bist's, der ihn sucht!« Doch Ahab betreibt weiter seine Selbstzerstörung. Das ist genau das, wovor die Fischer in Pamilacan und Lamalera warnen: Wenn man der weißen Meereskreatur etwas antut, dann endet es in einer schrecklichen Katastrophe. Die Springer von Pamilacan greifen weder den weißen Walhai noch den weißen Manta an, und auch in Tonga hatte mir Samson gesagt, daß niemand aus der Familie Cook ein solches Risiko einginge. Die Walfänger in Lamalera gehen sogar noch weiter: Sie verehren den weißen Wal genauso stark, wie sie ihn fürchten. Der weiße Wal ist einer ihrer Vorväter. Er hat seinen herausragenden Platz unter den Meerestieren und kommt als Beute für ihre Harpunen nicht in Betracht. Der Walfang ist eine Angelegenheit des Überlebens und kein Machtbeweis. Mehr als hundert Jahre nach der Veröffentlichung von Melvilles Roman ist es immer noch die Geschichte eines Überlebenden, und dieser Überlebende ist tragischerweise oder vielleicht auch gerechterweise nicht der Mensch.

Nach allem, was ich auf meiner Suche nach dem weißen Wal erfahren habe, machte sich in mir Verständnis für die Nöte der Walfänger breit. In Tonga hatte Samson den Walfang aufgegeben, weil der König ihn verboten hatte. Kurz nach meinem Besuch hat der Präsident der Philippinen die Jagd auf Walhaie verboten, um die noch vorhandenen Bestände zu schützen. In Pamilacan weiß heute niemand, wovon die Menschen leben sollen. In Lamalera bestehen die Bootsmannschaften schon heute meist aus alten Männern. Mit dem Generationenwechsel – oder mit dem Verbot des Walfangs – wird eine Lebensform, ihre Techniken und die Vielfalt der Kultur unwiderbringlich verschwinden. Der Trost aber ist der gleiche, den auch Melvilles Roman Moby Dick beinhaltet: Der wundersame Überlebende ist immer noch der weiße Wal.

»Der Weiße Wal war aus verwegenen Kämpfen immer wieder heil entkommen. So kann es nicht sonderlich überraschen, wenn manche Waljäger in ihren abergläubischen Gedanken noch weiter gingen: Sie erklärten Moby Dick nicht nur für allgegenwärtig, sondern auch für unsterblich.«

Herman Melville, *Moby Dick*

Danksagung

Ich wünschte, es hätte einen Weg gegeben, wie die vielen Menschen, die mir so großzügig bei der Suche nach dem weißen Wal geholfen haben, an einigen meiner großartigen Erlebnisse hätten teilhaben können. David Brettell und seine Kollegen von Henshaw Inflatables Ltd. haben sehr viel Mühe darauf verwendet, mein gelbes Schlauchboot auszurüsten, mit dem ich die Flotte der *tena* von Lamalera auf See begleitete und filmte, während sie auf Walfang war. Ich möchte auch David Allen, OBE (Order of the British Empire), den Präsidenten von DHL World Wide Express, Cecilia Lawrence und das ganze Team von DHL erwähnen. Die Leute vom Flughafen in Cork, die mich schon bei früheren Expeditionen unterstützt haben, sorgten zusammen mit den Leuten von DHL in Denpassar auf Bali dafür, daß mein Schlauchboot sicher nach Indonesien und wieder zurück kam. Tony O'Connor von RTE in Dublin verschaffte mir eine besonders leichte Videoausrüstung, mit der ich die Bilder, die in diesem Buch zu finden sind, aufnahm. Dazu kommt eine lange Liste von Freunden zum Beispiel George Durrant von Ampair Ltd., von dem ich Solarzellen zum Aufladen der Kamerabatterien erhielt. Die Malaysian Airlines unterstützten meine Reise. Und bevor ich mich nach Ostindonesien aufmachte, stand mir Dr. Robert Barnes hilfreich mit seinen Erklärungen über die Sitten in Lamalera zur Seite und ließ mich an seinen Erfahrungen, die er auf diesem Gebiet gesammelt hat, teilhaben. Außerdem hatte ich das Glück, zufällig Karl-Heinz Pampus getroffen zu haben, der mir bei verschiedenen Problemen mit der Sprache Lamaholot half. Richard Hardiman von Amerada Hess hatte großen Anteil daran, daß Trondur Patursson mich in Indonesien begleiten konnte.

Auf den Philippinen waren Lory Tan und Juni Binamura meine kundigen Helfer. Sie brachten mich auf die richtige Fährte, damit ich nach Pamilacan kommen und die »Springer« bewundern konnte.

In Tonga haben mir Allan und Lynn Bowe, unterstützt von Nosa Luis, gezeigt, daß nette und engagierte Gastgeber sogar ein Inselparadies noch angenehmer machen können.

Ich hoffe, daß mein Bericht von der Suche nach Moby Dick auch meine Freunde und Helfer an diesem großen Vergnügen teilhaben läßt.

Abbildungsnachweis

S. 53, 106/107: Mit freundlicher Genehmigung der British Library

S. 268/269: Mit freundlicher Genehmigung des National Maritime Museum

Alle Fotos im Bildteil © Tim Severin

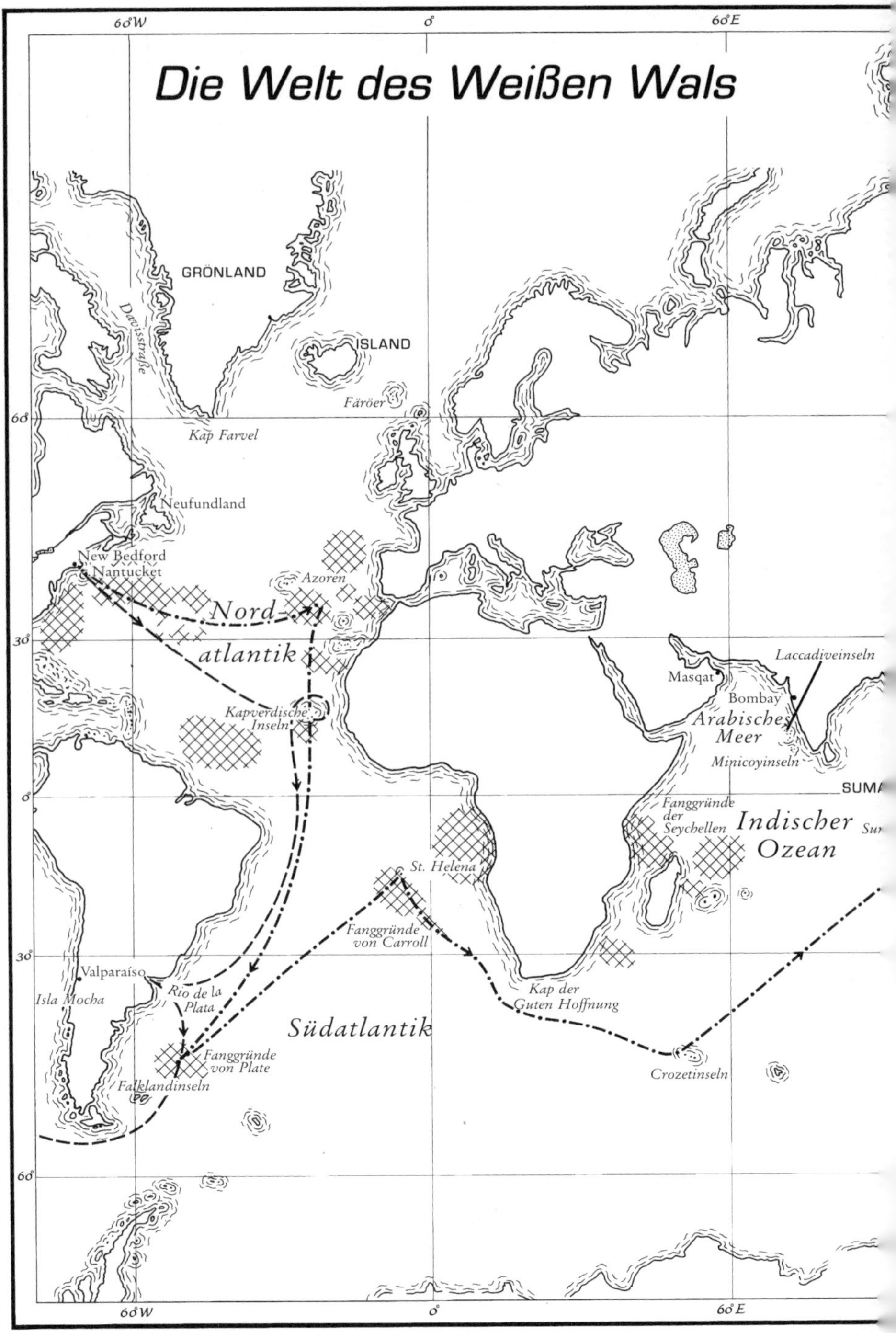
Die Welt des Weißen Wals
60°W
0°
60°E
GRÖNLAND
Davisstraße
ISLAND
Färöer
Kap Farvel
Neufundland
New Bedford
& Nantucket
Azoren
Nord-
atlantik
Kapverdische
Inseln
Laccadiveinseln
Masqat
Bombay
Arabisches
Meer
Minicoyinseln
SUMA
Fanggründe
der
Seychellen
Indischer
Ozean
St. Helena
Fanggründe
von Carroll
Valparaíso
Isla Mocha
Rio de la
Plata
Südatlantik
Kap der
Guten Hoffnung
Fanggründe
von Plate
Falklandinseln
Crozetinseln
60°
30°
0°
30°
60°
60°W
0°
60°E